Adolf Muschg

Der weiße Freitag

Adolf Muschg

Der weiße Freitag

Erzählung vom Entgegenkommen

C. H. Beck

© Verlag C.H.Beck oHG, München 2017
Umschlaggestaltung: Leander Eisenmann, Zürich
Umschlagabbildung: © Jens Haas/plainpicture
Satz: Fotosatz Amann, Memmingen
Druck und Bindung: CPI – Ebner & Spiegel, Ulm
Gedruckt auf säurefreiem, alterungsbeständigem Papier
(hergestellt aus chlorfrei gebleichtem Zellstoff)
Printed in Germany
ISBN 978 3 406 70621 9

www.chbeck.de.

Für Thomas Sprecher

Bittet aber, daß eure Flucht nicht geschehe im Winter.

… und mag als Spiel, dem es bitterer Ernst ist, gar wohl gelten.

Die Höhe Der Gletscher stürzte scheinbar unaufhaltsam von oben, die Klippen an seiner Stirn standen wie gefrorene Gischt, und aus Spalten und Klüften zündete ein unirdisches Vitriolblau. Aber der Strom war erstarrt, und gut ließ sich erkennen, wo wieder fester Boden begann. Hier hatte sich frischer Schnee auf ein Durcheinander rundgeschliffener Felsblöcke gesetzt, zwischen denen der Abfluß, den Augen verborgen, nur dem Ohr vernehmbar, seinen überstürzten Weg in die Tiefe suchte.

Nach dieser Seite lag das große Tal in stumpfem Grau. Da waren sie hergekommen und, ohne innezuhalten, auf dem Hang dem Gletscher gegenüber weitergestiegen. Sie waren ein kleiner Zug von Menschen, der sich so langsam entfernte, daß sie kaum von der Stelle zu rücken schienen. Bewegung war nur am wechselnden Abstand zwischen ihnen auszumachen und am anhaltenden Versuch, ihn wieder zu schließen. Dabei verschwanden ihre Körper immer wieder in den *Schneeweben*, die der beständige Wind über die ansteigende Fläche trieb, so daß sich ihre Ränder zum Himmel aufzulösen schienen. Erst gegen den Zenit wurde er hell wie Glas.

Es waren fünf. Sie rückten von der Stelle, als wären ihnen die Füße abgeschnitten, und der vorderste, breiter als die übrigen, schien immer wieder im Boden zu versinken, dennoch ging er regelmäßig wie ein Uhrwerk. Der nächste, der eine unförmige Last trug, blieb ihm dicht auf der Spur, nur daß er sich manchmal umwandte, um nach dem dritten zu sehen, der seinerseits bemüht schien, die Reihe nicht abreißen zu lassen. Denn der letzte der fünf wollte immer wieder zurückfallen, und der vierte, klein, aber stämmig, hatte ihn am Arm gefaßt, um ihn weiterzuziehen. Schließlich tauschten sie den Platz, und immer wieder hätte ein Betrachter den Kleinen den Größeren schieben sehen und sich wundern können, warum der Führer des Zugs den strengsten Weg gewählt hatte. Er hätte den Anstieg mit einem Bogen hie und da erträglicher machen können, aber der neue Schnee zeigte an, daß er locker saß und seine Unterlage jederzeit, durch Abrutschen breiter Lagen, freilegen konnte. Unter diesen Umständen war die steile Naht, welche die Berggänger geradewegs in die Fallinie zogen, die am wenigsten gefährliche Spur, dabei alles andere als gefahrlos, wie die rieselnden Schollen anzeigten, welche sie immer noch lostraten.

Ein Beobachter der Gruppe konnte nur hoffen, daß dies das heikelste Stück ihres Weges war, daß der Schnee weiter oben fester wurde, der Wind mäßiger, die Kälte erträglich; daß Stiefel und Gamaschen haltbar waren, eine gestrickte Halsbinde als Schutz für Gesicht und Ohren ausreichend, die Kräfte unerschöpflich.

Aber diesen Beobachter gab es nicht. Die Gruppe war allein mit dem Hochgebirge, am 12. November 1779, ihrem weißen Freitag, und gewarnt wäre sie genug gewesen. Noch unter dem Gletscher hätten sie umkehren können. Als sie aufbrachen, im letzten Dorf des Tals, war der Himmel noch klar gewesen, aber um diese Jahreszeit trügt das Wetter im Hochgebirge immer, gleich in welchem Jahrhundert. Aber da war einer in dieser Gesellschaft, der wollte über den Berg, auch bei Lawinengefahr, wollte nicht Gott versuchen, sondern sein Glück.

Waren jetzt auch die vorderen, die Führer, stillgestanden? Oder meinte man nur Stillstand zu sehen, wo bereits die weiße Einöde überhandgenommen hatte? In den Schleiern, die den Horizont unscharf machten, begann die Menschengruppe zu schwimmen und verflüchtigte sich im lichten Dunst. War sie immer noch unterwegs, wohin? Und würde sie dort je ankommen?

Geht's wieder Männe?
Es muß, Durchlaucht.
Letztes Jahr um diese Zeit, hinter Stützerbach, lag auch viel Schnee, da haben wir immer noch gejagt.
Aber das nahm auch mal ein Ende. Dieser Berg ist ein Scheißer.
Laß das Herrn Weber nicht hören.
Dem ist sein Leben egal.
Was fällt dir ein!
Ich hab sein Buch gelesen.

Unfall　Immer mehr gehöre ich zur Generation Tölpel.

Es begann vergangenen Juli mit einem Sturz über elf Stufen, die volle Länge von unserem Schlafboden hinunter, bis zur Terrassentür. Ich lag neben meinem Arbeitsplatz am Fuß des Stehpults und erwachte vom eigenen Schrei. Mein erster Gedanke: Das hätte schlimm ausgehen können. Dann erst meldete sich, vom Schock zurückgehalten, der Schmerz, und ich war gar nicht mehr sicher, ob es gutgegangen sei. Eigentlich ist die Treppe eine Hühnerleiter, Buchenbretter auf einem Metallgerüst, Grauguß, wie das Geländer; zum Aufstieg benötige ich es nie. Diesmal, auf dem Abstieg zur Toilette, mußte ich es verfehlt haben und war bäuchlings in die Tiefe gefahren, mit reflexartig vorgestreckten Armen, bis es nicht weiterging. Es waren die Finger,

die als erste zu schmerzen begannen, dann folgte, dumpfer, die
ganze linke Körperseite, Schulter und Knie. Zum Glück war
dem Kopf nichts passiert.

Draußen begann es zu dämmern.

Der Lärm hatte A. aus dem Bett geschreckt, und im nächsten
Augenblick kauerte sie an meiner Seite und versuchte, mich auf-
zurichten. Ich konnte mich rühren, von der Stelle humpeln; im
Lampenlicht stellte A. am linken Knie einen Riß fest, aus dem es
mäßig blutete. Das war der ganze sichtbare Schaden, außer daß
meine Finger unnatürlich abgewinkelt waren, zwei an der linken
Hand, auch der Ringfinger der rechten. Da um fünf Uhr früh
der Hausarzt noch nicht verfügbar war, zog sich A. an, legte mir
einen Morgenmantel um und packte mich ins Auto, um mich
zur Notfallstation des nahen Spitals zu fahren.

Diese befand sich im Umbau, die Klingel funktionierte nicht;
doch eine junge Frau, die zur Frühschicht eintraf, ließ uns mit
ihrer Chip-Karte ein, und wir erreichten im Lift den Oberstock,
wo wir ungnädig empfangen und in einem toten Räumchen sit-
zengelassen wurden, bis ein junger Arzt mich schließlich auf eine
Liege komplimentierte. Als erstes zog er kräftig an meinen Fingern, die hörbar wieder in ihre Gelenke schnappten. Dann begann er mich abzutasten. Das Knie erklärte er für operations-
bedürftig. Es blutete nicht mehr, war aber stark geschwollen. Ich
bestand, nachdem das Knie gepflastert war, auf sofortiger Entlas-
sung. Ärgerlich genug, daß ich die Finger kaum bewegen konnte.
Das Schreiben hatte einstweilen gute Ruh; um so besser. Der
letzte Teil meiner Wiedergänger-Trilogie war an ein totes Ende
gelangt – entgegen meiner Absicht, den abgedankten Helden
von «Sutters Glück» nochmals zum Leben zu erwecken, um ihn
dann endgültig zu entlassen. Den Schauplatz hatte ich im Herbst
zuvor recherchiert: die Insel Samothraki, wo ich bei den Eltern
meines Übersetzers nach der Lesetour durch krisengebeutelte

griechische Städte ein paar Tage Luft geschöpft hatte. Aus Samothraki waren die geheimnisvollen Kabiren übers Meer in Goethes «Klassische Walpurgisnacht» eingezogen.

Die Flüchtlinge aus dem syrischen Kriegsgebiet stauten sich einstweilen weiter südlich in der Ägäis, auf Lesbos und Kos.

Schellings Kabiren-Aufsatz, beim Zentralen Verzeichnis antiquarischer Bücher bestellt, erwartete mich im Briefkasten; lesen würde ich ja noch können, auch wenn ich die Buchseiten, wie Eulenspiegels kluger Esel, mit dem Maul umblättern mußte.

Der Tod zweier nahestehender Frauen hatte uns gelehrt, Stürze im Alter nicht leicht zu nehmen. Beide waren von Junkies «geschupft» und beraubt worden und hatten sich etwas gebrochen, die eine die Hüfte, die andere ein Bein. Der körperliche Schaden schien begrenzt, doch den starken Frauen ging die Verletzung ihrer Würde zu tief; für die Rechte von Menschen wie denjenigen, die sie zu Boden gestoßen hatten, waren sie ihr Leben lang eingetreten.

Bei meinem vergleichsweise harmlosen Absturz ließ A. einstweilen meinen Vorsatz gelten, ich wolle auf keinen Fall bettlägerig werden. Dabei konnte ich die Wunde unterm Knie nicht einmal *sehen*. Erst als A. einen Spiegel davorhielt, glaubte ich selbst, daß der klaffende Riß sich nicht von selbst schließen werde. Schon der Notarzt hatte festgestellt, es sei auch mit Nähen nicht getan. Der lädierte Schleimbeutel müsse, um sich nicht unheilbringend zu entzünden, entfernt werden.

Nun waren mir schon ganz andere Dinge entfernt worden, eine steinhaltige Gallenblase, ein Stück Dickdarm, eine verkrebste Prostata. Und auch wenn «Schleimbeutel» unappetitlich klang: Er mußte eine Bagatelle sein. Nur daß der Spitalaufenthalt doch noch fällig wurde. Für höchstens drei Tage, eine Vollnarkose inbegriffen. Sie war mir nicht ganz unwillkommen.

Der eilfte Band   Das Buch, das ich ins Krankenhaus mitnahm, hatte ich noch nie geöffnet. Sepiabraun marmoriert, stand der Band mit zwölf seinesgleichen in einer Reihe, und das zinnoberrote Etikett zeigte in Goldprägung «Goethe's Werke» an – nicht mehr «Göthe», aber mit Idioten-Apostroph, wie «Seppli's Bar».

Die Ausgabe ist das Abschiedsgeschenk eines verlorenen Freundes, mit dem ich nach der Wende unseren DDR-Verlag «Volk und Welt» zu retten versuchte. Der «eilfte» Band, 1808 zu Tübingen in der Cotta'schen Buchhandlung erschienen, glänzt, als käme er frisch vom Buchbinder. Nun bin ich kein Bibliophiler; wenn ich mit Goethe arbeite, dienen mir nur Ausgaben, in denen ich Spuren hinterlassen darf. Aber als ich die Schweizer Reise suchte und fand, begegnete ich einem weniger zimperlichen Vorgänger. Volle 60 Seiten waren mit spitzer Feder annotiert, in alter deutscher Schrift, deren Hand den Druck mit «den Originalen aus dem Steinschen Briefwechsel, durch Dr. W. Tielitz mir mitgeteilt am 21. April 1881», verglichen und korrigiert haben wollte. Mit einer Spur Eifersucht sah ich, daß schon vor 135 Jahren ein anonymer Leser dieses besondere Stück nicht hatte ruhen lassen können.

Der Band behielt, mit seinem zugleich mürben und faserfesten Papier, alle Reize des Originals, und wenn er 1808 erschienen war, kam er ja auch unmittelbar aus Meisters Hand, damals einem Mann von 59 Jahren. Dabei konnte ihm der seit Thomas Manns «Lotte in Weimar» unvergeßliche Doktor Riemer assistiert haben. Dieses Buch brauchte ich, um in einer klinischen Umgebung auf vertrautem Boden zu stehen. Und gerade auf *diesem* war ich Goethe schon einmal nachgegangen und hatte seine Schweizer Reise 1779 als «Versuch, leben zu lernen», gedeutet. Das Büchlein erschien zwischen *Nine-eleven* und der ersten Weltwirtschaftskrise, ein Jahrzehnt nach dem «Ende der Geschichte». Damals glaubte ich noch, kein Tölpel zu sein, der imstande war, von der eigenen Treppe zu fallen.

Die Passage über die verschneite Furka zum Gotthard hatte ich schon damals als Zäsur betrachtet, als «eine sich ereignete unerhörte Begebenheit». Sie war nur darum nicht ganz beispiellos, weil es zwei Jahre zuvor eine Art Probelauf gegeben hatte, die Winterreise in den Harz, zu der Goethe ganz allein aufgebrochen war. Davon berichtete er nur Frau von Stein, aber auch sie brauchte nicht zu wissen, daß es um Tod und Leben ging. Der Wanderer hatte gerade die einzige Schwester verloren.

> Dem Geier gleich,
> Der auf schweren Morgenwolken
> Mit sanftem Fittich ruhend
> Nach Beute schaut,
> Schwebe mein Lied.
> Denn ein Gott hat
> Jedem seine Bahn
> Vorgezeichnet,
> Die der Glückliche
> Rasch zum freudigen
> Ziele rennt:
> Wem aber Unglück
> Das Herz zusammenzog,
> Er sträubt vergebens
> Sich gegen die Schranken
> Des ehernen Fadens,
> Den die doch bittre Schere
> Nur einmal löst.

Die Harzreise war der Gang zu einem Orakel, das die «doch bittre Schere» noch einmal anzuhalten versprach. Es war die Hauptprobe zur Uraufführung zwei Jahre später, in den Schweizer Alpen, wo er nicht mehr allein war, aber wieder unter dem Pseudonym «Weber» reiste, nur daß er im Harz noch einen «Maler aus Gotha» gespielt hatte. Wieder sieben Jahre später, auf der italienischen Reise, sollte der «pittore» noch einmal zu Ehren kommen, diesmal als «Filippo Miller». «Weber» ging auf der Furka verloren und ward nicht wiedergesehen.

Dabei hatte die Maske schon auf der Harzreise therapeutische Dienste geleistet. Denn in ihrem Schutz hatte er in Wernigerode einen schwermütigen Altersgenossen heimgesucht, den Studiosus der Philosophie Friedrich Plessing, der Goethe zwei dringliche Briefe geschrieben hatte, ohne Antwort zu erhalten. Nun mußte sich «Weber» die wohlbekannten Schriftstücke nochmals anhören, die gewissermaßen Werther-Geist atmeten, und sollte dem Schreiber die Rechtmäßigkeit seiner düsteren Weltansicht ausreden. Es war eine Strafe, der sich der Dichter nur durch Flucht entziehen konnte, ohne danach den Kläger, als ihn dieser in Weimar heimsuchte und das Inkognito gelüftet war, seiner Not zu überlassen. Er verschaffte ihm ein Darlehen und begleitete seinen akademischen Weg mit Teilnahme, vom Studium bei Kant in Königsberg bis zur Philosophie-Professur in Duisburg, wo er ihn 1792 noch einmal wiedersah. In der «Campagne in Frankreich» rekapituliert er den merkwürdigen Anfang dieser Bekanntschaft aus gelassenem Abstand. Nichts läßt darauf schließen, daß er, nach dem Tod seiner Schwester, fünfzehn Jahre zuvor, selbst Rat nötig gehabt hatte, wie er seine Existenz in Weimar von Tag zu Tag *gewältigen* könne, ohne daß er sich dabei selbst abhanden kam.

Fischotterdorf Im Spitalzimmer genoß ich volle

Seesicht, die in unserem halben Bauernhaus streng rationiert war. Nur vom obersten Dachfenster aus ließen sich durch den Eisenwinkel des alten Güteraufzugs See und Berge ahnen. Es grenzt an Snobismus, in der «schönen Fischottergemeinde» keine Seesicht zu genießen.

So nennt sich unser Dorf, weil es das selten gewordene Tier im Wappen führt, schwarz auf gelb, mit einem Fisch im Maul. Heraldisch ein Spätzünder, vielleicht im 19. Jahrhundert dem Zeichentisch eines sinnigen Gemeindeschreibers entsprungen. Unser Dorf führte zwischen alten Weindörfern ein eher obskures Dasein, auch wenn im 19. Jahrhundert durch einen Schub schwäbischer Frömmigkeit nachgeholfen wurde. «Jerusalem am Pfannenstiel» hat mein Vater, der in Sachen Christentum gewiß nicht zum Spott neigte, Männedorf genannt. Denn in dieser Lücke alteingesessenen Wohlstands hatten sich, um die «Zellersche Anstalt», Stille im Lande angesiedelt, um allmählich wohlhabend zu werden, aber immer mit einem Geruch des Schamhaften, der einen selbst aus dem Gemeindewappen anweht; neben Adler, Löw und Greif ist ein Fischotter doch nicht recht ansehnlich. Man hat mit dem Tierchen auch immer seine Mühe, wenn man es real ansiedeln will. Das Fischottergehege, neben dem Hallenbad hinter einem Parkplatz versteckt, ist nicht eben ein Publikumsmagnet. Dafür pflegen seine Insassen immer wieder auszureißen und werden dann nie wieder aufgebracht. Man kann nur hoffen, daß sie das gesuchte Weite in der schönen Fischottergemeinde auch gefunden haben.

Da ist meine familiäre Verbindung mit unserem Dorf solider. Mein Vater, der Kleinbauernsohn, stieg jeden Tag über den Berg, um hier die Sekundarschule zu besuchen – ein Fußweg von einer guten Stunde. Er muß um 1885 jeden Werktag zwei-

mal an unserem Haus vorbeigekommen sein, und gerne stelle
ich mir vor, daß ihm die damaligen Bewohner eine Suppe gereicht haben.

Aber auch meine Mutter hätte, in den Jahren ihrer Gemüts-
krankheit, einen Platz in Männedorf finden können, wo die
Zellersche Anstalt sich gerade solcher Frauen annahm. Finan-
ziert wurde sie von der wohlhabenden Betsy Meyer, die sich von
ihrem Bruder, dem Dichter, nach seiner Eheschließung hatte
trennen und zusehen müssen, wie er auf der anderen Seeseite
selbst der Umnachtung anheimfiel. Aus dem «Felsengrund», wo
sie als weltliche Nonne residierte, hat sie die damals neue Eisen-
bahn vertrieben. Sie zog in den Aargau um, die Bibelgemeinde
aber auf die Höhe über dem Dorf, wo das Bethaus (mit Altersheim) als «Stadt auf dem Berge» Jerusalem am Pfannenstiel
einen *Touch* des amerikanischen Mittelwestens verleiht, während sich die übrigen Kraftorte des HErrn mit der säkularen
Nachbarschaft arrangiert haben: die Methodistengemeinde mit
der EMS-Chemie, das evangelische Tagungszentrum Boldern
mit der Herausforderung eines kostendeckenden Hotelbetriebs.
In Betsy Meyers «Felsengrund» ist seither die politische Gemeinde eingezogen, aber da sie sich um viele Pendler auf über
zehntausend Einwohner vergrößert hat, die «Seelen» zu nennen
kurios wäre, faßt sie einen Neubau ins Auge und darf das ein-
stige Zentrum der Nächstenliebe bald dem Denkmalschutz
überlassen.

Meine Mutter durfte für ihre letzten Jahre in unserer Bürger-
gemeinde weiter unten am See das damals brandneue Altersheim beziehen. Da es nicht als Pflegeheim eingerichtet war,
mußte sie zum Sterben wieder mehrfach umziehen. Die Alters-
schwäche hatte die Lehrerwitwe vom Gott ihres Mannes entfernt, mit dem sie mir, in aller Mutterliebe, pflichtschuldig die
Hölle heiß gemacht hatte. So mußte ich es als Gnade betrach-

ten, daß Er sie, in ihrem letzten Asyl, gerade in einem Gottesdienst entschlafen ließ. Das stattliche Altersheim ist inzwischen zum Abriß vorgemerkt und soll bis dahin als Flüchtlingsunterkunft genutzt werden. 1983, als ich meine Mutter im Totenbett zeichnete, stand mir die erste größere Operation bevor, und ich ahnte noch nicht, daß ich von Kilchberg, dem Ort meiner zweiten Ehe, für den Versuch einer dritten ans angestammte rechte Ufer, die sogenannte Sonnenseite, zurückkehren sollte.

Jetzt, 2015, an der Schwelle zu einer *kleinen* Operation, hätte ich mit breiter Seesicht nicht besser liegen können. Noch stehe ich auf, gehe ein paar Schritte auf den durchlaufenden, aber menschenleeren Balkon, von dem der Blick in alle Richtungen schweift. Kilchberg zwar bleibt verborgen, wo ich meine Familie zurückgelassen habe. Um so klarer liegt der Pfannenstiel vor Augen, «ein Grat von schlichtem Verlauf», an dessen Rand die Hohenegg im Abendschein leuchtet: ein Hochsitz privatisierter Psychiatrie, der heute nicht mehr zu bezahlen wäre. Dort habe ich bei Heimatbesuchen aus dem frommen Bündner Internat meine hartnäckig leidende Mutter besucht. Stundenlang spazierten wir auf dem Höhenweg vor der Klinik hin und her, von dem aus man ebenfalls die schönste Aussicht auf den Zürichsee genießt, aber wir gingen mit niedergeschlagenen Augen.

«Ich habe nicht gelernt, mein Leben zu genießen, nur es zu rechtfertigen», habe ich kürzlich notiert; diese Einsicht kam vor dem Fall von der Schlafbodentreppe. Mein gedrucktes Lebenswerk betrachte ich als abgelegte Haut, aber der letzte Satz aus meinem ersten Roman ist mir geblieben: «Der Hase, heißt es, schläft mit offenen Augen. Es wird Zeit, daß er mit geschlossenen Augen zu wachen beginnt.»

Teich
Was ich im Spital sogleich vermißte, war der
Blick auf den kleinen Teich, der uns die Seesicht ersetzen muß.
Wir haben seine Fischblasen-Form fast als erstes ausheben lassen
und mit Sandsteinfelsen besetzt, als wir vor über zwei Jahrzehnten unser halbes Bauernhaus bezogen. Für unseren gemeinsamen Haushalt mußte A. 10 000 Kilometer zurücklegen, ich
scheinbar nur die Seeseite wechseln. Danach wohnten wir mit
A.s Kindern zu viert in engen, aber witzig verschachtelten Räumen auf vier Etagen, in die auch einige geöffnete Decken kaum
Sonnenlicht lockten. Für das Bedürfnis, sich von diesem Heim,
als es noch Baustelle war, ein paar Schritte abzusetzen, kam ein
eisengeschmiedetes Gartenhaus auf, das ein Kunstspengler an
der Seestraße ausgestellt hatte. Ein Kran hievte es, wie Gullivers
Käfig, in das Wäldchen aus Birken und Lebensbäumen, das uns
der Vorbesitzer – neben einem Ponystall mit Bänklein – hinterlassen hatte.

Anfang der neunziger Jahre entschlossen wir uns, diesen
Platz mit einem Atelierhaus zu überbauen, das zwei größere
Räume zu bieten hatte, einen für A.s Klavier, einen für meine
Schreibarbeit, dazu ein Kellergeschoß für ein Badezimmer und
den Luxus einer Sauna. Das gewünschte Flachdach bewilligte
die Baubehörde nicht, wohl aber ein durch eine Zeile Oberlicht
gestuftes Satteldach und die zum Teich hin geöffnete gedeckte
Terrasse. Im Souterrain gab das abgeteufte und durch eine
Wand aus Schienenschwellen befestigte Gelände einen kleinen
Vorplatz her, in dem ein Treppchen zur Kellertür hinabführt.
So gewannen wir Tageslicht für die Naßzelle und, im rechten
Winkel dazu, einen Archivraum.

Damit war der Grundriß der kleinen Liegenschaft bis an die
erlaubte Grenze ausgereizt, aber der Neubau brachte die gewünschte Nähe zum Teichgarten, eine kleine, durch Bambus

und Palisadenwände geschützte Welt konzentrierter Freiheit. Der Neubau befriedigte uns durch seine fließende Verbindung von innen und außen und wohltuende Verhältnisse für meine Arbeit, sei es am Schreibtisch oder auf der Terrasse. Für A. bedeutete die Zweihäusigkeit aber auch Mehrarbeit, geteilte Anwesenheit und umständliche Transporte zwischen Küche und Tisch.

Visite

Bei der Arztvisite stellte sich der Chirurg vor, ein nicht mehr ganz junger Mann aus Thüringen, der sogleich den Goethe-Band bemerkte. Er hatte Germanistik studiert, bevor er zur Medizin gewechselt war, aber von einer Schweizer Reise des illustren Landsmanns hörte er zum ersten Mal.

Es habe sogar ihrer drei gegeben, berichtete ich, und jede sei eine Flucht gewesen, auf ihre Art. Die erste vor einer Verlobung mit einer geliebten, aber nicht passenden Frau, weil sie ihn auch zu einer stadtbürgerlichen Existenz in den Fußstapfen des Vaters verpflichtet hätte. Die zweite vor der Last seiner Tätigkeit in Weimar; erst die dritte, 1793, habe er in einiger Ruhe angetreten und eigentlich nach Italien weiterreisen wollen, was die Kriegsläufte verhindert hätten. Dreimal habe er eine verschiedene Schweiz gesehen, gemeinsam sei den Reisen nur, daß er auf keiner weiter gekommen sei als bis zum Gotthard. Mich beschäftigte die mittlere mit seinem Landesherrn, weil ich in ihr einen Schlüssel für sein ganzes Leben vermute.

Die italienische sei die wichtigste, habe ich gelernt.

Sie war ein richtiger Aufenthalt. Da war er schon fast vierzig und hat zum ersten Mal mit einer Frau geschlafen.

Glauben Sie das?

Sein Psychoanalytiker behauptet es, ein Herr Eißler. Beweisen kann man's nicht, aber ich finde es nicht ganz unwahrscheinlich.

Da staunte auch die Anästhesieärztin, die den Arzt mit deutlicher Zurückhaltung begleitet hatte. Er hatte sie als Dr. M. vorgestellt, sich selbst nur als B.

Und seine Liebesgeschichten? sagte sie. – Die gab es doch schon vorher.

Und er war keiner, der etwas anbrennen ließ, sekundierte B.

Es war ihm wohl wichtiger, es brennen zu lassen. Im Sex löscht es leicht ab.

Jetzt lachten beide; sie kannten meine Krankengeschichte, und mit einem Prostata-Operierten streitet man nicht über Sex. Wir redeten über meine Narkose. Eine lokale Betäubung hätte gereicht, aber ich wünschte, bei dem Eingriff lieber nicht dabeizusein.

Nachdem A. gekommen und wieder gegangen war, blieb ich allein mit dem endlosen Spitalabend. Zu essen bekam ich nichts mehr. Fernsehen mochte ich nicht, auch nicht lesen. Kein Zeitvertreib! Wie sagte ein kluger Freund? Wer sich langweilt, ist langweilig.

Was wußte ich noch von jener Schweizer Reise?

Tour de Suisse   Damit hatte er gleich zwei Götter

herausgefordert; «Genius» und «Terminus», was ebenso Grenze bedeuten kann wie Ende. Und als es überstanden war, wollte er beiden ein Denkmal setzen, ihr Bild auf zwei Seiten desselben Steins gemeißelt, und, mit Vermittlung seines Freundes Lavater, einen Künstler dafür gewinnen, Füßli, der für Darstellungen des

Schauderhaften berühmt war. Goethes Denkmal-Sucht; dasjenige für Frau von Stein balanciert eine Kugel auf einem Kubus. Sein sichtbarstes Werk in Weimar war damals die Verwandlung der Flußlandschaft vor seinem Gartenhaus in einen englischen Park, in dem sich Denkmale verstecken ließen wie dasjenige für die ertrunkene Ophelia Christel von Laßberg. Der allgegenwärtige Tod wollte übergrünt sein, wie im Memento der «Italienischen Reise» («Et in Arcadia ego»). In der Nähe erhielt Herzog Carl August ein «Römisches Haus» statt seiner abgebrannten Residenz. Aus einem Denkmal für die Schweizer Reise wurde nichts; aber er hatte es sich mit Leib und Blut gesetzt und in Prosa jahrzehntelang nachbearbeitet; 1808 *erschien* es zum ersten Mal. Und jetzt hielt ich es in der Hand.

Diese Reise 1779 hat er nicht allein gemacht.

Gewiß hat der junge Herzog Carl August sie zuerst als Laune seines Günstlings betrachtet, der er nachzukommen geruhte, als Bildungsreise in ein vielgelobtes Land, die er bei seiner Kavalierstour nach Paris versäumt hatte. Mit den berühmten Alpen stellte es für den jungen Militaristen auch eine sportliche Herausforderung dar. Die Frau von Goethes Freund Merck (einem Modell Mephistos) war aus dem Genferseegebiet gebürtig, einer Landschaft, über die man leicht ins Schwärmen gerät. Da lag auch der Montblanc gleich vor der Tür, und obwohl die Jahreszeit schon vorgerückt war, konnte man bei gutem Wetter vorher auch das Berner Oberland mitnehmen, Gletscher, Jungfrau, Staubbach, Aareschlucht. Und wenn man schon im reichen Bern vorbeikam, konnte ein armer Fürst dort vielleicht einen Kredit lockermachen, damit sich die Reise lohnte (sie kostete fast 9000 Taler, aber es schauten 50 000 heraus). Und in der Nähe gab es doch dieses Grabmal, mit dem ein dänischer Bildhauer eine im Kindbett verstorbene Pfarrfrau verewigt hatte. Durch einen Spalt im Stein reckte sie ihr totes Kind gefühlvollen Pilgern aus ganz Europa entgegen. Im Vorbeigehen konnte man auch die Naturgelehrten abschöpfen, von denen es in der Schweiz zu wimmeln schien.

Und Lavater, der berühmte Pfarrer Lavater am St. Peter, nicht zu Rom, sondern im sittenstrengen Zürich? Auch er stand auf dem Programm, sogar an erster Stelle. Er war, seit Goethes zweiter Reise, sein «Bruder» und der menschlichste der Menschen, dessen «Physiognomischen Fragmenten» er zugearbeitet hatte. Dennoch erfuhr er vom Glück, daß ihm Goethe auch seinen Landesherrn brüderlich zuzuführen gedachte, erst, als die Herrschaften längst im Lande waren, im letzten möglichen Augenblick.

Tritt man einem 22jährigen Ehe-Urlauber zu nahe, wenn man ihm lockerere Reiseziele unterstellt? So eines wird Goethe später in Gestalt einer nackten Genfer Schönheit beschreiben. 1779 hielt in Lausanne Contessa Maria Antonia von Branconi Hof. Die gewesene Favoritin des Erbprinzen von Braunschweig galt mit ihren gut dreißig Jahren als schönste Frau Europas. Wenn man ohnehin in ihre Gegend kam, warum sollte man an ihr vorbeigehen?

Engel   Aber der Herzog war sensibel genug, früh zu bemerken, daß Goethe, der Anstifter zu dieser Reise, sie ganz anders betrachtete. «Der Engel Gabriel» habe den Richtungswechsel von Nord nach Süd befohlen, meldete Carl August seiner Mutter – er schreibt auch seiner Frau Louise regelmäßig, als ahne er schon, daß Goethe jedes Zeugnis dieser Reise sammeln wird wie Stücke einer frohen Botschaft. Er selbst läßt keinen Tag vergehen, ohne Charlotte von Stein brieflich Rechenschaft abzulegen. Homer ist, wie sich versteht, der ständige Begleiter in eine heroische und arkadische Gegend, ebenjener Autor also, den Werther aus der Hand gab, um sich mit dem uferlos schwermütigen Ossian einzulassen, womit er sein Unglück besiegelte.

Dennoch war auch Homer nur die Deck-Behauptung für ein höchst persönliches Szenario. Es verlangte zuerst, daß Goethe, der seit dem Exodus nach Weimar seine Eltern nicht wiedergesehen hatte, den Lehnherrn in sein angestammtes Nest führte, wo er durchaus keine große Aufwartung für ihn verlangte; nur ein Strohlager, wie es die Jagdgenossen von ihren *Outdoor*-Vergnügen gewohnt waren. Fort auch mit den Kronleuchtern, die der Herzog überflüssig gefunden hätte. Vater Caspar sollte spüren, daß der verlorene Sohn einen bürgerlichen Aufstieg in der freien Reichsstadt keineswegs mit dem Flitter eines Duodezhöfchens vertauscht haben wollte. Unausgesprochen: Der Fürst sollte im Haus am Großen Hirschgraben gehalten werden wie ein eigenes Kind. Goethe war früh ein Bruder verlorengegangen und jetzt auch noch die geliebte Schwester. Hier brachte er als Ersatz – und etwas mehr – einen Bruder, den er sich selbst geschaffen hatte, und der war nicht zimperlich.

Aber auch diesem sollte die Herkunft des Mannes eingetränkt werden, den er als Günstling nicht wenig in Anspruch genommen hatte – und eigentlich viel zu viel.

Paradiesvogel Denn für die Arbeiten, die der abgebrochene Advokat und weitbeschriene Dichter am Hof von Weimar verrichten mußte, hätte er ein Herakles sein müssen und ein schlauer Odysseus zugleich – der sich auch noch das Ziel aller Leiden, die Heimkehr, versagte. Und die Fürsten-

gunst, die er dafür einhandelte, war vielleicht gar der Kern seines Leidens. Als er, statt nach Italien zu reisen, nach Weimar floh – wovor eigentlich? wovor eigentlich nicht? –, war dort gerade das fürstliche Schloß abgebrannt. Er stand vor der Zumutung, an seiner Stelle eine Architektur aufzubauen, die nicht nur in der Zeit bestehen konnte, sondern über sie hinaus. Von Pappe durfte sie nicht sein, obwohl Theaterkulissen – denn auch das Theater war abgebrannt – dabei eine wichtige Rolle spielten. Aber auch *hinter* den Kulissen verlangte die Gesellschaft, die gerne ein Musenhof gewesen wäre, neu geordnet, geistvoll organisiert zu werden, um den Traum einer jung verwitweten, nach ihrem Rückzug zugunsten des Sohns immer noch jugendlichen Regentin zu erfüllen. Wozu war Goethe ein Genie? Doch in seinen Ämtern fühlte er sich als Dilettant. Und es war eine zunehmend bange Frage, ob er in dieser Rolle ein Glücksfall war – oder ein schreckliches Mißverständnis, bei dem sein Bestes unter die Räder kam.

Als Mitglied im Geheimen Rat, dessen altgediente Größen (sie hießen von Frick und Schneez) gleich merken ließen, daß sie durchaus nicht auf den Paradiesvogel gewartet hatten, war er als *Event-Manager* für bewegliche Feste aller Sparten zuständig, immer mehr auch für die mit Sachsen-Gotha gemeinsam betriebene Universität Jena. Er hatte aber auch über den Straßenbau zu wachen und sich um Wirtschaft, Finanzen und gar ums Militärwesen zu kümmern. Denn der Kleinfürst tat sich auf seine preußische Verwandtschaft viel zugute, und Friedrich der Große spielte für sein Selbstbild eine Hauptrolle. In Sanssouci residierte ein empfindsamer Monarch, der Not und Tugend vereinigt hatte, als er aus seinem militärischen Genie ein Instrument europäischer Politik machte. Diesem Preußen in Uniform zu dienen, bis zum Generallieutenant, sollte sich Carl August eines Tages zur Pflicht machen. Es war Teil seiner eigenen Strategie,

die Kleinstaaten Deutschlands zu einem Fürstenbund zu-
sammenzufassen, mit dem man sowohl der kaiserlichen Macht
wie ihrer Ohnmacht etwas von Gewicht entgegenzusetzen
hatte. Zugleich durfte man sich ihr nicht ganz entfremden, da
sie noch immer für jedes Avancement unentbehrlich war – bis
zur Verleihung von Adelstiteln. Mit einem solchen hätte sich
Goethe den nötigen Respekt verschafft, auch wenn er dem
Bürgerstolz widersprach, den ihm Vater Caspar aufs Gewissen
gebunden hatte. Immerhin hatte er als Praktikant am Reichskammergericht zu Wetzlar schlecht oder recht einem *oberen
Leitenden* gedient, nicht dem Partikular-Interesse eines Klein-
fürsten.

Aber das politisch Heikle seiner Position in Weimar wurde
jeden Tag von der gebotenen Delikatesse im Persönlichen verschlungen, das an einem so kleinen Hof wiederum von Politik
nicht zu trennen war. Es hatte Folgen, wie man bei Hofe miteinander verkehrte, die auch der Tagelöhner zu spüren bekam
oder der Strumpfwirker in Apolda – die einzige, kaum nennens-
werte Industrie des Ländchens. Dabei verstand sich, unter Anna
Amalias Regentschaft, daß es, um bemerkt zu werden, nach einem Kultur-Projekt großen Stils verlangte und dieses nach Per-
sönlichkeiten von grenzüberschreitendem Rang. Was mit der
Berufung des Märchendichters Musäus begonnen hatte, gewann
mit dem Einzug Wielands zum ersten Mal wahres Format – und
gipfelte jetzt in der Anwerbung des berühmten Dichters eines
«Werther».

Bereits für das Amt des Prinzenerziehers war der Regentin-
witwe nur das Beste gut genug gewesen. Aber aus der Schule zu
laufen gehörte zu Carl Augusts eigenwilliger Natur. Und nachdem er mündig und damit Herzog geworden war, duldete er
erst recht keinen Hofmeister mehr in seiner Nähe. Des Rats bedurfte er in den Augen seiner Mutter um so mehr – während

sich der scheinbar robuste, dabei hochempfindliche junge Mann
bestenfalls einen loyalen Mitspieler gefallen ließ, der auch als
Komplize zu gebrauchen war, notfalls als Advocatus Diaboli.

Einen solchen glaubte er in dem neun Jahre älteren Goethe
gefunden zu haben, denn dessen Einladung nach Weimar war
sein Werk – zu dem seine junge Frau, die Prinzessin aus Darmstadt, gewiß nur zu gerne Hand geboten hat. Denn sie wünschte
sich im ländlich-sittlichen Weimar, in das die Heirat sie verschlagen sollte, einen Ritter des Geistes in der Nähe, der auch
noch nahezu ihre Mundart sprach. Damit war auch ihrem Gatten gedient, der eine beschäftigte Seele an seiner Seite bequemer
fand als eine, die seine eigene Freiheit verkürzt hätte. Mochte
das Genie von der Last einer dynastischen Ehe ruhig das Seine
mittragen. In häuslicher Politik war der junge Herr keineswegs
unbedarft. Aber auch von *Good governance* entwickelte er ent-
schiedene Vorstellungen, und wenn ihm Goethe die hohen Damen vom Leib und zugleich bei Laune hielt, war es das Beste für
alle.

Schwindel   Dennoch behielt Goethes Rolle in Wei-
mar etwas Schwindelhaftes, und es half keineswegs, wenn ihn
auch selbst davor schwindelte.

An ihm war es nun, das Format, das man ihm zutraute (oder
neidete), durch erkennbare Früchte seiner Tätigkeit zu beglaubigen. Zur Glaubwürdigkeit seiner Person gehörte auch eine
Liaison, in Grenzen des Comments, aber auch mit dem Überschwang des Genies. Seine Wahl hieß Charlotte von Stein, die
für Zurückhaltung bekannt war. Ihr Gatte, der Stallmeister,
eine hohe Charge am Hof, war kein Dummkopf und gönnte

seiner Frau, herzlich oder nicht, die Beanspruchung ihrer Gefühle. Mochte sie sich anbeten lassen: Er durfte dafür ohne Ge-
wissenbisse für jenen Nachwuchs sorgen, dessen sich der Haus-
freund auch noch gerne annahm.

So blieb der Minister Goethe mit dem Haushalt seiner Gefühle so intensiv beschäftigt wie mit dem nie versiegenden
Überfluß an amtlicher Tätigkeit; das «*durchaus scheisige dieser
zeitlichen Herrlichkeit*» erlaubte er sich nur am Rande zu bemerken. Inzwischen war er zum Geheimrat erhoben, aber noch
nicht zum Edelmann. Von der formell-fürstlichen Tafel blieb er
immer noch ausgeschlossen – und durfte stillschweigend fort-
fahren, zu liefern und zu leiden wie ein dressierter Hund.

Brocken   Dabei hatte er das Gefühl, sich immer mehr

abhanden zu kommen. Er war gut für alle und alles, aber wer
war er? War das keine Frage für einen, der – wie er Frau von
Stein zu verstehen gab – entschlossen war, seine Existenz als
symbolisch zu betrachten? Zugleich blieb sie, je öffentlicher gelebt, desto tiefer, *ganz verborgen*, und er schien dazu verdammt,
sie jeden Tag weiter zu verschütten. Eines Tages blieb nur die
Flucht – unter falschem Namen, mit dem es allerdings auch
seine Richtigkeit hatte. Denn der Muttername Textor bedeutet
Weber, und einer, der Texte schreibt, tut auch nichts anderes.
Aber schrieb, *dichtete* er denn noch, oder lieferte er nur noch das
Gewünschte, aber für ihn selbst nicht Not-wendige?

Nach vier Jahren Weimar führte ihn die einsame Flucht
noch nicht weiter als bis in den Harz, auf den winterlichen
Brocken, den Hexenberg. Aber zwei Orakel – eins im Granit-
stein, das andere als Farbenspiel am Winterhimmel – bedeute-

ten ihm, er sei womöglich weiter gekommen als gedacht – nämlich zu einem Neuanfang seines Wegs, den er verloren hatte.
Und zum Zeichen, daß es der rechte war, öffnete sich die Erde,
ohne ihn zu verschlingen, als zweiter Mutterschoß. Denn am
Ende der Reise fuhr er leibhaftig in die Grube, ins Bergwerk
unter dem Harz, von dem er sich Aufschluß über das längst still-
gelegte im heimischen Ilmenau versprechen durfte. Wenn Sach-
sen-Weimar-Eisenach eine Zukunft hatte: Hier lag sie verschüttet, wie seine Existenz am Hof. Gelang es, diesen Schatz zu
heben, so verband sich diese Zukunft mit seiner eigenen. Dafür
mußte er kein Bergmann werden, sondern bergförmig, ein Berg-
Werk in Person, des Stoffes kundig und mächtig, aus dem die
Erde geschaffen ist. So, nicht anders, wurde sie auch sein Revier,
und das Symbolische seiner Existenz war richtiggestellt.

«Gnade Gottes» hieß die Grube, durch die er

wieder ausfuhr, und nun war auch das Licht der Welt, die er
wiedersehen durfte, ein anderes und bereit, ihm für seine *Taten
und Leiden* die Augen zu öffnen. Sie hatten nicht nur Farbe angenommen, sie *waren* Farbe. In ihren Farben offenbarte sich die
Natur selbst als beziehungsfähig mit ihm, dem erleuchteten
Subjekt, das im unteilbaren Licht seinesgleichen erkennen
durfte, wie er im Granit seinesgleichen ergriffen hatte. Alle fünf
Sinne zeigten sich als berechtigte Organe, welchen sich die Verhältnisse der Natur *augenscheinlich* offenbaren. Was sie wahr-
nehmen, ist wahr – so wahr es uns erscheint. Dieser Schein trügt
nicht – als *Phänomen* schließt er alles ein, was uns zu erkennen
bestimmt ist, zu wissen und zu leisten.
    Die Fahrt in die Grube hatte ihm, gar nicht nebenbei, auch

einen neuen Sinn der *Kunst* gezeigt. Denn für den Bergmann trägt alles diesen Namen, was der Förderung dient, von der Wasserkunst der Pumpe bis zur Fahrkunst des Grubenhunds: Alles ist *Kunstgezeug.* Und wer zugleich sich und den Menschen dienen wollte, mußte von der Kunst Gebrauch machen, mit dem ihn die Natur, die große Mutter, leibhaft ausgestattet hatte.

Sie hatte ihm gerade die einzige Schwester genommen, die mit ihm, im Elternhaus, unzertrennlich gewesen war. Ihre Art zu lieben, die nicht liebenswürdig war, hatte ihn gegen das Weibliche fest gemacht. Und als die einzige einem biederen Freund ausgeliefert wurde und pflichtschuldiger Mutterschaft, hielt er für sich selbst eine Art Jungfräulichkeit fest; natürlich tat sie ihm nicht genug. Denn wie sollte er, der als Dichter die Liebe feierte, als Mensch nicht zur Liebe geschaffen sein? Nun aber, auf dem Hexenberg und dann in der Grube, war er in der Schwester gestorben und als Mitwisser der Natur wiedergeboren worden. Die Große Mutter selbst erlaubte ihm, sie zu erkennen, und schenkte ihm Geschwisterlichkeit mit allem, was da kreucht und fleucht, sogar mit sich selbst.

Hier ging Goethe als *Weber* die neue Sonne seiner Naturwissenschaft auf. Mit dieser Gabe durfte er wuchern, ohne Grenzen kennen zu müssen, im Vertrauen darauf, daß die Natur die gebotenen selber setze. Sie hatten mit Prüderie oder Abstinenz nichts zu tun, aber konnten allerdings Entsagung gebieten: Zurücknahme des genußvoll Beliebigen zugunsten des rechten Maßes. In potenzierter Reinheit bildete sich der Stoff zur Form, «die lebend sich entwickelt», wurde die Natur zur Kunst. Nachahmer *dieser* Natur zu sein hieß, ihr *bewußtes* Geschöpf zu werden, nachdem man bisher nur ihr Kind gewesen war, ungeduldig, trotzig, verspielt und rasch verzweifelt. Die Jugend war vorbei, jetzt konnte das *Stufenglück* beginnen, bei dem einen nicht einmal zu kümmern brauchte, ob man stieg oder sank. Man durfte sich auch fallenlassen, ohne Sorge, unterzugehen oder sich zu verlieren. Es war der Anfang eines umfassenden Lebensvertrauens, das der verzweifelt Aufgebrochene aus einer Winterreise mitgebracht hatte, wohin? Nach Hause, immer und überall.

Aber es war keine romantische Heimkehr, sondern der Anfang frischer *Tätigkeit*. Jetzt brauchte er einen Schutzherrn, der sie *unbedingt* garantierte. Damit mußte er dienen können, nachdem Goethe *ihm* gedient hatte, wie Jakob dem Laban, Joseph dem Potiphar, die Juden dem Pharao. Die zweite Schweizer Reise war die Probe darauf, nicht durchs Feuer, sondern im tiefen Schnee.

Einzelkind   Ein solches bin ich, was A., wenn wir in Streit geraten, mir vorzuwerfen nie unterläßt. Daß es zu den Dingen gehört, für die ich nichts kann, läßt sie als Alibi nicht gelten.

Es ist auch nur halb richtig. Denn ich habe *Halb*geschwister aus erster Ehe meines Vaters, die nur der Tod hat beenden können. Hätte ihn seine immer leidende erste Frau früher ins Grab gebracht als er sie, so gäbe es mich nicht. Ich bin die einzige Frucht seiner verspäteten Glückssuche, wenn das bei ihm das rechte Wort ist. Jedenfalls zog er im Bedürfnis, wenigstens als alter Mann seine Ruhe zu haben, eine nicht mehr ganz junge Frau, die vom Glück selbst nicht allzuviel verstand, in seinen Haushalt hinein, für den sie nicht geschaffen war, nicht einmal als gelernte Pflegerin. Immerhin hatte sie in Paris und London etwas von der Welt gesehen und hätte beinahe nach Indien geheiratet, während er die Landesgrenzen nicht ein einziges Mal überschritten hat. Als Auslauf genügte ihm die feste Burg Gottes, der seine Kinder aus erster Ehe entronnen waren, keineswegs glücklich. Nun sollte meine Mutter den leeren Platz einnehmen, und daß er ungesund war, traute sie sich, als wohldressiertes Kind, dem Witwer nicht zu zeigen, bis eine Depression ihren Widerstand manifest machte – auch handgreiflich und einmal bis aufs Messer. Die Krankheit sorgte durch hartnäckige Dauer dafür, daß sich ihr Problem – wenn auch nur *dieses* – durch höhere Gewalt erledigte.

Bei Vaters Tod waren seine Kinder aus erster Ehe wieder an seinem Bett, und nachdem sie sich erst von seinem Haus, dann auch voneinander entfernt hatten, sollten sie sich zu gemeinschaftlichem Handeln verbünden. Denn da gab es noch einen Rest von Familiengeschichte unterzubringen, mich, und die zuständige Mutter war nicht da.

Ja, es gab mich, bei der Entfernung meiner Mutter seit zwölf, beim Tod meines Vaters seit dreizehn Jahren. Und das Niemandsland, in dem ich mich schon länger bewegte, war den Halbgeschwistern bei ihren spärlichen Besuchen nur als Frechheit aufgefallen. Denn ich hatte es, was meine Zukunft betraf, mit anmaßlichen Phantasien geschützt. Sie waren die Papierflieger, die ich in der väterlichen Festung über die Mauern steigen ließ. Meine Mutter hatte von dem älteren Mann wenigstens ein Kind gewollt und mich unter Schmerzen gewissermaßen jungfräulich geboren, wie in der richtigen Heilsgeschichte. Und da sie in ihrem spät gelernten Schwestern-Beruf – sie hatte als Schneiderin angefangen – nicht hatte dienen können, sollte man meinen, sie habe um so mehr für ihr Kind dasein wollen. Jedenfalls ließ sie sich, als sie für geheilt erklärt und wieder zu Hause war, nicht nachsagen, sie habe etwas versäumt, und gab sich immer mehr Mühe, als ich gebrauchen konnte. Da ich weder heilig werden noch brav sein wollte, suchte ich wenigstens, als früher Lerner, wie ich ihr etwas bereiten konnte, was sie sich nicht einmal zu vermissen getraute: *Freude*. Als ich klein war, kam sie ihrem versäumten Pflegeberuf an mir bis zum Überfluß nach, und ich lernte ihre Angst, immer noch etwas falsch zu machen, schonen, nach Vermögen. So unbemerkt wie möglich entwischte ich ihrer Sorge in eigene Welten, die ich, da sie nur Anstoß erregen konnten, findig tarnen lernte.

So hatte unsere Spätfamilie in unwahrer Dreieinigkeit gelebt, bis meine Mutter, mit einem Selbstmordversuch, der hinterher nicht wahr sein durfte, ihr Gehtnichtmehr anzeigte. Danach verabschiedete sie sich als «Gemütskranke», während mein Vater in wenigen Wochen einem gut verborgenen Krebsleiden erlag. Und ich fand mich, am Ende der Kindheit, an der kalten Luft und wußte mir nicht zu helfen. Denn alle Tricks, in einer Festung zu überleben, halfen mir ohne diese Festung nichts mehr.

Nun also sollten meine Halbgeschwister Rat wissen. Sie hätten von Alters wegen meine Eltern sein können, aber das verbaten sie sich deutlich. Hatte ihr Vater sie nicht enterbt, als er glaubte, sich nochmals verheiraten zu müssen? Was mir not tat, wußten sie auch so. Zuerst eine feste Hand, keine kostspielige Erziehung, sondern eine solide Ausbildung, zum Beispiel eine Schneiderlehre. Und bis sie mich ernähren konnte, das Waisenhaus.

Da war es ein Nachbar, Mutters hochverehrter Herr Professor, der mich als *Deus ex machina* für ein höheres Leben rettete, auch wenn es in einem frommen Internat beginnen mußte. Und als meine Mutter wieder bereit war, die Pflege ihres Einzigen im Dachstock des teilvermieteten Elternhauses zu übernehmen, war ich ihr entwachsen, wohl oder übel, und bestrebte mich trotzdem, einige ihrer Träume zu erfüllen; zuerst denjenigen des Auszugs in eine weitere Welt, bis nach Japan und Amerika, wofür sie sieben Jahre Einsamkeit in Kauf nahm.

Aber am Programm, das sich die Halbgeschwister für mich ausgedacht hatten, kam ich doch nicht vorbei. Ich baute, wo immer, mein eigenes Waisenhaus, lernte das Schneider-Handwerk auf meine Art und näherte mich dabei, wenn auch nicht ganz real, den Halbgeschwistern wieder an, sogar über ihren Tod hinaus. Von Elsa erbte ich Japan, das sie in ihrem (und meinem) ersten Kinderbuch geschildert hatte; von Hedwig die Verehrung der Kunst, die sie in ihrer Anhänglichkeit an einen brotlosen Künstler gelebt hatte. Vom berühmten Walter übernahm ich mit den Jahren nicht nur einen Professorentitel, sondern auch den Hang zum Tragischen, den er bis zum plötzlichen Herzstillstand getrieben hatte. Mit Hans aber, dem Jüngsten, teilte ich, jedes Jahr mehr, seine Liebe zu Goethe, auch wenn sie bei mir nicht, wie bei ihm, anthroposophische Form annehmen wollte.

So kehrt man in den Schoß seiner Familie zurück. Am nächsten ist mir Hans geblieben, der selbst nie Vater geworden ist und sich in der Schule seiner hohen Stimme wegen als unmännlich verspotten lassen mußte. Er hat aus dem Schicksal, neben seinen Geschwistern vergleichsweise ein Niemand zu sein, das Beste gemacht und war imstande, für sich und seine stille Frau (auch eine Waise, zum Glück mit Vermögen) eigenhändig ein Haus zu bauen und aus Büchern, die er einband, Kunstwerke zu machen. Der «eilfte Band», der mich ins Krankenhaus begleitete, könnte aus seiner Werkstatt sein.

Fluchten   Gabriel ist ein formidabler Engel: derjenige, der dem Propheten, auch gegen dessen Widerstand, den wahren Willen Gottes diktierte, somit den Auftrag, die Welt zu besetzen

und zu Ihm zu bekehren. Die Gründung aller Eingott-Religionen beginnt mit einer Flucht: derjenigen Abrahams aus dem Lande Ur, der Juden aus dem «Diensthaus» in die Wüste – aus Ägypten, in das der erste Joseph wiederum hatte fliehen müssen, und auch der zweite mit Maria und Jesus. Auch Mohammed floh aus Mekka nach Medina, und diese Bewegung hat der siegreiche Islam feierlich umgedreht: Der Pilgerweg *nach* Mekka ist für alle Gläubigen zur Pflicht geworden, die sie *einmal* im Leben erfüllen müssen. Das ist der *Hadj,* in Goethes Sprache die *Hegire,* Auswanderung ins Fremde, Rückkehr ins Eigene zugleich.

Die zweite Schweizer Reise ist, fast vierzig Jahre vor dem «West-östlichen Divan», Goethes *Hegire.*

Denn er, der Bibelfeste, zitiert eine Stimme Gottes nicht zum Spaß. Die Zeichen des Definitiven sind nicht zu übersehen, mit denen er diese Reise in die Schweiz begonnen hat, des Abschieds von Frankfurt und den Eltern, von der Jugendliebe Friederike Brion in Sesenheim, von der ehemals Verlobten Lili Schönemann (jetzt Türckheim) in Straßburg, sogar von der toten Schwester in Emmendingen, deren Rolle als Ehefrau eine alte Freundin eingenommen hatte. *Regler ses comptes.* Der Abschied von Lavater, dem Zürcher Heiligen, stand noch bevor, aber innerlich war er schon vollzogen. Alles war «Weber» zu opfern bereit, um den Einen zu gewinnen, der ihm not tat, nicht als Fürsten, sondern als Bundes-, als *Eidgenossen.*

Aber sie reisten ja nicht nur zu zweit. Sie hatten noch einen Kammerherrn dabei, den Oberforstmeister Moritz von Wedel, «der schöne Wedel» genannt, einen Jugendfreund des Herzogs, der sich bei ihm viel herausnehmen durfte. Und als es hart auf hart ging, hatten die Hauptpersonen immer noch einen Knecht dabei, zum Tragen der Mantelsäcke oder für die Vorbereitung eines Quartiers. Er hieß Hermann Blochberg, war als Jäger Strapazen gewohnt und wurde vom Herzog vertraulich «Männe» genannt. Das einzige von ihm bekannte Wort, über die Furka, hat Goethe höchstselbst überliefert: sie sei ein *S***r*. Nun steckt es, mit verschämten Sternchen, inmitten großer Prosa fest wie Fliegendreck im Bernstein.

Teens von heute könnten es «authentisch» finden.

Künste   Der *Kunstanspruch* der «Schweizer Reise» – als Text – wird an allem bemerkbar, was er ausläßt oder überspringt. Die Anreise mit Webers Abschieden findet nicht statt. Kein Wort von den Besuchen auf Rousseaus Petersinsel oder in Voltaires Ferney. Bern und seine Länder, Oberland und Waadtland inklusive: Fehlanzeige. Genf existiert nur, damit «Weber» bei dem großen Naturforscher de Saussure einen Freibrief für die engere Bergfahrt abholen kann, die dann durchs Tal der Arve, am Montblanc vorbei, über den *Col de Balme* ins Wallis führt – bis zum Gotthard, aber nicht nach Zürich. Auch von Lavater keine Spur.

(Daß «Weber» in Meiringen der Herkunft seines Schweizer Ziehsohns Peter im Baumgarten nachgeforscht hat, wäre in einem *Roman* immerhin der Rede wert gewesen.)

Aber auch Carl August wird nicht genannt. Die Kunst hat ihn in ihre Wir-Form eingeschlossen, als sie die Reise auf ein knappes Profil zusammenzog, ein Band von *Höhenwegen* von Münster im Jura bis Münster im Obergoms. Und sie beginnt, wie bei Dante, mit einem Engpaß, dem Durchbruch der Birs hinter Basel, den Goethe sogar zweimal durchschreitet, um die Kalklagen der Schlucht angemessen zu studieren. Der Überschwang des Subjekts, sein Spiegelbild im Rheinfall, Nacktbaden im Fluß: das war beim letzten Mal. Diesmal will er *sehen*, was er vorher nur *mitgenommen* hat – das gilt am meisten für den Fixpunkt beider Reisen, den Gotthard.

Mit diesem Blick vom Jura ist die deutsche Sprache über der *Suisse profonde* aufgegangen wie der volle Mond über einem neuen Anfang der Welt:

Es sind keine Worte für die Größe und Schöne dieses Anblicks, man ist sich selbst im Augenblick kaum bewußt, daß man sieht, man ruft sich nur gern die Namen und alten Gestalten, der bekannten Städte und Orte zurück und freut sich in einer taumelnden Erkenntniß, daß das ebendie weißen Punkte sind, die man vor sich hat (…) man giebt da gern jede Prätension an's Unendliche auf, da man nicht einmal mit dem Endlichen im Anschauen und Gedanken fertig werden kann.

Berg und Tal
Am frühen Morgen holten sie mich, um mich vom Bett auf die fahrende Liege umzulagern. Und während diese, immerzu anstoßend, durch die Korridore schlenkerte und schließlich in einem Lift vor Anker ging, kam mir der Schlitten in den Sinn, den Goethe Frau von Stein nach Großkochberg als Geschenk gebracht hatte und, als es nicht angenommen wurde, in Stücke schlug. Goethe mit einer Axt in der Hand. Oder nahm er den Hammer?

Frau von Steins Briefe sind nicht erhalten. Vieles deutet darauf, daß sie seine Gefühle nur mäßig erwidert hat. Aber seine Aura ließ sie sich nicht entgehen, und von ihrem Schein verklärt, taucht sie in jeder Deutschstunde auf, wo es noch solche gibt.

Nun aber das Wallis! Wie zog es ihn, mit seinem kleinen

Menschenzug im Gefolge, über alle Berge Savoyens in dieses Tal ohnegleichen, das mir aus einem früheren Leben ans Herz gewachsen ist. Wir hatten ein altes Walliser Haus fast auf dem Talboden erworben, «da unten in der Hitze», wie sich eine Freundin ausdrückte. In unserem Weiler, besiedelt von Fabrikbauern, Arbeitern im Aluminiumwerk, von dem jeden Morgen ein süßlicher Hauch herüberwehte, verbrachten wir den Sommer mit unseren Kindern und manchen Winter auch auf Skiern. In Visperterminen, wo es «Heidenwein», aber nur einen einzigen Skilift gab, lernten Frau und Söhne auf Brettern stehen, während ich das Sausen schon hinter mir hatte und ins Obergoms weiterfuhr, oft ganz allein auf der Langlaufloipe von Ober- nach Niederwald.

Dieses Wallis wollte ich wiedersehen, die großzügige, hochindustrialisierte Furche, von Bergen umlagert, mit denen verglichen «alle anderen Täler» sind, wie es in *Alice in Wonderland* heißt. «Der Berg, wo ein Tal ist» hatte ich in meiner Parzival-Erzählung eine Bodengestalt getauft, deren Witz sich nur in Schweizer Mundart erschließt, wo jedes Relativpronomen «wo» lautet. Dieser Berg stand uns bei jedem Blick durchs Fenster vor Augen: eine stumpfe Schulter, die ins Tal vorspringt. Aber man mußte nur ein paar Kilometer talabwärts fahren, dann zeigte sich der Berg als Flanke eines Trichters, dessen Ränder sich weit zum Himmel öffnen. Und die herausgeschwemmte Steinmasse hat sich, immer sanfter auslaufend, im Tal zum flachen Schutt-hügel angehäuft, der allmählich mit dem Talboden verschmilzt. Dabei bildet er ein von Kiefern bestandenes Niemandsland, durch das sich die Rhone unreguliert ihren Lauf suchen darf. Das ist der Pfynwald, wie geschaffen für Wegelagerer und fahrendes Volk; inzwischen ist es vereinzelten Tankstellen und Grillplätzen an schnurgerader Straße gewichen. Aber ein starker Rest von Verlassenheit hängt immer noch an der Strecke, die

auf einmal amerikanisch wirkt: eine *Interstate,* auf der man Wü-
stenhöhen ansteuert. Aber auch nirgends wie im Wallis liegt die
Schweiz im mediterranen Süden. Es ist provenzalische, spani-
sche Landschaft, was die Fahrt mit kargen Hängen begleitet,
und durch das starke Blau über schneerestigen Bergen leuchtet
ein Meer.

Dieses Schwemm- und Schuttgebiet bildet auch die Grenze
zwischen Deutsch und Welsch. Hier haben die Reisenden den
letzten Mann, der nicht dazugehörte, dahin zurückfahren lassen, wo sie hergekommen waren, und mit ihm ihre guten Pferde,
um auf gemietete umzusatteln und später auf anspruchslose
Maultiere. Am Ende stiegen sie zu Fuß, bis kein Weg mehr war.
So mußte er selbst das Ziel werden, ungewiß, wohin er führe –
aber *zurück* nicht mehr.

Windweben   Es war überstanden und wurde Mittag,

bis B. an mein Bett kam, um den Eingriff zu besprechen. Ich
bedankte mich angemessen.

Sie lesen ja schon wieder, sagte er, und ich hielt ihm die Ti-
telseite hin.

1808. Das war noch zu seinen Lebzeiten!

Er war Ende fünfzig, sagte ich – oder «funfzig», in seiner
Sprache. Es gibt eine Geschichte von ihm: «Ein Mann von funfzig Jahren», der auf Freiersfüßen geht – er liebt seine Nichte. Da
sieht er im Spiegel, daß ihm ein Zahn ausgefallen ist, und er
stellt fest, es werde Zeit, mit bestimmten Hoffnungen abzu-
schließen.

Und die Nichte?

Verliebt sich in seinen Sohn, und er läßt ihm den Vortritt.

Einmal sieht er das Paar von weitem beim Schlittschuhlaufen in einer hellen Mondnacht. *Da blickten sie auf und sahen im Geflimmer des Widerscheins die Gestalt eines Mannes hin und her schweben, der seinen Schatten zu verfolgen schien und selbst dunkel, vom Lichtglanz umgeben, auf sie zuschritt; unwillkürlich wendeten sie sich ab, jemandem zu begegnen wäre widerwärtig gewesen. Sie vermieden die immerfort sich herbewegende Gestalt, die Gestalt schien sie nicht bemerkt zu haben und verfolgte ihren geraden Weg nach dem Schlosse. Doch verließ sie auf einmal diese Richtung und umkreiste mehrmals das fast beängstigte Paar. Mit einiger Besonnenheit suchten sie für sich die Schattenseite zu gewinnen, im vollen Mondglanz fuhr jener auf sie zu, er stand nah vor ihnen, es war unmöglich, den Vater zu verkennen.*

Da friert es einen, sagte ich.

Und Sie können es auswendig.

Wenn ich mir etwas gemerkt habe, bevor ich zwanzig war, kann ich's immer noch aufsagen.

Das lernt heute niemand mehr.

Tun Sie mir einen Gefallen? Schlagen Sie das Buch auf, und lesen Sie das erste Wort, das Ihnen ins Auge fällt, laut, bitte.

Er hob den «eilften» Band auf, als wär's ein neugeborenes Kind.

Irgendwo?

Eher hinten.

Er schlug das Buch auf, ließ sich aber Zeit, bis er sagte: «Windweben».

Steht das wirklich so da?

Es ist das erste, das paßt.

Wozu?

Das müssen Sie wissen.

Ja, es paßt.

Und was heißt es? Klingt wie «Spinnweben».

Das paßt auch, sagte ich.

Das Buch ist kostbar. Hier sollte eigentlich nichts wegkommen, aber es gibt viele Ausländer.

Goethe war auch einer. Sie auch. Sogar Europa war eine Ausländerin, aus dem Gaza-Streifen.

Er lachte. – Sie sind der einzige hier, der ein Buch liest. Man sieht fern oder spielt mit dem Handy. Haben Sie keins?

Nur für meine Frau. Bloß vergesse ich dann immer die PIN-Nummer, oder die Batterie ist leer.

Sie verachten diese Leute.

Sie kommen mir immer vor wie die Königin im Märchen, die wissen will, ob sie die Schönste im ganzen Land ist, und unaufhörlich auf ihrem Spiegelchen tüpfelt.

Windweben. Aber ein Buchtitel wird das nicht.

Wer sagt, daß ich ein Buch schreibe?

Ich kenne Sie doch.

Da haben Sie mir etwas voraus. Wann kann ich nach Hause?

Sofort, wenn Ihre Frau es erlaubt. In einer Woche ziehen wir die Fäden.

Als A. mich abholte, hatte ich im «eilften Band» eine Entdeckung gemacht, für die ich nicht einmal zu lesen brauchte, nur zu blättern.

Triptychon   Denn die Schweizer Reise 1779 war als «zweite Abtheilung» der «Briefe aus den Schweiz» das letzte von drei Stücken; das erste bildeten die «Leiden des jungen Werthers», die ich seit dem Gymnasium nicht mehr ernsthaft angerührt hatte. Das kurze Mittelstück aber, die «erste Abthei-

lung» der Schweizer Briefe, tanzte aus der Reihe. Denn darin
wurde dem verstorbenen Werther ein Abenteuer mit einer jungen
Genferin nachgereicht. Anderseits war die Fiktion als «erste
Abtheilung» von «Briefen aus der Schweiz» mit einer «zweiten
Abtheilung» zusammengeheftet – der Reise von 1779, deren Erzählung
immerhin von erlebten Tatsachen ausgeht.

Wieder zu Hause, hatte ich Muße, die Textgeschichte zu studieren.
Eindeutig lag der Fall nur beim 1774 erschienenen
«Werther». Seine Kavalierstour in die Schweiz dagegen, die
Kunstreise mit einem Freund, die von Werther *früher* erlebt sein
mußte, war von Goethe zwanzig Jahre *nach* «Werthers Leiden»
geschrieben worden, als Beitrag für Schillers «Horen» – wo das
von Goethe selbst so genannte «Märchen» dann doch nicht erschien.
Warum wohl? Eigentlich hätte er den berühmten Selbstmörder
lieber ruhen lassen, wie er in der Maske eines Herausgebers
seiner Papiere verrät. Oder hatte die Selbstzensur der
«Horen» die Nacktszene unmöglich gefunden? Oder die
Schweiz-Schelte zu politisch? *Frey wären die Schweizer? frey diese*
zu wohlhabenden Bürger in den verschlossenen Städten? frey diese
armen Teufel an ihren Klippen und Felsen? Was man dem Men-
schen nicht alles weiß machen kann! So oder so konnten die
Grundlage dafür nur Erfahrungen liefern, die er erst 1779 gesammelt
hatte. Dafür findet sich in der «zweiten Abtheilung»
der «Briefe aus der Schweiz» keine Spur von Werther mehr.

Doch hat sie wiederum ihre von den andern Teilen unabhängige
Entstehungsgeschichte. Der endgültige Text entwikkelte
sich über fast drei Jahrzehnte aus Dokumenten, die Goethe
über diese Reise gesammelt hatte, seinem Tagebuch, aber
auch der Korrespondenz anderer, vor allem Carl Augusts. Goethe
hat das Corpus immer wieder zum Vorlesen im kleinen
Kreis neu redigiert; im Druck erscheint es 1808 zum ersten Mal.
Dies, immerhin, hat der Text mit der «ersten Abtheilung» ge-

meinsam – was beweist, daß wir beim «eilften Band» keine Buchbinder-Synthese vor uns haben. Spätere Herausgeber Goethes taten unrecht daran, seinen Zusammenhang zu zerreißen und das Mittelstück separat anderswo abzulegen. Damit geht auch der «eigentlichen» Schweizer Reise etwas verloren.

Ich mußte den von Goethe so und nicht anders komponierten «eilften» Band selbst als Kunstwerk betrachten. Es hatte sogar testamentarischen Charakter, bedenkt man die Unschlüssigkeit und Fragilität Goethes in den Jahren nach Schillers Tod, aber auch, daß Weimar Kriegsschauplatz geworden war. Der letzte, dreizehnte Band der «Werke» enthält die «Wahlverwandtschaften» als Neuerscheinung; wären sie sein letztes Werk geblieben, er wäre immer noch der größte Dichter unserer Sprache. Auch wenn es uns unmöglich ist, sie ohne «West-östlichen Divan», ohne die «Wanderjahre», ohne die späten Gedichte und vor allem: ohne den ganzen «Faust» zu denken. Man tut gut daran, als reines Geschenk zu betrachten, daß der «Genius» den «Terminus» noch fast drei Jahrzehnte lang in Schach gehalten hat.

Schwanken   Bald konnte ich fast wieder so gehen wie früher. Nur fühlt sich mein linkes Knie steif an, wie bei einem Kriegsinvaliden; etwas Ungelenkes hat sich in meinen Gang geschlichen, ich stoße an, stolpere leicht, wende mich schwerfällig. Ankleiden ist mühsam, zum Binden der Schuhe muß ich mich setzen. Ich bin froh über kurze Wege, verdumpfe öfter, als mir lieb ist, auch am Schreibtisch, die Finger rühren sich plump, und der Ehering hat sich tief eingeschnitten. Ich

tippe wieder mit nur zwei Fingern und vergreife mich häufig, bemerke zu spät, daß ich auf die Feststelltaste geraten bin und ganze Sätze in Großbuchstaben geschrieben habe. Immer wieder schlage ich mit dem Kopf an. Ansätze zu gestörter Bewegung habe ich schon lange an mir bemerkt, da ich nie auf meine Füße achten lernte und sie es offenbar nicht von selbst können. Schon in einer Selbsterfahrungs-Gruppe hat man mir 1970 mangelhafte Erdung attestiert, aber bis zur Gleichgewichtsstörung ist sie früher nicht gegangen.

Was ist der nächste Schritt? In Berlin kommt es vor, daß ich nach dem Aussteigen am Bahnhof Friedrichstraße in die falsche Richtung weitergehe. Und daß ich, wenn ich unsere Wohnung verlasse, nachdenken muß, auf welcher Seite die Stadtmitte legt, passiert mir dauernd.

Meine Mutter hat, seit ich denken kann, nicht gehen können, ohne zu schwanken; nahm ich sie beim Arm, so korrigierte ich diese Unsicherheit nicht, ich verstärkte sie. Aus meinem ersten Comic verfolgt mich eine Szene bis heute: Adamson, das Männchen mit dem zu großen Kopf und nur drei Haaren, entschließt sich, zwei Trunkenbolde nach Hause zu geleiten, und faßt sie unter, jeden auf einer Seite. Da wird ein Schutzmann auf die Gruppe aufmerksam. Alle festnehmen kann er nicht, da beschließt er, sich an den Mittleren zu halten, «der schwankt am meisten».

Meine Mutter hat nie getrunken.

Alt bin ich schon, das sagt mein Jahrgang. Aber fange ich an, es auch zu werden?

Vor zehn Jahren warst du noch schlimmer, sagt A. Ist es ein Trost, schon lange ein Tölpel gewesen zu sein?

Zum Geier   «Es ist ein Knie, sonst nichts» – der
Mensch dazu kann auch, wenn das Knie geflickt ist, «einsam
durch die Welt» gehen. Herbst und Winter brachten eine Operation anderer Art, die mich zum zweiten Mal von meiner Familie entfernte. Zwar wurde ein teils nachträglicher, teils vorgrei-
fender Prozeß um Erbsachen juristisch halb einvernehmlich
beendet, doch die bessere, die menschliche Hälfte blieb beschä-
digt zurück. Danach wuchs meine Überzeugung, daß man an
materiellem Gut besser gar nichts zu vererben hat. Auch da gibt
es kein Leben nach dem Tode. Um so mehr blieb ich an jenem
weißen Freitag hängen, dem 12. November 1779, der den Bund
zweier Männer unauflöslich machen sollte.

A. und ich hatten für das nächste Frühjahr, 2016, selbst eine
Reise vor, nach Japan, und hielten daran fest, obwohl die Krebs-
Diagnose, mit der ich seit einer Radikal-Operation vor fünf Jahren passabel gelebt hatte, wieder aktuell wurde. Mit 82 beginnt
die Zeit so kostbar zu werden, wie sie es in jeder anderen Le-
bensperiode auch sein müßte, aber so klug ist der Mensch in
keiner, will es auch nicht sein. «Aber heute noch nicht» war einmal der Satz, mit dem ich mir als Kind den nächsten Tag –
wenn er etwa die verwünschte Schwimmstunde brachte – so
weit vom Leibe hielt, daß ich einigermaßen getrost einschlafen
konnte. So hangeln wir uns immer noch einmal auch am
schwarzen Loch des Nie-Wieder vorbei.

Bedenklicher als die zeitliche Entfernung der Schweizer Reise
1779 wurde mir der Altersunterschied, der mich von den Reisenden trennt. Wie begegnet man, in meinem Alter, zwei zwar ungleichen, aber noch jungen Männern, die real meine Enkel sein
könnten? Andererseits mußten damals Kinder, wenn sie den
Windeln entwachsen waren, sich schon fast wie die Großen

kleiden und benehmen. Sie waren, was schon viel heißen wollte, dem normalen Kindertod entgangen und starben auch jünger; das verpflichtete sie zu frühem Ernst. Sie mußten lernen, willige Mitspieler ihrer Erziehung zu sein, dankbare Objekte der Sorge der Eltern um ihre eigene Rechtschaffenheit. Ich stelle mir vor, daß ihre Jugend der meinen viel ähnlicher war als schon derjenigen meiner Kinder.

Goethe hatte, was man wohl nach jedem Maßstab eine glückliche Kindheit nennen darf. Aber wenn sie nicht zu wünschen übriggelassen hätte: warum hätte er, noch mit dreißig Jahren, immer wieder nach einem Orakel verlangt, das ihm sagte: Er sei berechtigt, der zu sein, der er war, und seinen Göttern gut genug?

Im Gedicht «Harzreise im Winter» läßt er, als Glückszeichen für sein Lied, einen Geier fliegen; auf der Furka ist er ihm leibhaft begegnet: *Es kam ein Lämmergeier mit unglaublicher Schnelle über uns hergeflogen, er war das einzige Lebende, was wir in dieser Wüste antrafen …* Hat er immer noch einen Adler des Zeus gesehen, blieb er «umfangend umfangen», oder zeigte ihm der Geier seine Bestimmung, «Aas zu werden mit vielem Aas»? Ganymed oder Prometheus? Er hatte, als Poet, beide Rollen probiert – mit dreißig Jahren paßten sie nicht mehr. Auch Herakles war er nicht. Er war ein Mensch aus Fleisch und Blut, der sich in Weimar gewaltig vertan haben konnte. Jedenfalls lag das Leben nicht mehr ganz in seiner Hand – sondern Gottes und der Natur. *Deus sive Natura*, wie er mit Frau von Stein, Wange an Wange, im Spinoza gelesen hatte. Aber lautete die Gleichung zugunsten *seines* Lebens? Was war er, Herr Weber, den Göttern wert?

Sicher war nur: «Weber» ging den Weg in die Wüste mit einem Bruder, und den durfte er nicht umkommen lassen.

Experimentum crucis: So lese ich die Pas-

sage über die Furka – eines Mannes, der dem Kreuz der Christen bereits abgesagt hatte und ihm doch nicht ganz entging. Es sollte ihm eines noch fernen Tages an unerwarteter Stelle wieder begegnen, als *Offenbarung*: im Hell-Dunkel-Kreuz der «entoptischen Farben», dem gesteigerten Produkt «wiederholter Spiegelung». Aber 1779 wurde ihm das Wallis zum Tal der Tränen – er vergoß sie über einen Heiligen der christlichen Kirche, und ihre bindende und lösende Kraft war noch nicht abzusehen.

Kennen Sie das Gebirge, meine Herren, im November? Haben Sie Schnee, in den man bis zur Brust versinkt?

Wir besorgen uns Führer in Oberwald.

Wenn Sie solche finden, trauen Sie ihnen nicht!

Aber sie gehen auch im Winter über den Berg.

Ja, es gibt arme Teufel, die ihre Ziegenfelle auch zu Martini noch hinübertragen müssen. Wer gibt ihnen etwas für die nackte Haut! Sie aber haben etwas zu verlieren, muß es gleich das Leben sein?

Bisher hat uns das Glück nicht im Stich gelassen.

Wenn die Lawine kommt, können Sie von Glück reden, wenn Sie gleich erschlagen werden, statt zu ersticken. Was, um Himmels willen, suchen Sie auf dem Gotthard, um diese Zeit des Jahres?

Ich möchte Pater Seraphim wiedersehen.

Damit er für Sie betet? Damit könnte er zu spät kommen. Sie müssen nicht über die Furka, gehen Sie über Domo d'Ossola, der Simpelberg ist länger, aber sicher. Sonst stehe ich für nichts.

Was meinen Sie, Graf?

Stehen Sie, wofür Sie wollen, Herr Wirt. Wir gehen, und schon morgen sind wir hinüber.

Er muß sie entgeistert angesehen haben, und er war nicht der erste. Warum suchten diese ahnungslosen Fremden, die so klug reden konnten, den Tod?

Der Gotthard ist nach einem Bischof der Pumpernickel-Stadt Hildesheim benannt, der dem letzten Ottonen Heinrich II. als Stütze seiner Herrschaft diente: Der bairische Kleriker ging dem kinderlosen Kaiser bei der Anlage frommer Stiftungen zur Hand, wofür beide heiliggesprochen wurden. Im Dommuseum Bamberg ist immer noch der wundersame Sternenmantel zu besichtigen, den der Papst – was noch nie vorgekommen war – diesem Kaiser persönlich über die Alpen nachgetragen hatte, aber gewiß nicht über den Gotthard, der um 1000 noch eine fast undurchdringliche Barriere bildete. Der heilige Godehard, nach dem die nur von Süden leicht zugängliche Stelle benannt wurde, deutete immerhin darauf, daß sie als Brennpunkt der Geschichte vorgemerkt war. Und zur übernatürlichen Mitgift, die der Namensgeber dafür mitbrachte, gehörten die glühenden Kohlen, die ihm als Ministranten bei der hl. Messe nichts hatten anhaben können, ferner geistliche Strenge in der Verwaltung seiner Sprengel sowie ein gewisser Widerwille gegen Ortswechsel. Er hatte beispielsweise den Traum eines ausgerissenen Olivenbaums voreilig als Wink seines seligen Abscheidens gedeutet, während ihm Gott damit vielmehr seinen nächsten Karriereschritt anzeigte: als Bischof in der Norddeutschen Tiefebene.

Der Geruch der Jungfräulichkeit, der das heilige Paar, Kaiser und Godehard, nach ihrem Tod begleitete, muß für den Teufel keine geringe Anziehungskraft gehabt haben, denn ge-

rade auf den Gotthard legte er seinen Schwanz, und der zukünf-
tige Paß – die nach Meilen oder Kilometern kürzeste Alpen-
passage – wurde seine bevorzugte Baustelle. Mit *ihm* mußte es
zugehen, wenn sie gangbar werden sollte. Dafür verlangte er seine
Opfer.

Das erste wurde fällig, als, um dem Engpaß von der Nordseite beizukommen, die Teufelsbrücke gebaut wurde, wie der
Name beweist, mit seiner Hilfe. Aber die menschliche Seele, die
ihm dafür versprochen worden war, wurde ihm pfiffig wegge-
pascht und durch einen Ziegenbock ersetzt, und der Felsbrok-
ken, mit dem er die Brücke wieder zerschmettern wollte, durch
das Gebet eines alten Mütterchens aufgehalten. Seither ist der
Gotthard der Ort geblieben, wo die Urschweizer mit dem Teufel Kirschen essen lernten und keine List scheuen durften, ihm
nur die Steine übrigzulassen. Die Teufelswette lief auch im In-
dustrie-Zeitalter munter weiter: Die Tunnels, mit denen die
Eidgenossen den Kampfplatz immer sicherer zu unterlaufen
glaubten – es waren technische Wunderwerke und immer die
längsten der Welt –, sind ein Beispiel für fortgesetzten gewinn-
bringenden Seelenhandel. Mit jedem Versuch verbesserte sich die
eidgenössische Bilanz: Wurden beim ersten Loch, 1882 in Betrieb
genommen, noch 199 Seelen fällig, so waren es, beim Gotthard-
Basistunnel, 2016 eröffnet, nur noch neun; überwiegend italienische Seelen, die es, als Katholiken, hoffentlich auch zur ewigen
Seligkeit näher hatten als ihre kostenbewußten Arbeitgeber.

Aber der Teufel fand immer Wege, auf seine Rechnung zu
kommen. Bei der neuesten Tunnel-Wette nutzte er eine kleine
Absenz der Bauingenieure. Sie hatten, vernünftigerweise, den
Durchmesser des technischen Wunderwerks eng gewählt, um
auch den ungeheuren Aufwand für 57,1 Kilometer Durchstich
knapp zu halten. Leider hatten sie nicht an die entsprechend
kompakte Luftsäule gedacht, welche die Hochgeschwindigkeits-

züge dann vor sich herzuschieben hatten, wofür, wie bei einer
verstopften Pumpe, sehr viel mehr Energie nötig gewesen wäre,
als sie für die Leistung ihrer Lokomotiven budgetiert hatten.
Den Fels hatte man besiegt, der Luftwiderstand blieb. Kurzum,
der Basistunnel, von dem man sich eine rasante Verkürzung von
Distanz und Fahrzeit versprach, zeigt sich jetzt als selbsttätiger
Entschleuniger, und die Fahrplanmacher fragen sich händerin-
gend, wo die zwanzig Minuten Zeit, die sie mit dem Weltwun-
der zu sparen glaubten, hinkommen, wenn die Züge durch den
neuen Tunnel *schleichen* müssen, statt zu stieben. Nachbohren?
Wenigstens ein paar Luftlöcher durch den kilometertiefen Stein
oder gar durch die nachrieselnde *Piora*-Mulde? Das ließe die
Kosten durch jede Decke schießen, und das Teuerste an diesem
Tunnel wäre dahin: seine Rentabilität.

So hat auch der Teufel wieder nachgerüstet – nachdem er
schon im Zweiten Weltkrieg den Gotthard als hohe Schule der
Ambivalenz eingerichtet hatte, in der sich die doppelte Zunge
schweizerischer Neutralität zur Perfektion trainieren ließ. Damals haben es die notleidenden Kirschenesser sogar in Gottes
Namen fertiggebracht, ihren Gotthard so gründlich in eine – als
nationaler Schutzraum (nur für Männer!) – getarnte Unterwelt
zu verwandeln, daß sie selbst nicht mehr wußten, ob der Gotthard eigentlich als Paß oder als Festung anzusprechen sei. Man
war oben bis an die Zähne gegen den Feind gerüstet, während
seine Züge unten im Tunnel unbehelligt und wohlversiegelt die
Schranke passierten. Kein Wunder, daß der Regisseur Volker
Hesse in seinem Eröffnungstheater zum neuen Tunnel die Dämonen tanzen ließ – er konnte noch von Glück reden, daß sie
sich inzwischen als innerschweizer Folklore verkaufen lassen.

Da lacht sich der Teufel ins Fäustchen, denn sein Werk zeigt
sich nicht erst in der technischen oder touristischen Verwertung
der Alpen oder ihrer intimen Dialektik von Zirkus und Kata-

strophe, sondern bereits bei ihrer Entstehung. Goethes Mephisto weiß natürlich – *von wegen* Natur! –, wer die Alpen hochgestemmt und zerklüftet hat: die Feuerkraft der Hölle. Damit hätte er sich zweifellos in Übereinstimmung mit Kaiser Heinrich II. und seinem Mitheiligen Godehard befunden – aber auch noch mit der Luzerner Obrigkeit des 16. Jahrhunderts, wenn sie das Besteigen des gottverfluchten Berges Pilatus verbot. Es gehörte eine ganz neue Art Frömmigkeit dazu, sich über das Verbot – wie der Naturforscher Conrad Gesner – zum Botanisieren hinwegzusetzen.

Bei Goethe liegt, wie in der großen Kunst, beides untrennbar beieinander: der Schauder und die Erhebung, und die Alpen waren ihm die sicht- und greifbare Erscheinung *dieser* Ambivalenz, die auch seine eigene war. Der Schlüssel aber, der sie lösen kann, ist nicht Zeitgewinn, sondern der erfüllte Augenblick.

Man kann nur beten, daß die entschleunigten Züge im neuen Tunnel diesem Ziel im (vergleichsweise) Schneckentempo *näherschleichen*. Nur dann hätte der Teufel wieder einmal eine Wette am Gotthard verloren.

Umzug   Wir haben uns inzwischen verkleinert (wie man so sagt), unseren Teil des alten Bauernhauses verkaufen müssen und sind ins Atelierhaus umgezogen. Unser Freund hat es entworfen, der alte Trotzkist, mit dem ich an der ETH Seminare über Raum und Sprache im Theater gehalten hatte. Wir mußten viel Gewicht abwerfen, bevor wir einziehen konnten. Der größere Teil meiner Bücher ist weg, die letzten mütterlichen Möbel auch. Mein Karree von Schreibtischen ist einer Küche gewichen, die sonst gefehlt hätte; ich habe meinen Arbeits-

platz ins Souterrain verlegt, ein schmales Räumchen, das zuvor als Archiv gedient hat. Inzwischen ist sein Inhalt ins große Berner Literaturarchiv abgewandert.

In gewissem Sinn kehre ich zu den Anfängen meiner Schreiberei zurück, nur daß die Ecke, in der ich mich damals einrichtete, noch keine Rauchkammer war. Aber auf einer Seite habe ich ein Fenster, und in die Wand über dem halben Schreibtisch – die andere Hälfte ist eingelagert – haben wir ein rundes Bullauge in die Mauer schlagen lassen, das sich kippen läßt und nicht nur für mehr Licht sorgt – zu viel könnte ich hinter dem PC gar nicht gebrauchen –, sondern auch für Luftumschlag, der sich durch einen Ventilator bei der Tür noch verstärken läßt. Er ist das Produkt eines britischen Staubsaugerherstellers, ebenfalls kreisrund, aber vollkommen leer. Das Rätsel, wie ein bloßer Rahmen so viel Wind machen kann, hat etwas Meditatives.

Kein Platz blieb für den alten Archivtisch, eine diskret anthroposophische Handarbeit meines Halbbruders Hans. Aber diesen Tisch wollte ich nicht weggeben und lagerte ihn aus, auf das Plätzchen jenseits des Fensters. Der schräg vorspringende Oberstock schützt ihn beinahe ganz vor der Witterung, bis auf eine seiner schön gerundeten Ecken. Da ich sie ungern ausbleichen sehe, kam ich auf die Idee, den Tisch mit einem polierten Blech zu decken.

Damit hatte ich mir etwas Gutes getan und fast ein Wunder bewirkt. Denn der Spiegel reflektierte nicht nur so viel Licht in mein Verlies zurück, daß es jeden Abend darin taghell wird. Das Blech spiegelt auch die Schwertlilien, die ich aus dem verkauften Gartenteil auf die Simse in der Schwellenwand verpflanzt hatte, naturgetreu ab, allerdings verkehrt. Ich kann an meinem Arbeitsplatz zum ersten Mal auch den Himmel sehen, jedenfalls ein exakt ausgeschnittenes Stück, und hie und da fliegt ein Vogel oder ein Flugzeug durch die Tiefe des Spiegels. Und an einem Tag im Februar, siehe, da strömten die Flocken in dichtem Gewimmel nach oben zurück.

Da bekam ich Lust, meine minimale Außenwelt noch weiter auszustatten. Vor dem Bullauge gediehen bereits drei Bambusstämmchen, und bald stand in der Ecke vor der Kellertür ein rohes Gestell mit Rindendach. Es war aus dem Holz des Gingko-Baums gezimmert, dessen Wachstum für unsere kleine Teichlandschaft in nur zwanzig Jahren zu mächtig geworden war. Jetzt wurde er, als Andenken seiner selbst, zum luftigen Möbel geschnitten und auf vier Tablaren mit Steinen belegt, deren Herkunft nur mir etwas bedeutet. Das Mineralienkabinett sieht aus wie ein Laden am Ende der Welt, wo nichts verkauft wird, aber auch nie etwas wegkommt.

Ich stelle an meinem Gelaß immer weitere Vorzüge fest. So erlaubt es mir den bewußten, darum genußvollen Besuch in der Oberwelt. Sie bedeutet mir mehr, seit ich sie nicht mehr ohne Überwindung einer Treppe in Anspruch nehmen kann. Denn wer hat schon *Anspruch* auf ein leichtes Leben?

Im Halbschlaf zugefallen: *make ends meet if you don't like to meet the end.*

Versuchsreihe   Jetzt habe ich auch den so lange abgehakten «Werther» wiedergelesen. Was mich anrührte, war weniger sein Schicksal als die Kunst der Präsentation, die Dramaturgie der Spannung, eines Bestsellers würdig. Und was mir besonders auffiel, war die Parodie des Evangeliums, die Selbststilisierung des Suizidanten zum Menschensohn, mit dem – wie der Autor erleben mußte – unwirksamen Vorbehalt: «Drum sei ein Mann, und folge mir nicht nach.»

Aber der Autor selbst ist ja – im «eilften Band» – seiner Spur gefolgt, um sie zu revidieren. Die Zusammenstellung der Texte lädt dazu ein, sie als Versuchsreihe zu betrachten, als Entwicklung eines Themas. Wenn wir von «Nachahmung» reden: Im ersten Stück ist es eine getarnte *Imitatio Christi*. Hier wird sie plastisch, die Ideal-Konkurrenz mit Lavater. Im zweiten Stück, schon aus «klassischer» Zeit, lebt die Kunst von der Nachahmung von Kunstwerken, denn es ist der Schutz bekannter Gemälde, unter dem der nach-fingierte Werther seine Neugier am nackten Körper befriedigt. Das dritte Stück aber zeigt, was «Nachahmung der Natur» – die klassische Definition der Kunst – in praxi bedeutet: Einsatz des Lebens.

Man kann die Sequenz auch rückwärts lesen, gegen den Strich. Dann besagt sie: Werther LEBT, so wahr der Tod der Kunstgriff der Natur ist, «viel Leben zu haben». So der «Natur»-Essay des jungen Theologen Georg Christoph Tobler, den Goethe sich selbst zugeschrieben hat. Daß Werther lebt, weil er *als Werk der Kunst* beispiellos – und beispielhaft – ist, bezeugen gerade diejenigen, die sich seinetwegen das Leben genommen haben.

«Gestaltung, Umgestaltung, des ewigen Sinnes ewige Unterhaltung» – in diesem Zeichen darf man die Trilogie befreit von ihrer Chronologie lesen, als Be-Reinigung ihres stärksten Motivs (und unseres eigenen).

Lavater hat sich einmal gefragt, was er als Dichter für ein Mensch geworden wäre. Bei Goethe mußte er lesen: jedenfalls kein Nachfolger Christi.

Der Wanderprediger hatte ja auch sonst etwas zu bieten. Er

besaß den Schlüssel zum wahren Charakter des Menschen. Die
«Physiognomischen Fragmente» sagen: Zeig mir, wie du aus-
siehst, und ich sage dir, wozu du geschaffen bist, zum Richter,
Minister, Genie oder Mörder. Lavaters Legenden verstanden
jede Maske wortreich zu lüften, und so friedfertig diese Enthül-
lung auftrat: Immerhin bewaffnete sie den Blick. Als *Conversa-
tion piece* war sie zur Überprüfung von Urteilen und Vorurteilen
interessant, diente aber auch dazu, Bewerber um eine Braut oder
ein Hofamt vorsorglich zu durchschauen.

Dahinter stand aber auch ein theologischer Anspruch. Wenn
Gott den Menschen, wie die Genesis sagt, nach Seinem Bilde
geschaffen hatte, so schuf Lavater die Gesichter nach *seinem*
Menschenbild wieder und wies sich damit als Prophet aus, als
Mitwisser des Göttlichen. Da er kein Dichter geworden war,
machte er sich am Menschen unmittelbar zu schaffen und
drückte seinem Gesicht den Stempel einer Sprache auf, in der
jedermann das offenbarte Geheimnis nachbuchstabieren konnte.
Der Kopfjäger des HErrn verfaßte zugleich Steckbriefe für die
Gesellschaft.

Lavater beschäftigte Künstler, die seine Gesichter ähnlich
und sprechend genug lieferten, und ihre Ateliers, über die halbe
gebildete Welt verteilt, verschafften ihm wieder Anknüpfungs-
punkte für die Ausbreitung seiner Botschaft, die er reisend mit
seiner charismatischen Person verband. Auch Goethe gehörte zu
den Beiträgern dieser Manufaktur, und Lavater zählte ihn zu
seinen Jüngern, obwohl diesen das Kopf-Zeichnen sowenig zum
Künstler machte wie ihn seine Predigten zum Dichter.

Dabei war er kein Cagliostro, sondern das Muster eines auf-
opfernden Seelsorgers, Familienvaters und Bürgers. Er hatte, als
geistlicher Bruder, viele Geschwister, auch Carl Augusts Louise.
Goethe mußte ihm den großen Mann vorführen, der Zürich –
mit Geßner, Bodmer und Breitinger – zum Pilgerort europäi-

scher Geister gemacht hatte. Aber als Leitstern für Goethe selbst kam er immer weniger in Betracht, und herzlich war die Begegnung 1779 zum letzten Mal. 1793, als Goethe länger in Zürich weilte, hat er sie verweigert, obwohl Lavater seinen Namen mit Kreide beschwörend auf die verschlossene Tür des Gasthofs geschrieben hatte.

Und doch: Als sein Ziehsohn im Gartenhaus, Peter im Baumgarten, Lavaters Büste mit Tinte eingeschwärzt hatte (nur die Augen blieben leer), warf er ihn hinaus – und war seither auch gegen das Tabakrauchen allergisch, dem Peter gefrönt hatte. Aber Goethe strafte Peter für die eigene Tat. In den «Xenien» wird der «Kranich» öffentlich angeschwärzt. Mit seinem Gott wollte Goethe nichts mehr zu tun haben.

Leichenfreund   Lavater ließ sich seine Passion etwas kosten. Der Kranich starb nicht nur für seinen Jesusglauben, sondern *an* ihm.

Es fing mit der Schußwunde an, die er sich für eine Wohltat geholt hatte. Sein Judas war ein Soldat der französischen Besatzungstruppe. Lavater hatte – um Christi willen, nicht für die alte Ordnung – gegen die Revolution gepredigt, doch als der Feind kam, zeigte er sich als sein Nächster. Er brachte dem Grenadier, der gebieterisch Wein aus dem Pfarrkeller verlangt hatte, nicht nur das Gewünschte, er nahm ihn auch in Schutz gegen Mitbürger, die ihn angepöbelt hatten. Im folgenden Streit löste der Franzose einen Schuß und traf seinen Wohltäter. Die Kugel saß zu tief, um entfernt zu werden. Es folgte ein einjähriges Siechtum: welche Gelegenheit, die Kraft des Gebets zu erproben! Lavater systematisierte das Gebet wie Linné Staubfäden:

1. Konversationsgebet.
2. Anbetungsgebet.
3. Dankgebet.
4. Bittgebet.
   4a Pflichtgebet.
   4b Bittgebet.
   4c Dranggebet.
5. Ergebungsgebet («Vater, ist es möglich …»).
6. Gebet im Namen Jesu.

Aber auch als kein Gebet mehr half, verpflichtete es ihn doch dazu, Wunder zu wirken, an Selbstüberwindung und Nächstenliebe. Selbst schon fast ein Geist, schleppte er sich ans Sterbebett seiner Schwester, um sie zu trösten, und ließ sich noch, zur Bettagspredigt, auf die Kanzel tragen, um von seiner Gemeinde Abschied zu nehmen, bis Wort und Stimme versagten. Und noch immer war der Kelch nicht bis zur Neige geleert: Es blieben einige Wochen, immer liebevoll, nie ungeduldig getragen, dann endlich wurde der «Leichenfreund» selbst zur Leiche: Es war vollbracht.

Mit diesem «Frommsein» hatte der spätere Dichter der «Marienbader Elegie» nichts mehr zu tun. Nie mehr eine Verbeugung vor dem «Marterkreuz», dem «blutrünst'gen Christe», auf den sich der «Iste» in der Hose seinen eigenen Reim machte, lasterhaft, doch nur zu natürlich. Das letzte Wort eines späten Gedichtes lautet: «Wie es auch sei, das Leben, es ist gut.» Es heißt «Der Bräutigam».

Transposition

Goethe, schon ein Sechziger, hat in den «Noten und Abhandlungen zum west-östlichen Divan» vorgeführt, wie man das Zeug menschlicher Geschichte für den Kunstgebrauch vergütet. Er hat dafür den widerwärtigsten Stoff gewählt: einen Fall von Blutrache, mit grellem Triumph bei ihrem Vollzug: *Da lachten die Hyänen / Beim Tode der Huseliten / Und du sahest Wölfe, / Denen glänzte das Angesicht.*

Das ist unter dem Titel «Araber» in einem vor-islamischen Gedicht zu lesen. So klingt heute, was der IS *postet*, und so ähnlich schallt es in den «sozial» genannten Medien zurück. Wir leben in Zeiten, wo man Blut vergießt oder Gift streut, um den Unglauben an seine *Message* auszurotten.

Bereits im 1500 Jahre alten Haßgesang, den Goethe zitiert, war alles abgedankt, was er selbst Humanität genannt hätte. Und doch findet er, daß die Poesie daran immer noch Rechte zu melden habe, und wendet für ihre Demonstration ein handfestes Verfahren an. Indem das Gedicht die zeitliche Abfolge der schauderhaften Ereignisse *bricht*, erzeugt es den Anschein einer wechselnden Perspektive auf sie und suggeriert etwas wie Freiheit in ihrer Beleuchtung. Das Zwanghafte daran ist nicht mehr *ganz* notwendig. Indem der Sänger so viel Kunst – und wäre sie noch so roh – anwendet, läßt er seine Hörer die *Möglichkeit* der Gnade fühlen. Was Goethe euphemistisch die «reine Prosa der Handlung» nennt, werde durch die lyrische Versetzung ihrer Teile, die Brechung durch Ein- und Rückblenden, den Wechsel des Tons, kurzum: «durch Transposition … poetisch».

Dieses Spiel mit dem Schrecken hat Schiller, der große Spielphilosoph, in seiner «Ästhetischen Erziehung des Menschen» zu einer Grundlage der «Weimarer Klassik» erhoben; der Mensch sei nur da ganz Mensch, wo er spiele. Goethe, ein Mann des Auges, hat die Maxime am Bild des Spiegels und seiner Eigenschaften entwickelt: von der Reflexion bis zur Steigerung und zur *wiederholten Spiegelung.*

Aber die real schlimmste Möglichkeit war damit nicht wegge-zaubert. Wenig ist Goethe im Reisejahr so nahegegangen wie der Selbstmord der befreundeten Hofdame Christiane Laßberg. Die Leiche wurde nahe bei seinem Gartenhaus angeschwemmt, und in ihrem Körbchen fand sich ein Band von «Werthers Lei-den». Das Denkmal, das er ihr im frisch angelegten Park an der Ilm errichtete, ist auch ein versteckter Pranger für ihn selbst.

Den Stoff zu «Tell» nannte Schiller «recht zum Fluch der Poesie zusammengeweht». Das heißt: will sie «menschlich» wer-den, bekommt die Kunst zu tun.

Was der «Lebenskunst», die er die höchste der Künste nannte, am meisten zu schaffen macht, ist der Fluch der schwin-denden Zeit. Aber die Kunst hat ihre Mittel, um dieser Flucht Augenblicke der Sammlung abzugewinnen, und dem Menschen Beispiele seiner Freiheit von der Zeit. Eines dieser Mittel sei das Umstellen ihrer Termine, die «Transposition». Ein anderes aber, nicht weniger bedeutsam, sei die Befassung mit der *Einzelheit, als wäre* sie das Ganze. Niemand hat (hundertfünfzig Jahre vor Adorno) besser gewußt als Goethe, daß das Ganze nie das Wahre ist. «Was ist das Allgemeinste? Der einzelne Fall.»

Auch bei seiner Beschäftigung mit dem, was wir den «Nahen Osten» nennen, hat er dafür ein Exempel statuiert. Issa – für Christen: Jesus – begegnet mit seinen Jüngern einem toten Hund, der für diese schon lebend das niedrigste der Tiere wäre: Nun ist er auch noch Aas, und sie überschlagen sich in ihrem Ekel vor dem verworfenen Objekt. Issa aber sieht sein schönes Gebiß – und beschämt sie durch die *Güte* seiner Wahrnehmung. In diesen Zähnen zeigt sich die Schöpfung *intakt.*

Der Nahe Osten ist uns mit der neuen Völker-

wanderung wieder sehr nahe gerückt, und wir glauben uns die Flüchtlinge als Fremde vom Leibe halten zu können. Darauf hat die Kunst schon bei Aischylos geantwortet: Die «Schutzflehenden» sind, sie mögen aussehen, wie sie wollen, Stammesverwandte der «Einheimischen».

Diesen Zusammenhang versucht eine Autorin der Gegenwart, Elfriede Jelinek, zur Kenntlichkeit zu entstellen. Ihre «Schutzbefohlenen» sind ein unendlicher Sermon, in dem alle Phrasen der Asyldebatte aufscheinen. Er führt Xenophobie in ihren Aus-Reden vor und zeigt, daß uns nicht zu helfen ist, solange sich Hilfe für die der Hilfe Bedürftigen nicht von selbst versteht. Da haben Kosten-Nutzen-Rechnungen nichts verloren – denn nie wird es an Armen mangeln, denen die Notleidenden als Räuber erscheinen.

In die Lücke der Humanität springt bei Aischylos noch ein Gott, und mit seiner Anrufung beginnt die Tragödie: «Zeus, Flüchtlingshort». In Zeus' Namen werden die Leute von Argos nicht anders können, als den ägyptischen Frauen Gastrecht zu gewähren, auch wenn der Garant selbst gar kein Muster der Sittlichkeit ist. Als brünstiger Stier hat er die landfremde Europa von einem phönizischen Strand geraubt und nach Kreta entführt. In derselben Tiergestalt hat er die in eine Kuh verwandelte Io verfolgt, als sie über den Bosporus, die «Kuhfurt», nach Asien entfloh. Aber die Untaten des Gottes bilden, zusammengesehen, einen Zyklus, einen Goldenen Ring des Göttlich-Allzumenschlichen, der die getrennten Nachkommen verbindet, ob sie wollen oder nicht. Der grenzüberschreitende Gott sprengt zugleich die Grenzen des Vor-Urteils, das – wir erleben es jeden Tag – Menschen- und Völkerrecht nicht überwinden können. «Wir schaffen das.» Nein, wir schaffen es nicht, wenn die Stelle des «oberen Leitenden» leer bleibt und die tragische Einsicht verlorengegangen ist, daß nichts «ungeheuerer ist als der Mensch». Auf dem Markt globalisierten Konsums ist sie nicht zu kaufen. Die Grundlage der Menschlichkeit bleibt das Erschrecken des Menschen über sich selbst.

Als der Schrecken über ihre eigene Geschichte Europäern noch in den Knochen saß, bekam Europa als einzigartiges Friedensprojekt eine Chance. Seit es als Errungenschaft selbstverständlich geworden ist, kann sich der Erreger nationaler Zwietracht wieder – durch Erinnerung ungestört – in der lauen Luft wohlerworbenen Wohlstands ausbreiten. Und der Egoismus kennt keine größere Sorge als diejenige um seine «Sicherheit» – die ebendarum immer mehr zur Chimäre wird. Denn die Angst vor dem Fremden läßt sich weder juristisch noch faktisch wegzaubern. Man muß dem Tier im Menschen ins Gesicht zu blicken wagen, um zum Gastrecht für die fremden Nächsten *gezwungen* zu sein.

Dafür aber wäre eine Politik unentbehrlich, welche alle, die Menschengesicht tragen, als Kinder *eines* Stammes behandelt. Die Flüchtlinge sind unseresgleichen, *weil* sie an Leib und Leben bedroht sind. Die Grenzen, über die sie im «Nahen Osten» fliehen, haben Kolonialmächte in den toten Körper des Osmanischen Reiches gezogen, um ihn auszuweiden. Es sind die Nachkommen der Ansässigen, um die sich damals keine europäische Macht gekümmert hat, die uns heute als Flüchtlinge mit ihrer Ohnmacht auf die Füße treten. Wir müssen sie, im Sinn des Aischylos und der tragischen Poetik, *wiedererkennen*, sonst werden wir sie ganz anders kennenlernen. Die Flüchtlinge laufen nicht nur um ihr armes Leben, sondern auch um unser privilegiertes, und was wir ihnen tun, wird uns getan werden – entweder mit Schrecken *und* Mitleid oder aber nur noch mit Schrecken. Was wir Terrorismus nennen, ist der Anfang davon.

Daß die Freiheit am nötigsten ist, wenn ein Stoff ihr am gründlichsten widersteht, hat Goethe nicht nur am Beispiel der «Araber» vorgeführt, es zeigt sich auch an der «Transposition» Werthers im «eilften» Band. Es ist die *wiederholte* Behandlung, die dem Selbstmord-Skript eine neue, veränderte Variation entgegensetzt. Ihr Stoff nimmt jene *Form* an, die der alte Goethe «ein Geheimnis den meisten» genannt hat. So ist es mir, dem Leser im Krankenhaus, als offenbartes Geheimnis aufgegangen. Und als Kunst, *nur* als Kunst, handelte es auch von mir.

Kontrapunkt   Für den französischen Stanford-Philosophen René Girard ist die *Nachahmung* die Grundlage der Konkurrenzgesellschaft, die für ihre Katastrophen Sündenböcke produzieren muß. An der Kunst hat die Imitation einen Mitspielers *hors concours. Ihr ahmt des Leids Gebärde nach, ihr meine Kinder, ohne Leid.*

Mimesis, seit Aristoteles als «Nachahmung der Natur» übersetzt, orientiert sich nicht am nächsten Besten, wie die Kundschaft von Girards Universum. Sie sucht weder den schuldigen Gott, noch tötet sie den unschuldigen, um dann bei ihm ihr Heil zu suchen. Ihre Passion ist nichts weiter, nichts Geringeres, als das *Gelingen*, in jedem beliebigen Stoff. Was sie erzeugt, soll für sich bestehen können, ohne Frage, warum. Der Grund, auf dem sie steht, ist sie selbst. Auch sie spiegelt Dinge und Menschen, aber so, wie man sie noch nie gesehen hat und doch – oder deshalb – wiedererkennt oder zum ersten Mal sieht. Sie ist ein *schaffender* Spiegel, in dem man allem, was darin aufscheint, beim Spielen zusehen kann, und das heißt: beim Gebrauch von Freiheit.

Ich sehe Goethe, mit seinem jungen Herrn und einem Jäger namens Blochberg, unterwegs zu einer Prüfung des Lebens, die am Ende nur durch ihre Behandlung als Kunst zu bestehen war – und immer noch ist.

So bleibt der Ausgang der Reise offen.

Kleine Bergsicht   Dienstag, 17. Februar 2015; der

Frühling ist uns schon näher gewesen. Nach Neujahr hatte ich in lauer Luft auf unserer fast ebenerdigen Terrasse gesessen, der Vorbühne zum Garten, bei dem Gäste fragen, ob er japanisch sei. Für A., die Japanerin, enthält er «viel zu viel von allem», vor allem an Grünzeug, das auch schon viel zu groß geworden ist. Ich vermag nicht einmal drei kleine Föhren kunstgerecht kurz zu halten, habe die Geduld nicht, jede Nadel, die abwärts weist, mit der Nagelschere abzuklauben, bis die Krone so luftig schwebt wie eine immergrüne Wolke. Im Geröll dürfte auch nicht eine Spur von Kraut erscheinen. Das Moos auf den Felsen müßte entweder gar nicht sein oder üppiger, einen Wald *en miniature* suggerieren, wie von einem fernöstlichen Meister hingetuscht.

Aber: wie würde ich in Japan einen Garten ansehen, den man mir als «schweizerisch» darstellt?

Zum Glück bleibt der Neubau selbst ein Treffpunkt unsres Geschmacks. Zwar ist er von Männern ausgedacht und gebaut worden, aber seit er uns als Altersheim dient, ist die Sorge, daß in der Einrichtung nichts daran erinnern soll, fast ganz A. zugefallen. Ihr Stolz verlangt, daß wir nichts mehr zukaufen, und ihr Geschmack, daß den Räumen so viel Leere wie möglich erhalten bleibt. Die Architektur begünstigt die Ästhetik des Rückzugs, und der Zonenplan erlaubte immerhin, daß sich der Bau dicht an die Straße lehnt, von einer Reihe Rhododendren bis zum Eingang begleitet. Den gepflasterten Vorplatz haben wir mit dem Altbau immer noch gemeinsam. Ihn mit einem Auto zuzustellen kommt immer weniger in Frage. Auch das private Fortbewegungsmittel wird «viel zu viel».

Die Straßenseite des Gebäudes ist fensterlos, bis auf Schlitze in der weißen Holzverkleidung, die nachts Lichtstreifen durch die Rhododendren scheinen lassen. Die ganze Rückwand verläuft schief zur westlichen Gartenecke hin. Das Haus, ein Trapezoid, gibt erst an seiner geknickten Wetterfront seine Breite und Höhe zu erkennen. Für Licht im Innern ist vor allem durch das Oberlicht zur Gartenseite gesorgt; hinter der gläsernen Front bleibt es gedämpft, dank des Terrassendachs. Die Terrasse selbst, ein längliches Dreieck, ist mit demselben schwarzen Schiefer belegt wie das Innere des Hauses, womit optisch für einen fließenden Übergang gesorgt ist, nur das Schuhwerk wird gewechselt. So viel Japan muß sein.

Bei jedem Wetter, in fast jeder Jahreszeit ist diese Terrasse mit ihrem alten Gastwirtschafts-Mobiliar der bevorzugte Lebensraum. Zugleich bestimmt er unsere Aussicht auf den Garten, der eher zum Betrachten als zum Betreten geschaffen ist. Er läßt sich durch glatte hängende Segeltuchstoren zum *Bild* eines Gartens rahmen. Da wir die Investitionsbauten in der Nachbarschaft nicht zur Gänze sehen müssen, dienen die Storen auch ihrem Ausschluß, der uns allerdings den Blick zum Himmel kostet – und lange Zeit auch auf die Berge.

Aber vergangenen Winter hat ein barbarischer Glücksfall diesem Mangel abgeholfen. Mit Motorengekreisch wurde hundert Meter entfernt der große Ahorn gefällt, der einer bescheidenen Fernsicht im Wege stand. Seither blickt durch die Lücke eine Berggruppe herein, die als Komposition, besonders mit

Schnee, nichts zu wünschen übrigläßt. Ein panaromakundiger
Freund hat uns die Gipfel mit Namen benannt: Keiner ist viel
höher als 2000 Meter, aber als schöne Ferne ausreichend. Auch
bei der *geborgten* Landschaft ist Sparsamkeit angesagt.

Flattert die Fahne mit dem Berner Bären, mit der unsere süd-
seitigen Nachbarn ihre Herkunft anzeigen, zu ungestüm, halten
wir auch unsere Storen kürzer. Um so mehr genießen wir Regen
und Sturm im Schutz des Hauses und hören die Klage – sie ist
mit den Jahren durchdringend geworden – der drehenden Kup-
ferflosse auf dem Kamin mit dem Vergnügen der nicht Wohlhabenden, aber gut Behausten.

Carl August war schon in der Stunde seiner Geburt

im Schloß Belvedere ein besorgniserregendes Kind, das die Rute
spüren mußte, damit es Lebenszeichen von sich gab. Sein erster
Schrei war nur das Vorspiel des herzoglichen Trotzes, der in Weimar noch Epoche machen sollte – auch in der Beziehung zu Mutter Anna Amalia, von der das Kind anfangs, standesüblich, rasch
entfernt wurde, um an die Brust der Amme gelegt zu werden.

Mädy soll eine Bernerin gewesen sein, hinterlassen von einem im Siebenjährigen Krieg gefallenen Unteroffizier. Sie war
als Hausmagd an den Hof von Braunschweig gelangt, gebar,
von verschiedenen Vätern, immer lebende Kinder und begleitete Prinzessin Anna Amalia nach Weimar, als Milchmutter auf
Vorrat. Beim Stillen summte sie volkstümliches Liedgut («Si-
meliberg»), aber auch evangelisches («Schiffe ruhig weiter, ob
der Mast auch bricht»). Sie hatte Milch für zwei und vermochte
auch den zweiten Prinzen, der rasch nachkam, an ihrem breiten
Busen zu stillen.

Die Früchtchen waren von einem schwachen Stamm gefallen, der nur aus Angst vor einem frühen Tod so üppig getrieben hatte. Der Constantin genannte Regierende hatte schon das zweite Kind auf den Weg gebracht, aber seine Geburt erlebte er nicht mehr. Also hatte die noch jugendliche Schwangere Anna Amalia zur gleichen Zeit an die bevorstehende Niederkunft zu denken, ein würdiges Begräbnis für ihren Mann, eine lange Witwenschaft und die ihr zufallende Pflicht, stellvertretend zu regieren. Da muß man einen Säugling glücklich preisen, daß er wenigstens eine Person hatte, bei der er gut aufgehoben war.

Allerdings hatte gerade das Gestilltwerden eine Nase – will sagen, daß ihm das Gesicht, das er sich beim heftigen Saugen holte, stehen blieb. Nase und Kinn formten sich zur Zange um Mädys Busen, die ernestinisch kurze Oberlippe dazwischen wurde noch kürzer. Dieses Gesicht verkörperte geradezu den Drang nach einer weiblichen Brust. Und als es fester wurde, gruben sich die Reste der Kindheit als Falten ein und bildeten, zusammen mit den tiefliegenden Augen, das Zeichen der Dogge. Was wunder, daß der eher kleinwüchsige Mann sich gerne mit großen Hunden umgab, die er streichelte, um sein dickflüssiges Blut zu beruhigen. Hochrot war sein Gesicht zeitlebens. Seine Ärzte bemühten sich, die gesunde Röte der Jagd von der ungesunden mangelnder Tätigkeit zu unterscheiden, und fürchteten immer, wenn er sich nicht schlagen dürfe, und zwar *gut* schlagen, treffe ihn selbst der Schlag.

Das hatte schon in der Wiege angefangen. Denn bevor er Mädys Zitze ergriff, wollte er sich überhaupt nicht stillen lassen – als müsse der Schrei, den er bei der Geburt schuldig geblieben war, noch heraus. Dabei schien es, er solle schon den Anlauf dazu nicht überleben. Das ging so zu:

Er lag in der Wiege, öffnete die Lippen, begann Atem einzuziehen und wollte damit gar nicht mehr aufhören. Er fuhr fort,

Luft zu schnappen wie ein Fisch auf dem Trockenen, wurde erst
rot, dann blau, und die kleinen Augen verdrehten sich – wollen
sie gleich brechen? Da nahm Mädy das Kind nicht an die Brust,
womit sie es zweifellos erstickt hätte, riß ihm vielmehr das Wik-
kelzeug vom Leib und sah auch das Stöcklein daran starr und
steif. Da gab ihr ein Engel ein, es mit dem Finger zu necken,
und siehe: Da schoß ein Strahl heraus, fast bis zur Decke, und
gleichzeitig löste sich ein Schrei aus der kindlichen Kehle. Mit
ihm schoß die Luft heraus wie aus einem überdehnten Balg und
wurde gleich wieder scharf eingezogen, um neuerdings ausgestoßen zu werden. Mädy, das Körperchen fest in der Hand, fühlte,
daß es gründlich ausgebrüllt haben mußte. Erst als es die letzten
Laute eher wohlig als klagend hatte ziehen lassen, schob sie ihm
die Brust ins immer noch weit offene Mäulchen, und es begann
daran nun ebenso kräftig zu saugen, wie es zuvor gebrüllt hatte.
Mädy hatte zu summen begonnen: «Es sitzt es Vögeli uf em
Boum und brünzlet wie-n-es Büebli.» Zu verstehen war es nicht,
genug, wenn die Saugwut des Prinzleins nachließ, bis sein Atem
verriet, daß es eingeschlummert war.

Von da an ließ Mädy kein Auge mehr von der Wiege des
Prinzen, und sobald sie ihn «aufziehen», ruckweise Luft holen,
sah, wußte sie, was zu tun war, bis er so weit war, sich «geschwei-
gen» zu lassen, wie sie sich beim peinlichen Verhör mit der
Haushofmeisterin ausdrückte. Denn Mädys Praxis war der inzwischen um ihren Mann trauernden Herzogin hinterbracht
worden, und ob sie das Abhalten in die freie Luft oder das Spiel
mit dem Stöckchen *impossible* fand, bleibe dahingestellt:
Kurzum, die Berner Amme wurde ohne Dank entlassen, das
Kind erhielt eine anständige Nachfolgerin. Und glücklicherweise
ließ es sich auch von ihr stillen, nachdem es einmal im Leben die
Fülle gehabt hatte. Es lernte seine Bedürfnisse nach denjenigen
anderer oder der Uhr regulieren, nahm auch den Topf an, saß

allerdings oft ganze Stunden darauf, ohne sich zu erleichtern, und ließ erst in die Windel abgehen, was es zurückgehalten hatte, kurzum: zeigte sich früh als eigensinniger Souverän.

Und Carl August bekam ein Brüderchen, dann, mit den ersten Hosen, seinen ersten Erzieher, bald einen zweiten und dritten, denn seiner Mutter war für ihn nur das Beste gut genug. Aber er hatte von Anfang an etwas zu verbergen. Der Schrei, den er unterdrücken lernte, blieb ungestillt und ungetröstet, und so lückenlos die Erziehung des Prinzen schien: Er mußte wieder in die Welt. Denn die Berner Amme hatte ihn zwar fürs Leben gerettet, aber die Erziehung sorgte dafür, daß es ein gespaltenes wurde. Er hatte sich als Säugling einmal nehmen dürfen, was ihm zustand, und wollte es als junger Mann wiederhaben, ob es ihm zustand oder nicht.

Erst gab er als maßloser Jäger zu erkennen, daß ihm etwas fehle, und holte sich das Leben der Tiere dafür; später konnte er vom Wein nicht genug bekommen, und auch beim Versuch, sich bei einer Frau zu entlasten, kam ihm sein Übermaß in die Quere. Er sollte, nach Mädy, nie mehr an die ganz Richtige kommen, und um die letzte, die Schauspielerin Jagemann, hatte er, der Herzog, regelrecht betteln müssen. Die ersehnte Favoritin, das heißt eine Frau, die sich lieben ließ, war nur als Gattin zu haben, wofür er auch seine bestehende Ehe spalten mußte, in die Pflicht zur rechten, in die Neigung zur linken Hand – um den Preis, daß auch diese nie ganz hielt, was er sich von ihr ersehnt hatte.

Da hatte es das Brüderchen schwerer und leichter: Für den zweiten Constantin, der nie mit Herz und Seele geschrien, aber auch nie in vollen Zügen getrunken hat, gibt es danach auch keine ernsthafte Pflicht mehr zu erfüllen. Er kann sich auf seine Neigung beschränken oder was er dafür hält. Constantin, größer als Carl August, auch entschieden hübscher, zudem musikalisch, lernte keine Spaltung kennen, aber es gab an ihm auch nichts (oder alles) zu spalten. Er blieb das Jüngelchen, eine *Quantité négligeable* des Hofes, seine Sehnsucht nach einer Frauenbrust trivial, auch wenn ihre unehelichen Früchte den Hof immer wieder auf Trab brachten. Nicht einmal, daß er mit 45 Jahren in Uniform – an Typhus – starb, hatte diesen zweiten Prinzen zum Soldaten gemacht.

Der Erbprinz Carl August aber bewies, daß auch ein enger Atem 71 Jahre reichen kann. Man muß nur, um einen Ruf, auch den von Goethes Beschützer und Freund, zu erlangen, einen Schrei im Leib haben, der gehütet sein will, und ein Bedürfnis, von dem man nicht läßt, auch wenn es nicht mehr gestillt werden kann. Aber man muß die Gnade gekannt haben, um nicht nur auffallend Begnadeten wie Goethe ihr Recht widerfahren zu lassen, sondern ebenso Unglücklichen wie den Strumpfmachern von Apolda, aber auch Aufmüpfigen wie den Studenten in Jena, oder Freiheitsdurstigen wie den Burschen auf der Wartburg. Man muß viel verschmerzen, um etwas zu werden: am Ende nicht nur ein Großherzog, sondern ein Mensch ohne Beispiel.

Und wer, bevor er das Bewußtsein seiner selbst erlangte, die Lebensreise schon als Säugling mit Schweizer Mundart im Ohr antreten durfte, mag ihrem Echo unbewußt auch dann gefolgt sein, wenn es ihm als Stimme des Engels Gabriel begegnet.

Die Kinderzimmer-Geschichte   ist auch

hinsichtlich Anna Amalias nennenswert, der hohen Mutter, die ihren Erbprinzen nicht brüllen hören mußte, danach aber seinen Widerstand um so nachhaltiger kennenlernte.

Es ist aktenkundig, daß sie sich, als Regentin, ganz eigene philanthropische Gedanken über das Wohl armer Mütter und unerwünschter Kinder gemacht hat. Auch in den besten Familien ging der frühe Kindertod um; auf ein lebendes kamen zwei totgeborene, denen nur zu oft auch die Mutter nachstarb. Das lag auch an den Hebammen; entweder konnte man keine bezahlen, sie kam nicht nur rechten Zeit oder verstand ihr Geschäft nicht. So oder so war der Strohsack kein Ort, auf dem man niederkam, und die regierende Herzogin ließ es sich angelegen sein, für Geburten ein Haus zu schaffen, in dem Frauen für ihre schwere Stunde Ruhe und fachkundige Hilfe fanden. Denn das arme Land brauchte gesunde Erdenbürger und mehr davon.

Anna Amalia sollte erst 1774, am Ende ihrer Regentschaft, einen Versuch machen, den Plan mit Hilfe einer Steuer (des «Hebammengroschen») zu verwirklichen. Aber das Volk revoltierte, und seine Unruhe ging so weit, daß im schönen Monat Mai die fürstliche Residenz abbrannte. Der Brandstifter wurde nicht entdeckt, also mußte ein schadhafter Kamin Ursache des Unglücks gewesen sein. Anna Amalia aber dankte ab, zugunsten Carl Augusts; darauf hatte sie ihn 18 Jahre lang vorbereitet, dagegen hatte sie sich fast ebenso lange gesträubt. Denn sie hielt ihn nicht für reif.

Bei Mädy hatte er nicht reif sein müssen. Jetzt kamen die Erzieher, doch was sie über die Natur zu sagen hatten, stimmte nicht zu ihrem Leben, das sie nach allen Regeln der Kunst diplomatischer Untertänigkeit führten. Sie beriefen sich auf Rousseau, aber sie schlugen das Kind, wenn er sich zum Unterricht verspätete, bei Tisch redete oder mit Messer und Gabel nicht umgehen konnte. Wer sein Kind liebt, züchtigt es, das galt auch für den geliebten Erbprinzen. Zugleich fühlte Carl August hinter ihrer Strenge, daß sie um ihn buhlten. Nicht selten bestärk-

ten sie ihn in seinem Trotz gegen mütterliche Weisungen und
boten sich als Komplizen an, sie zu unterlaufen. Bei Licht betrachtet, verbarg sich hinter dem rechten Weg, den sie ihm wie-
sen, immer ein Schleichweg zu ihrem eigenen Vorteil.

An seinem vierten Geburtstag, als er zum ersten Mal Er-
wachsenenkleidung tragen sollte, begehrte er auf. Er zerriß seine
Hosen, das Jabot, strampelte sich die Uniform vom Leib und
begann halbnackt zu toben. Damit war ein Ereignis eingeläutet,
das sich in den Jugendjahren des Prinzen nicht regelmäßig,
doch zuverlässig wiederholte, oft aus undurchsichtigem, für die
Erzieher nichtigem Anlaß: ein Ausbruch von Jähzorn, der durch
nichts zu beschwichtigen war, man mußte ihn sich austoben lassen. Der Erbprinz machte sich zum Schrecken seiner Erzieher,
aber auch der hohen Frau Mutter.

Sie nannte den Anfall in feinem Englisch *Tantrum*, und er
war unbehandelbar, auch von Ärzten, ein schreiender Kontrast
zur Vernunft, die der Erbprinz anzunehmen imstande war;
denn inzwischen durfte man ihn ein nicht nur aufgewecktes,
sondern regelrecht verständiges Kind nennen. Im *Tantrum* aber
schlug er um sich, mit Händen und Füßen, warf sich aufs Par-
kett und hämmerte mit Fäusten dagegen, fegte das feine Ge-
schirr von der Tafel oder warf es an die Wand. Sein Gouverneur, Graf Schlitz oder Görtz, nannte den Anfall «dämonisch».
Doch Carl August hörte nicht auf, bis es genug war – genug für
ihn. Einmal hatte Schlitz eine Idee, von der er sich Remedur
versprach: Er schenkte dem jungen Herrn eine Spielzeugka-
none. Carl August aber setzte sie kriegerisch ein, schoß auf En-
ten und Schwäne und entlaubte die schöne Lindenallee zum
Schloß Belvedere. Wie sollte man eines solchen Kindes Herr
werden?

Aber es war ein Herr, wenn es den Zimmerarrest mit Fas-
sung trug. Er hatte es ihnen gezeigt, und er hatte noch mehr.

Der Parodist   Gewöhnlich bekamen die Prinzen ihre

Frau Mutter nur sonntags zu sehen, wenn sie zum Gottesdienst fuhren, in geschmückter Karosse, sei's vom Belvedere oder im Winter von der Wilhelmsburg, die damals noch stand. Die Kinderzimmer da wie dort waren als Schulstuben eingerichtet, denn der Schlitz stellte immer weitere Hauslehrer an, für Französisch, Geographie, Geschichte, Heraldik, Violoncello (Constantin mußte Violine lernen), später Naturwissenschaften, Mathematik, Physik, Tanzen, Zeichnen, Schönschrift, allmählich Latein und Literatur.

Constantin kann immer weniger, bleibt außen vor und weint. Carl August lernt, aber wenn er genug hat, tobt er. Was will er? Nur weg! Hinaus ins Freie, aber sofort! Er will reiten, reiten kann er, und wie! Im Galopp verraucht seine Wut, wenn er schreit, dann aus Lust, aber ein Pferd reitet er auch, ohne zu schreien, Zug und Druck genügen, ihn selbst zu zügeln, dann aber geht die Jagd erst richtig los. Wenn die Hunde bellen, heult er mit. Da fliegt dem Schlitz die Natur um die Ohren, von der er schwärmt! Aber Carl August ist nicht dumm. Erziehung muß sein, er weiß sogar, wie man Erzieher erzieht: nur richtig anbrüllen, dann werden sie windelweich. Natürlich ist sein Benehmen unmöglich, das weiß er selbst, und als Herzog wird er sich nichts davon gefallen lassen. Aber es beendet den Unterricht – jedenfalls für heute.

Und siehe, eines Tages war das *Tantrum* wie weggeblasen für immer. Das hätte kein Gouverneur fertiggebracht. Es ist das Werk eines Jungen, der nur drei Jahre älter ist als er, aber er ist richtig und heißt Moritz von Wedel.

Er hat Gust toben sehen, nach einer Lektion über Plutarch: Von großen Männern will er nicht lesen, er will *leben* wie sie! Und wenn man das hier nicht verstehen will, geht er nach Amerika!

Und plötzlich brüllt es zurück. Da beginnt jemand von Amerika zu singen, doppelt so laut, in höchsten Tönen, aber es sind diejenigen des Prinzen, es sind seine Redensarten, sein Tonfall. Da ist einer, der überschlägt sich mit seiner Stimme, und Carl August verstummt. Und plötzlich hört er zu. So also klingt er, alles nur Phrasen, Großsprecherei. Der erste Beste kann sie nachdreschen. Alles, was er dazu braucht, ist Unverschämtheit.

Plötzlich lacht Carl August laut heraus, fast so laut, wie er gebrüllt hat. Du bist gut, Moritz! Du bist ein frecher Hund, aber gut! Dich laß ich mir gefallen, du Affe!

Und reicht ihm die Hand. Wedel verbeugt sich, dann ergreift er sie. Carl August hat einen Freund. Sie nennen sich «Gust» und «Motz».

Unnachahmlich ist nichts und niemand, er darf sich nur nicht lächerlich machen. Soll man ihn nachahmen, dann aber richtig; wozu ist er bald Herr dieses Landes; dafür wird er Herzog. Und der Schlitz ist auch nur ein Mensch, nicht einmal ein frecher Hund, nur ein armer. Einen wie ihn, einen Carl August, möchte er selbst auch nicht unterrichten! Häßlich ist er schon genug, das weiß er aus dem Spiegel, den er kaum recht ansieht, und muß es doch, wenn die Perücke sitzen und das Jabot richtig durchgeknöpft sein soll.

Das Beste – das hat er aus seinem *Tantrum* mitgenommen – muß man am Ende selbst tun, aber es gibt Menschen, die einem auf den Sprung helfen können. Bald darauf teilt er dem Schlitz höflich mit, daß er einen andern Hofmeister wünsche. – Sie intrigieren mir zu viel, auch gegen meine Mutter, sagt er ihm ins Gesicht. – Glauben Sie, daß Sie mir damit einen Gefallen tun? Oder Ihnen selbst?

So hat er noch nie gesprochen, aber es wirkt. Er wird fünfzehn, ist längst konfirmiert, das muß ja auch sein, also macht man's mit, in Gottes Namen.

Und siehe da, der Schlitz verbeugt sich. – Ich habe an Wielanden gedacht, sagt er. Das ist auch der Wunsch Ihrer Frau Mutter. Bevor Sie regieren können, brauchen Sie einen wirklich großen Geist. Ich bin keiner.

Gehen Sie uns aber nicht verloren, Graf, Sie haben Ihre Verdienste. Ich werde Sie noch brauchen.

Schlitz oder Görtz verbeugt sich abermals.

Raumgewinn   Der Spiegel, mit dem ich Hansens Tisch abgedeckt habe, kam zum zweiten Mal zum Zuge, als wir uns gegen die Nachfolger im alten Haus abschlossen. Die Notwendigkeit ergab sich aus einem unverträglichen Verhältnis zu Grenzen. Als die neuen Nachbarn am liebsten gar keine wünschten, lösten sie in A. sogleich den entgegengesetzten Reflex aus. Da fiel mir ein, den Durchgang zum Streifen Land, der uns jenseits der Grenzpalisade geblieben ist, ebenfalls mit dem hellen Blech zu verkleiden.

Damit wurde die Trennung wirksam, aber unsichtbar. Der Spiegel warf auch das Bild unseres Gartens verdoppelt zurück, und man erschrickt immer ein wenig, wenn man selbst darin erscheint. Wer wenig Raum hat, ist für geschenkten dankbar, auch wenn er nur den vorhandenen reproduziert – was man ihm nicht gleich ansieht. Denn der Spiegel vergrößert und verhext nicht nur, was man ohne ihn nicht gesehen hätte. Er bringt auch zum Verschwinden, was man nicht sehen will.

Bald bewährte er sich auch am einzigen Gebäude, das uns neben dem Atelier geblieben, sogar schon vor ihm dagewesen ist: der handgeschmiedeten Laube, dem offenen Käfig, meiner Zuflucht zwischen zwei Ehen. Sie wurde in die entfernte südliche Gartenecke versetzt, aber wollte unser Leben zu viert nie recht annehmen, trotz Möblierung mit Tisch und Bänken. Mit ihrem konkaven Kuppeldach immer noch anmutig, blieb sie sich selbst und dem Geißblatt überlassen, das sie zuwuchs, im Sommer duftend.

Später umlagerte ich sie mit Marmortrümmern, die ich aus dem Garten meiner Kindheit gerettet hatte. Es war Abfall der Bildhauerei, für die mein Vater seinem Jüngsten, Hans, nach dem Ersten Weltkrieg eine Werkstatt in den Garten gebaut hatte. Das verlassene Gebäude hatte mir als Abenteuerspielplatz gedient. Ich war ihm schuldig, die immer noch edlen Reste eines vergangenen Künstlertraums auf eigenem Boden aufzuheben, und drang als Steindieb in das Ruinengelände ein, das nur noch auf den Bagger wartete. Nun trat der eiserne Pavillon die Nachfolge des verlorenen Schutzraums an; als könne ich auch jetzt noch meine Kreise nicht ohne einen Satelliten ziehen, auf dessen Unbewohnbarkeit Verlaß ist.

Erst als wir unseren Bauernhaus-Anteil aufgaben, kam im Gartenhaus wieder allerhand zusammen, mit dem A. nicht zusammenleben wollte oder konnte. Dazu gehört ein rohes Idol, das ich vom Sepik in Neu-Guinea ausgeführt habe, von einem Medizinmann rituell dazu ermächtigt. Es ist eine harthölzerne Frauenfigur, die ein Krokodil zwischen den Schenkeln austreten läßt, während sie von hinten zugleich von einem Vogelwesen mit Hakenschnabel überschattet – begattet? – wird. Das Gartenhaus hütete auch andere Objekte, deren Geschichte A. verletzt oder die sie ästhetisch nicht verträgt.

Eine Ausnahme bildet ein Werk von Freundeshand, das beiden recht wäre; es zeigt, unter einem rosafarbenen Blütenbaum, ein kleines weißes Huhn. Aber die Mächtigkeit des Bildes spottet aller Wände, die uns geblieben sind, und A. kämpft ohnehin für jeden kostbaren Rest von Leere. Darum bleibt zwar für japanische Bilder Raum, nicht aber für eine raumverschlingende Bibliothek. Wenn das Abwerfen von Ballast im Ganzen befreiend war, im Einzelfall – dem weißen Huhn – blieb es schmerzhaft, und für diesen Fall sprang das Gartenhaus als Zwischenlager ein, mußte aber auch Apparate vor dem Wetter schützen, die der Gesundheit dienen sollen, etwa eine «Ergometer» genannte Tretmühle.

Nun aber haben zwei Spiegel am Häuschen Wunder bewirkt. Daß sie mit dem offen gebliebenen Eingang zusammen ein Triptychon bilden, sieht man sowenig wie das Gerümpel drinnen – dafür sorgt ein kleiner Hain von Hibiskus und Bambus, zu dem sich ein paar wachhabende Pflanzen vervielfacht haben. In den Spiegeln haben sie so viel Raum, als könnten sie nun erst richtig zu wachsen beginnen. Das Riesenbild aber, mit dem kleinen Huhn unter dem großen Blütenbaum, deckt jetzt die offene Seite des Gartenhauses als Scheinfenster ab, blickt zwischen Lamellen herüber – es sind zusammenfaltete Teak-Gartenstühle – und ruft ein Gefühl von Frühling hervor, mag er im Diesseits auch immer noch auf sich warten lassen.

Das Beste aber ist, daß die Spiegel, als Dichtungen gegen die Restposten störender Wirklichkeit, die Form der geschmiedeten Laube wieder gerade so zur Geltung bringen, wie ich mich einst, beim Vorbeifahren, in sie verliebt habe. Inzwischen ist der Kunstschmied an der Seestraße samt Werkstatt verschwunden, und ein Billigmarkt nimmt seine Stelle ein.

Die regierende Herzogin Anna Amalia

machte sich Gedanken über eine *mögliche* Schwiegertochter. Leicht können sie ihr nicht gefallen sein. Schließlich handelte es

sich um ihre Nachfolgerin in einer Stellung, die sie eigentlich
gar nicht zu räumen wünschte. Aber das Testament ihres Gatten
verlangte es, sobald der Erbprinz achtzehn, damit mündig geworden war. Der Mann, der sie zur jungen Witwe gemacht
hatte, gönnte ihr das Regiment nur fürs Unvermeidlichste. Das
aber hieß, daß sie eine Schwiegertochter suchen mußte, die ihr
die Witwenjahre nicht verdarb. Daß sie lang würden, war zu
hoffen – und zu fürchten.

Natürlich mußte die Person auch dem Sohn passen, aber es
ging um dynastische Rücksichten. Von denen durfte man Carl
August das Nötigste zutrauen, seit er in Wielands Schule war.
Nur keine neue Partei am kleinen Hof! Keine herrschsüchtige
junge Frau, aber auch keine allzu kunstbeflissene – das blieb das
Revier Anna Amalias. Herzensbildung mußte schon sein – eine,
die Demut lehrt. Um Carl August auszuhalten, durfte seine
Gattin aber auch nicht zimperlich sein. Fruchtbar – das ist eine
Bedingung, die man bei einer Prinzessin nicht prüfen, für die
man nur beten kann. Aber war Carl August als Mann geprüft
genug? Dafür hatten die Damen Weimars keinen Maßstab zu
bieten. Schön war er nicht, aber ansehnlich bleibt ein Fürst auch
dann, wenn er sich Galanterie gerne schenkt. Wenigstens war
noch keine unpassende Schwangerschaft vorgekommen, wie bei
Constantin, aber Carl August wird den Teufel tun, den
Schwächling zu kopieren. Der hat sich auf die Musik gelegt,
vielleicht der Mutter zulieb; er taugt trotzdem nichts, wie sein
Vater. Bei Carl August müssen die Musen solider sein. Er hat
ein Faible für Schauspielerinnen, auch wenn sie ihm alles mögliche vormachen: Er nimmt sie ernst.

Unberührt ist er gewiß nicht mehr: Da wird der schöne
Wedel schon davor gewesen sein. Ich soll den zum Forstmei-
ster machen – für den Wald ist er ganz der Rechte. Aber die
Jagd macht noch keinen Fürsten. Wenn er auch ein Herr wer-

den soll und gar ein Bräutigam, ist eine Kavalierstour überfäl-
lig, dann kommt er auf andere Gedanken. Und ist auch eine
Weile weg. Wohin? Paris, von da nimmt er ehesten mit, was er
braucht, veredelt seine Vorstellung von Natur, im Salon und
in Gottes Namen auch im Alkoven. Etwas Comment mit Damen muß er ja doch einmal lernen, sonst taugt er für keine
Soiree. *Bella figura* wird er da noch lange nicht machen, aber
bei einem Mann ist die Gesellschaft nicht so pingelig – und
einen Fürsten schluckt sie, wie er ist. Inzwischen kann man
Carl August gewissenhaft nennen. Er brüllt nur noch in Uniform. Am liebsten ist ihm die preußische – das hat er von ihr.
Wer sonst hat diesem Wettiner Blut ein wenig Eisen zugesetzt?
Ein Friedrich, wie sein Großonkel, wird der Junge davon noch
lange nicht – nun, es gibt schlechtere Vorbilder. Und für den
Verkehr mit Frauen wäre er gar keins. Paris – da soll auch
Constantin mit. Damit er einmal stehen lernt, statt nur herum-
zuliegen.

Aber wer macht den Reiseführer? Wieland besser nicht, der
ist sich bald für etwas zu fein – Görtz auch, aber der tut nur so,
und wenn er etwas kann, dann Verbindungen. Also Görtz. Aber
Wedel bleibt mir da. Mit dem könnte man auch gleich in die
Schweiz reisen, wo die Sitten am lockersten sitzen, wenn man
Casanova glauben soll. Görtz lebt doch immer in der Furcht des
Herrn, und das kann nie schaden: muß ihn nur deutlich genug
instruieren. Damit er auch weiß, wer hier immer noch zu sagen
hat, und nicht zu flott überläuft – dabei täuscht er sich gewaltig,
wenn er sich von Carl August mehr verspricht als von Anna
Amalia. Aber er kennt die richtigen Adressen – auch die richtigen Damen, wenn's ja doch sein muß. Nur keine, die hinterher
lebenslang versorgt sein will. Und bei der er sich auch nichts
holt. Für Constantin muß Knebel mit, der schickt sich in alles
und weiß Schaden zu begrenzen.

Ja, mögen sich die Buben in Frankreich tummeln, statt immer daran zu denken, wie sie ihre Mutter aufs Altenteil schieben können. Dann regiert sie noch einmal ungestört – als würde es ihr nicht sauer genug. Aber wer erwartet Dank vom eigenen Fleisch und Blut?

Für Sachsen-Weimar braucht Carl August eine Frau, die nicht zum Probieren ist, sondern für immer. Als Fürstin geboren, aber nicht zum Herrschen – nur gerade so viel, um ihn im Zaum zu halten. Zu seinem Glück, zum Wohl des Staates. Mit dem hat er ja allerhand im Sinn, aber woher weiß er, was die Leute brauchen? Jedenfalls nicht zuviel des Guten, Freiheit macht unzufrieden, und man bezahlt immer teuer dafür. Der Junge wäre imstande und reformierte das Land kaputt.

Eiersuchen   Zur rechten Zeit kommt eine Einladung nach Erfurt, vom kurmainzischen Statthalter – dem ihr gut bekannten Dalberg. Natürlich ist er katholisch, aber ein Mann von Welt, bekannt für Hintergedanken, meist menschenfreundliche. Was hat er zu melden? Die Landgräfin von Hessen komme vorbei, mit drei noch ledigen Töchtern, auf der Durchreise nach St. Petersburg, wo eine von ihnen wohl als Gattin des Thronfolgers hängen bleibe – das braucht er nicht zu schreiben, man weiß es doch –, und sie habe den Wunsch geäußert, Anna Amalia zu begrüßen, mit der sie sich in der Gesinnung so herzlich verbunden fühle.

Wieland sähe diese Dame am liebsten als «Königin Europas»; Anna Amalia macht sich *ihren* Vers auf den Besuch. Auch Therese Henriette Karoline ist Witwe, obgleich nicht von Todes wegen. Ihr Mann ist ein Militärnarr, der aus seinen Garnisonen nicht heraus- und so gut wie nie mehr nach Hause kommt. Auch die Reichsgräfin hat aus ihrer Not eine Tugend und aus Darmstadt einen kleinen Musenhof machen müssen, wo man Klopstock anbetet. Allerdings: Die Musen leben frugal, denn Hessen-Darmstadt ist noch klammer als Weimar. Man hat es dort nötig, ledige Töchter gut zu verheiraten – daß man dafür bis nach St. Petersburg geht, beweist allerhand mütterlichen Ehrgeiz. Und also kommt man jetzt vorbei, nicht geradezu nach Weimar, aber ins nahe Erfurt – nahe genug, um die Töchter vorzuführen. *À la bonne heure!* Dann soll der Erbprinz eben mit. Man wird ja sehen, ob man sich damit einen Gefallen tut. Auch Wieland hat man gern dabei, den Seelen-Beobachter. Eine der Töchter heißt übrigens ebenfalls Amalia. Die jüngste, Louise, wäre siebzehn, wie Carl August.

Es ist ein warmer Maitag, man ergeht sich vor der Statthalterei im frisch ergrünten Hirschgarten, vor indiskreten Blicken geschützt durch Baum und Busch. Dalberg, der geistliche Weltmann, schlägt den jungen Leuten ein Spiel vor: Eiersuchen. Ostern ist zwar vorbei, aber der Fürst beschäftigt einen Künstler, der auf einem Ei ganze bukolische Szene unterzubringen weiß, und natürlich verdienen solche Kunstwerke nicht zerschlagen und verspeist zu werden. Verstecken lassen sie sich immer noch, in der blühenden Natur selbst, und auch die jungen Leute blühen auf, wenn sie sich auf die Suche machen. Es sind drei Damen und ein Herr, der gute Miene zu einem Spiel macht, das ihm eher kindlich vorkommen mag. Aber die Bewegungen der Fräulein sind es denn doch nicht mehr ganz, mit denen sie sich bücken, wenden und recken, um die Eier zu finden. Die Spielregel lautet, daß alle Teilnehmenden dreimal mit Verstecken an die Reihe kommen, während die andern «eingukken», das heißt: eine Binde vor die Augen nehmen müssen. Da-

von befreit, huschen sie in wallendem Gewand hin und her – in
Darmstadt huldigt man gerade griechischem Geschmack –, und
dabei gewinnt das Eiersuchen viel von einem Blinde-Kuh-Spiel.
Natürlich geht der einzige Jungstier eigensinnige Wege und po-
stiert sein Ei hoch in eine Astgabel. Wenn eine Dame es sieht,
hat sie ihre liebe Mühe, es zu erreichen, und muß sich dabei
vom Erbprinzen helfen lassen, der sie, in aller Schicklichkeit,
stemmen kann und dabei eine Probe seiner männlichen Kraft
liefert.

Eigentlich ist er unter Mittelgröße, aber stämmig und von
seinem Leben im Freien gestählt; am Ende darf sich jede rüh-
men, kurz in seinen Armen gelegen zu haben, nur ist Wilhelmi-
nen dabei das Ei in den Händen zerbrochen. Eine entzückende
Miniatur von Daphnis und Chloe war hin. Dalberg erklärte den
Schaden für läßlich, er habe noch Eier genug, wozu die jungen
Damen erröteten und deren Mütter die Brauen hoben. Der
Nachmittag verging im Flug, danach bekamen die Herrschaften
Gelegenheit, ihre Bekanntschaft an der Tafel zu vertiefen, und
obwohl Carl August schweigsam war, blieb er entschieden Hahn
im Korb.

Am nächsten Morgen früh zog die darmstädtische Partie
weiter, und Dalberg bewirtete die Gäste aus Weimar zu einem
Frühstück, bei dem natürlich der vergangene Tag zur Sprache
kam.

Und?

fragte Wieland seinen Zögling geradezu, und Carl
August gestand, ebenfalls in militärischer Kürze, daß ihm Lou-
ise, die Jüngste, noch am ehesten eingeleuchtet habe. Wozu ihn
Wieland beglückwünschte. Er selbst habe, für die Einschätzung

der Fräulein, nur auf einen einzigen Punkt abgestellt. Er habe ihre Bewegung beobachtet, wenn sie Dalbergen das zum Verstecken bestimmte Ei aus der Hand nahmen. Alle taten es brüsk, ohne das Objekt des Wettbewerbs eines Blickes zu würdigen, nur vom Wunsch beseelt, es gut zu verstecken – alle, mit Ausnahme Louisens. Sie habe Dalberg das Ei *behutsam* aus der Hand genommen, es *länger* betrachtet, einen Knicks angedeutet, und dann? Was hatte sie mit ihrem letzten Ei getan? Ihm, Wielanden, hatte sie es mit zarten Fingern auf seine Locken, pardon: die Perücke gebettet und damit ihm die Sorge überlassen, sich nach dem Signal – *allez, cherchez!* – ganz ruhig zu halten. Sie habe ebenso ruhig abgewartet, wie ihre Schwestern nach allen Seiten ausschwärmten – nicht so der Prinz! Der habe sich nur einmal umdrehen müssen, um Wielanden das Ei vom Kopf zu pflücken, glücklicherweise intakt – worauf der Statthalter geklatscht und das Spiel beendet hatte.

Wieland knüpfte sinnige Betrachtungen an die gute Wahl, die der Prinz getroffen habe, denn in Louisens Benehmen habe er ein Wort aus dem Evangelium bekräftigt gefunden: «Haben, als hätte man nicht.» Und was ihn selbst betreffe, habe sie nach dem Sprichwort gehandelt: «Was willst du in die Ferne schweifen, sieh, das Gute liegt so nah!» Der Gastgeber lächelte nur gequält und rückte schließlich mit einem Geständnis heraus: Louise, die Jüngste, sei für den Zarewitsch vorgemerkt und mit ihm schon so gut wie verlobt. Ihre Schwestern begleiteten sie als Anstandsdamen, um die Tatsachen nicht zu offensichtlich zu machen. Beizufügen, daß sie dafür noch frei waren, verbot ihm der Takt.

Aber aus Dalbergs fertiger Tatsache wurde dann doch eine ganz andere, und die große Zarin Katharina schuf sie persönlich. Sie hatte Louise *une tête* genannt, was man als «Köpfchen», mit Verdacht auf Eigensinn, übersetzen kann – beides war uner-

wünscht, wenn auch besser als *c'est un mouton*. Dieses Urteil, der
Mutter ins Gesicht gesagt, war Amalia vorbehalten. Einzig Wil-
helmine war *ce qu'il nous faut* und wurde dem Zarewitsch ohne
Umstände anverlobt – als dessen Ehefrau sie der Zarin wenigstens Enkel gebären durfte, die ihr am Ende besser paßten. Wil-
helmine aber sollte im Kindbett sterben, und auch ihr Gatte
wurde von Gewalten Rußlands, die er nicht hatte beherrschen
können, beseitigt.

So erstaunt man auch nicht, wenn sich die Landgräfin bei
der strapaziösen Brautschau den Tod holte, worauf Louise zu
der noch rechtzeitig nach Karlsruhe verheirateten Schwester,
dem «Schaf», ziehen und, mit achtzehn Jahren immer noch ledig, auf den nächsten Bewerber warten mußte.

Und es sollte kein anderer sein als Carl August von Sachsen-
Weimar und Eisenach – das Eierorakel hatte sich doch noch
erfüllt. Es war Mai, der Bräutigam frisch aus Paris zurück, als
sich die beiden verlobten. Und im Oktober erschien er wieder,
zur Hochzeit, die man in Karlsruhe vergleichsweise glanzlos gerüstet hatte. Dafür besuchte man in Frankfurt den Dichter und
Advokaten Goethe, und da er gefiel, lud man ihn ein, dem Paar
bald zu folgen – nach Weimar, wohin Carl August seine Louise
heimführte.

Heim? Aber ist das das rechte Wort, wenn eine junge Frau
aus einer leidlich kultivierten Gegend hinter alle Wälder ziehen
muß, wo die Residenz gerade abgebrannt ist? Kann man erwählt
sein, aber nicht berufen? Jedenfalls war Louise versorgt, aber wer
sorgte für ihre Seele?

Lavater tat es nach Kräften, korrespondenzweise – sie hatte
ihn in Zürich besucht und ins Herz geschlossen. Ja, es hatte für
Louise eine Schweizer Reise *vor* derjenigen Carl Augusts gegeben, auch vor ihrer Ehe, die Goethe vier Jahre später bereits beschäftigt hatte, als er mit Carl August in die Schweiz aufbrach.

Wohl möglich, daß ihm vorschwebte, Lavater als Paar-Therapeuten in Anspruch zu nehmen, indem er ihm auch den männlichen Teil einer nicht mehr glücklichen Verbindung vorstellte. Es ist aktenkundig, daß er den Besuch in Zürich hinterher als *Siegel und oberste Spizze der ganzen Reise,* als *eine Weide an Himmelsbrod* feierte: *Es ist mit Lavater wie mit dem Rheinfall, man glaubt auch, man habe ihn nie so gesehen, wenn man ihn wiedersieht, er ist die Blüte der Menschheit, das Beste vom Besten.* Das ist noch einmal Lavaters Sprache in Goethes Mund, gerichtet an Frau von Stein, welcher er immer noch gefühlvolle Superlative schuldig war. Dabei war er, mit der Passage über die Furka, ein anderer geworden, und andere waren auch die Gegenstände seines Interesses. Diesen Rheinfall muß er nicht wiedersehen, auch wenn er noch nicht soweit ist, ihn als Reinfall zu verspotten.

Und was die Ehe-Therapie betrifft:

Daß man seiner Frau keinen Hund in die Wohnung mitbringt, wenn sie das nicht mag, hätte Lavater dem jungen Ehemann Carl August bestimmt sagen können. Auch Goethe kennt die Lösung: Entweder der Mann bringt den Hund gar nicht erst mit, oder die Frau stößt sich nicht daran.

Aber der wahre Hund liegt anderswo begraben. Kein Mensch kann leben, wenn er nicht mit dem *Unvereinbaren* einer Verbindung leben lernt. *Nichts Menschliches steht dazwischen, nur des unbegreiflichen Schicksals verehrliche Gerichte,* so Goethe an Frau von Stein über die fürstliche Ehe. Richtersprüche, die man «verehrlich» nennt, lassen sich nicht anfechten, man kann sie nur *beugen.* Zum Beispiel, im gewöhnlichen Alltag, mit Ironie – oft genug der einzigen Form, mit der das Menschliche vor dem Schicksal zu vertreten ist. Auch wenn dieses nicht daran denkt, sie zu hören. Da hilft nur noch, was nicht zum Helfen geschaffen ist: Kunst.

Ausnahmsweise tut es auch die Freundschaft, Güte auf eigene Kosten. Louise hat von Carl August kein Unglück auf Lebenszeit verlangt. Sie hat ihm eine Ehe zur linken Hand nicht nur zugebilligt. Sie hat dafür gesorgt, daß die zweite Familie ihres Gatten den Frieden zwischen ihnen nicht störte, noch weniger den des Landes. In heutiger Sprache: *she left him alone*. Sie wußte gut genug, daß er allein blieb und sie auch.

Faust und Auge   Schon vor der Reise in die

Schweiz, als er Weber war, führte Goethe seinen Landesherrn im Tagebuch unter dem Sternzeichen Jupiters, die ihm nahestehenden Damen unter dem der Sonne (Frau von Stein) oder des Mondes (die Herzogin-Witwe); das Zeichen der Venus blieb unbesetzt. Es geht um das astronomische Szenario eines «Planetentanzes» – so betitelt er ein Ballett für die Liebhaberbühne –, den er veranstaltet, *als wäre* er sein Schöpfer. Als soziales Kunstwerk ist es dem eines Uhrmachers vergleichbar. Es geht nicht nur um die Nähe der gestirnten Teilnehmer, sondern auch um die Richtigkeit ihrer Entfernung und das Spezifische ihres – jeden Tag veränderlichen – Gewichts.

Dabei hat der Choreograph, der *statt* der Schwerkraft agieren muß, das System keineswegs in der Hand. Genau besehen, ist er ein Satellit wie die andern, und es kommt nicht weniger auf *seinen* Abstand zu den Himmelskörpern an als auf denjenigen zwischen ihnen. «Gib mir, wo ich stehe», war Archimedes' letztes Wort, «und ich will die Erde bewegen.» Wer aber gab Goethe, wo er stehe? Wie konnte er eine Welt bewegen, deren Teil er war? Oder durfte ihm gar nicht gelingen, ein Teil von ihr zu sein?

Das Jupiterzeichen in seinen Skripten bedeutete jedenfalls: Er hatte Carl August zum Herrn gemacht. Darin verbirgt sich sein größtes Werk und – nach seinem eigenen Maßstab –: das einzig Bedeutende, das ihm in vier Jahren am kleinen Hof gelungen war.

Dabei hatte er eine ganz eigene Art, sich dem Herzog verbindlich zu machen. Weit entfernt, ihn zu dämpfen, ging er ihm in so manchem Unfug voran, ohne ihm dann, wenn er darauf einstieg, zu folgen. Was aber seine Ehe betraf:

Als er zum ersten Mal dem noch ganz jungen Paar begegnete, muß er gleich gespürt haben: Diese Verbindung tickte nicht richtig. Die einander hier die Hand gereicht hatten, paßten zusammen wie die Faust aufs Auge. Die Faust, das war Carl August, der sicher war: Nach dem schwachen Vater, der musischen Mutter bedürfe das Herzogtum einer geballten Hand. Die Braut aber war das Auge, blau und sinnig, auch im Eigensinn immer etwas melancholisch, das Blenden nicht gewohnt, noch weniger das Äugeln und Kokettieren.

Herzog Carl August brauchte keinen Lavater. In Goethe aber sah er einen Mann, mit dem das für seine Ehe nötige Feingefühl nach Weimar zog. Als Seelenhüter Louises garantierte er auch die Freiheit des Gatten, wenn sich dieser in Liebesdingen keinen Zwang antat. Goethe würde die fürstliche Ehe, sie sei glücklich oder nicht, immer noch mit der Gnade der Dichtung segnen. Und wenn die des Regierens keineswegs müde Anna Amalie zu einem glänzenden Ausstatter ihres Witwenlebens kam, konnte es auch nicht schaden.

Solche Gedanken werden nicht ausgesprochen, man muß ihnen nicht einmal ins Auge sehen, um danach zu handeln. Kurzum: Alle guten Geister Weimars waren bereit, auf Goethe einzustürzen, während die neidischen ihre Messer wetzten. Mit Zuschauen war es nicht getan; noch weniger durfte er weg-

schauen, aber am wenigsten: gedankenlos mitspielen. Es gelang
ihm, unter Aufbietung aller Kräfte, das kleine Universum, in das
er gezogen wurde, auszubalancieren.

Aber wo blieb er, und was wurde aus ihm?

Bäume   Das einzige, was bei uns in den Himmel wächst,
sind Bäume; einmal waren es vier, an jeder Ecke des Ateliers
einer. Die Föhre, deren Stamm sich – bei Wind seufzend – gegen das Flachdach der Terrasse lehnt, ist unseren Augen die
Nächste und jeden Morgen auch die Erste. Denn ihre Krone
zeichnet bewegliches Geäst ins Oberlicht über unserem Schlafboden, sobald wir die Augen öffnen, und bewegt mich oft mit
dem stillen Gefühl, daß ich sie nur *ihretwegen* geöffnet habe. Oft
ist sie aber auch das Letzte, was wir vor dem Einschlafen sehen,
im Glücksfall: mit dem Mond zusammen, alle vier Wochen einem Vollmond; und nirgends kann er sich wunderbarer zeigen
als im Nadelwerk einer Föhre.

Ich habe sie vor über zwanzig Jahren als Schößling im Wald
heimlich ausgegraben, und seither ist sie der lebendige Beweis
gegen das Sprichwort, daß unrecht Gut nicht gedeiht. Meine
Föhre ist weiter her als Recht und Eigentum. Sie begleitet mich
als Traum-Baum aus der Heimlichkeit meiner Kindheit, in der
das Beste immer heimlich geschehen mußte. Jetzt aber beschert
sie mir die tägliche Gnade ihrer Anwesenheit und erinnert mich
schöner als alles, was ich zu haben glaube, daran, daß mir nichts
gehört. Denn ein schöner Baum «gehört» sowenig wie die Berge,
von denen Heidis Geißenpeter ganz richtig gesagt hat: »Sie heißen nicht«.

Beim zweiten Baum, am anderen Ende der Südseite, bleibt es beim Gedenken. Er war einmal eine hohe, aber schmächtige Zierkirsche, die schon vor Weihnachten zu blühen pflegte, nur jedes Jahr spärlicher. Um sie zu retten, habe ich das Fundament des Neubaus um eine Ecke geschmälert. Die Kirsche vermochte es mir nicht zu danken, und ihr trügerischer Hochwuchs blieb Ausdruck ihrer Lebensangst, die sich auch in ihrer Anfälligkeit für jede Art von Schädling zeigte. Die Blätter dorrten, kaum hatten sie wieder einmal hoffnungsvoll ausgetrieben. Mit den Jahren schien der Baum nur noch blühen zu können und hat sich immer sichtbarer zu Tode geblüht. Was habe ich ihm mit der Spritze zugesetzt und ihn damit vielleicht schwerer geplagt als das Ungeziefer, das in immer widerstandsfähigeren Mutationen zurückkehrte! Um ihr dürftiges Blattwerk vor dem Verdursten zu bewahren, habe ich ihr Wasser gereicht, Kanne um Kanne, aber sie serbelte weiter, und schließlich mußte ich dem Anblick, und ihr selbst, ein Ende bereiten.

Nun stützt eines ihrer beiden Stämmchen den Überbau der Tokonoma-Ecke im kleinen Entree, und der Zen-Meister Hisamatsu hat die Kalligraphie dazu getuscht. Sie vergegenwärtigt das buddhistische Nichts in seiner ganzen Fülle. Der «Mu»-Laut klingt auch in meinem Familiennamen mit. *Mu-shuku* ist einer, der kein Haus hat. Und die Frage bleibt offen, ob er sich eins wünscht, ob er es entbehren kann oder gar keins verdient.

Des verschwundenen Ginkgo-Baums habe ich schon gedacht: Er stand als einziger nicht am Haus, sondern im Offenen, zu nahe dem Teich, und entwickelte sich zum gewaltigen Schattenspender. So wurde ihm nicht Mangel zum Verhängnis, sondern Wachstum. Daß ich sein Holz zum Schaukasten verarbeitet habe und einen getrockneten Zweig seiner Blätter als Reliquie aufbewahre, nimmt dem Unrecht seines Verschwindens nichts weg. (Aber wer stirbt nach Verdienst?)

Spieler   Wie mag der siebzehnjährige Carl August bei

ihrer ersten Begegnung Goethe erlebt haben?

Er hat einen – bei der damaligen Lebenserwartung – merklich älteren Mann gesehen, der die Jugend, die er eigentlich schon hinter sich hatte, verlängern zu wollen schien, durch Witz und Übermut in jeder Sorte Gesellschaft, und der in jeder, sobald er sie betrat, zum natürlichen Zentrum wurde. Zugleich schien er seiner Halbfreiheit überdrüssig, dieser Assessor am Reichskammergericht, der seine Position dazu benützt hatte, einen Straffall – den Selbstmord – zum Zeichen der Zeit zu erheben. Er schien aber nicht nur seiner Geniestreiche überdrüssig, sondern auch der Lebensschule, die ihm sein Vater verschrieben hatte, und sogar seines Privilegs, ihr zu entlaufen. Er hatte im Elsaß studiert, sein Interesse auf neue Gegenstände geworfen, Mittelalter und Volkslied, und dazu Liebesgedichte verfaßt, deren Neuheit ein Subjekt war, das auch das Natürliche *en passant* zum Leuchten brachte. Natur sprach aus allem, was der selbsternannte Dilettant anfaßte, dafür hatte er unter großen Geistern wie Lavater und Herder Freunde gefunden, die ihm huldigten, wenn sie ihn nicht beneideten. Er strahlte die Aura eines Mannes aus, der nichts falsch machen kann, aber ebensowenig mit sich zufrieden ist. Aber auch seine Grillen machten ihn nicht unliebenswürdig, er blieb ein Glückskind auch im Unglück und in beidem oft von irritierender, aber auch entwaffnender Kindlichkeit. Genau zu nehmen brauchte er nichts, denn bei ihm hatte auch das Schiefe eine gewinnende Art. Man mußte ihm gut sein, denn er selbst schien sich für nichts zu gut. Reden konnte er wie ein Gott, aber für ihn war es so viel wie Plaudern. Predigen, in jeder Form, langweilte ihn. Er wirkte frei, aber ließ offen, wozu.

Neuerdings hatte er sich verlobt, mit einer besseren Tochter

Frankfurts, aber dabei blieb es einstweilen. Warum nur hatte er
nötig, aus den Gesellschaften, die er verzauberte, brüsk zu verschwinden? Der flatterhafte Eindruck, den er immer wieder hinterließ, vertrug sich nicht mit dem tiefen Ernst, den er plötzlich
annehmen konnte. Etwas mit ihm stimmte doch nicht ganz.
Warum sollte das Carl Augusts Mann sein? Brauchte dieser
Pegasus ein Joch?

Aber Carl August dachte nicht daran, ihm ein solches aufzu-
legen – dafür war der Trotzkopf noch zu unschuldig und schon
zu klug. Er mußte gegen jedermann, auch gegen sich selbst, ein
Geheimnis daraus machen, daß er im Regieren ein Anfänger
war; gegen Goethe nicht. Der hatte den größten Anfang schon
hinter sich – wäre er seinem «Werther» nachgestorben, er hätte
als «frühvollendet» gelten können. Das wußte er, der Über-
lebende seines Meisterstücks, anders. Es begründete keine Meisterschaft in der Lebenskunst. Pegasus hatte jetzt eine gute Last
nötig, die ihn endlich gehen lehrte, Schritt für Schritt – fliegen
konnte er schon. Der junge Herzog aber entdeckte einen
Freund, der seine eigenen Grenzen zu gründlich kennengelernt
hatte, um einem jungen Mann für die seinen zu schulmeistern –
und noch weniger daran dachte, sie zum eigenen Vorteil zu nut-
zen. «Interesseloses Wohlgefallen» – Kants (und Schillers) Zau-
berformel für ästhetische hinreichende Verhältnisse in Ehren,
aber um die Sache deines andern *bedingungslos* zu seiner eigenen
zu machen, braucht es etwas mehr. Man muß eine Differenz
nicht nur in Kauf nehmen. Man muß ihn dafür *lieben* lernen
und wissen, daß dazu auch ein Entschluß gehört, eine Entschei-
dung. Sie ist das Beste der gemeinsamen Arbeit und oft ein star-
kes Stück, denn es bringt viel Arbeit an sich selbst. Man darf
nicht nur wünschen, daß sie gelingt, man muß viel dafür tun,
Tag für Tag.

Mit Goethes Umzug nach Weimar begann eine Verbindung

grundverschiedener Männer, die sich lebensmächtiger zeigte als ihre Ehen. Es waren, im kühnsten Sinn des Wortes, *Spiel*-Kameraden, die sich gefunden hatten: der eine spielte dem andern zu, was ihm noch zum Herrn fehlte. Herrlichkeit war es nicht, es war Demut, solides Interesse und Geduld. Der Andere aber entwickelte sich in seinem Dienst zu einem so meisterhaften Mitwisser des Menschlichen, daß er schon zu Lebzeiten zum Vorbild der Kultur geadelt wurde. Da er bestenfalls eine höhere Stufe des Nichtwissens erreicht zu haben glaubte, möchte man nur zu gerne wünschen, es hätte mit dieser Erhebung seine Richtigkeit gehabt. Aber je deutlicher die Geschichte eine ganz andere Sprache redet oder sie ganz verloren hat, desto wunderbarer – und ironischer – fährt die Sprache Goethes zu leuchten fort.

Er war kein Freund der Geschichte. Aber er blieb Carl Augusts Freund bis zu dessen Ende. Dieser Titel mag unerheblich sein, aber er bleibt unveräußerlich.

Mehr Bäume   Bleiben noch die zwei, die der Nord- und Rückseite des Hauses als Wächter dienen und ihr Laub auf sein Dach abwerfen. Beim Tulpenbaum ist es nie schöner als im Herbst, in dessen Winden es goldgelbe Katzenköpfe regnet. Auch ihm scheint, wie der Föhre, die Erinnerung an meine Kindheit anzuschlagen. Denn er begnügt sich für sein Wachstum inmitten der Rhododendren – kurz bevor ihr Beet zur Spitze zusammenläuft – mit einem unfaßbaren Minimum an Erdreich und muß, bei seiner Höhe, das Straßenbett ordentlich unterwandert haben.

Ich habe seinesgleichen erstmals auf dem Friedhof Zollikon

gesehen und mich in die grün-gelben Blüten vernarrt, die, unter Blättern fast verschwindend, wahrhaftig Tulpen waren. Tulpen auf einem Baum!, aber in ihrer Höhe leider ganz unerreichbar. Ein solches Baumwunder je mein eigen zu nennen konnte ich mir nicht vorstellen – und jetzt, wo es mir blüht, sehe ich ihm an: Das ist der Baum auch nicht geworden, mein eigen. Aber damit er noch so lange blühen kann, wie es ihm gefällt, muß ich für das, was juristisch als Eigentum gilt, entsprechende Vorsorge treffen: Ein Baum, der nicht *gehört*, und der Grund, auf dem er steht, braucht keine privaten Erben.

Mein vorletzter Baum, dicht bei der Haustür, kann nicht schöner sein als sein Name: Götterbaum, und das ist er auch nicht, höchstens: wenn er blüht, mit pompösen weißen Rispenkerzen. Aber als Exot (oder gar Neophyt: So heißen die Produkte botanischer Xenophobie) hat er auch etwas Humoristisches. Es zeigt sich an seinen Blättern, die eigentlich nur breite Fetzen sind, und er treibt sie in Massen. Damit dient er der Haustür als Vordach und verbreitet abends eine vorzeitige Dämmerung, die sich durch die alte Bogenlampe über dem Briefkasten zu Heimlichkeit vertiefen läßt. Hauptsache, der Götterbaum findet an der Nordseite für sich selbst Sonne genug, und zu diesem Zweck erhebt er sich schon mächtig über das Hausdach. Und im Winter macht er dem Eingang das Geschenk einer in kahlem Zustand überraschend ausgewogenen Form, die er nach jedem Stutzen wiederherzustellen weiß. Sie entschädigt für die Fetzigkeit der Riesenblätter und für die Mühe, ihren Abfall einzusammeln.

Alle Bäume haben eines gemeinsam: Sie sind zu groß für das Grundstück, aber zuständig für unseren Anteil am Himmel.

Traum 1   Traum von Lugano und von einer mehr-
fachen Verabredung: mit A., einem Berliner Freund und zwei
unbekannten (?) Frauen.

Ich bin für das Zusammentreffen verantwortlich, habe es mit
jedem einzeln ausgemacht, aber, wie mir plötzlich scheint, an
drei verschiedenen Orten der Stadt. Wo genau, müßte A. wissen, aber ich kann sie nicht erreichen. Und: Kein Handy zu
haben ist so etwas wie Ehrensache.

Im Pissoir (der Universität Lugano?), das ich aufsuche, not-
gedrungen, ist eine Putzfrau zugange. Ich benütze einen ver-
schließbaren Raum, aber er enthält nur eine Dusche. Ich er-
leichtere mich trotzdem und versuche zu telefonieren (ohne
Handy?)

Wieder draußen, stelle ich fest, daß mein Portemonnaie samt
Kreditkarten verschwunden ist. Dabei war ich mir sicher, darauf
aufgepaßt zu haben, darum das Gefühl: «Ich weiß schon, wo es
ist.» Nun fehlt es aber doch. Ich stürme in das Pissoir zurück,
aber da sehe ich es nicht (auch die Brille scheint verlegt). Ich
erläutere meinen Verlust in gebrochenem Italienisch. Die Putzfrau antwortet ebenso und bedauert: Auch sie weiß nichts von
meinem Portemonnaie. *Aspetta*, sagt sie plötzlich, da war doch
was, und deutet auf Heizungsröhren im weitläufigen Korridor,
der jetzt nach Kaserne aussieht. Am Fuß einer Röhre liegt unzweifelhaft mein Portemonnaie, ich schlage es auf, es sieht
durchblättert aus, aber jemand hat Kreditkarten und Bahnbil-
lets lose wieder hineingelegt. Auf den ersten Blick kann ich nicht
sehen, was möglicherweise fehlt, und für einen zweiten habe ich
keine Ruhe: Ich muß ja ganz dringend zum Treffpunkt. Aber zu
welchem? Es kann unmöglich klappen, aber schließlich stehe
ich auf einer rustikal renovierten Piazza in der Altstadt, wie in
einem Bühnenbild mit Seehintergrund. Und als ich mich um-

drehe, sind alle da, mit denen ich verabredet bin. Auch die von mir selbst irgendwie mitgebrachte (betreute, weil behinderte?) Frau, die ich unterwegs verloren habe, steht neben mir und wird von A. mit einer Umarmung begrüßt. Ich wäre auch noch da, aber A. scheint mich gar nicht zu bemerken. Dann kann ich ja wieder gehen, sage ich und tue ganz so, als wäre es mir unter diesen Umständen das Natürlichste, aber es kränkt mich fast betäubend, als trete ich mit diesem Abgang – war er wirklich schon das Ende des Traums? – endgültig aus der Reihe der Lebendigen, der Menschen.

Sicherheit   Ein Einbrecher würde an meinem Sammelsurium von Mineralien nichts zum Klauen finden. Vor Jahren stand einer auf diesem kleinen Vorplatz, als A. nach Mitternacht ins Badezimmer hinunterkam. Zu überrascht, um zu erschrecken, öffnete sie das Fenster und sprach ihn an, denn er war ihr vom Sehen bekannt. Damals lebten wir noch zweihäusig, und durch das Küchenfenster im Altbau sah man das halbe Dorf vorbeiziehen, zum Bahnhof, in die Schule oder zum Einkauf. Darum erkannte A. den Einbrecher sofort wieder, einen bosnischen Gastarbeiter.

Jetzt stand er im Halbdunkel vor dem Badezimmer. A. ersuchte ihn höflich, zu verschwinden und bitte nie wiederzukommen.

In den Jahren seither sind wir ihm immer wieder begegnet, in einem Geschäft oder am Bahnhof. A. versäumt nie, ihn zu grüßen, und der Mann antwortet, ohne aufzusehen, mit einem scheuen Murren. Er ist stattlicher geworden, und gelegentlich sehen wir ihn in einem neuwertigen BMW vorbeifahren. Sein hochgeschossener Sohn, inzwischen Schweizer und Lehrling in einem Elektrogeschäft, geht mit aufgedrehtem Lautsprecher an unserer Tür vorbei.

Inzwischen haben wir neben der Kellertür einen Bewegungsmelder montiert. Seit ich selbst im Souterrain arbeite, springt er sofort an, wenn ich nachts das Fenster öffne. Jetzt sehe ich im Spiegel auf Hansens Tisch nicht nur das Licht verdoppelt, sondern auch ein dreieckiges Stück des nie ganz dunklen Nachthimmels, der mir sonst verborgen wäre, und an einem frühen Februarmorgen landeten einzelne Schneeflocken auf dem Spiegel und tanzten *gleichzeitig* in eine grundlose Tiefe zurück.

Der Bürger Möser, Justus, war gewissermaßen der

erste stumme Zeuge ihrer Brüderlichkeit gewesen, auch wenn keiner von ihnen dem «Advokatus patriä», dem Fürsprecher des Vaterlandes, persönlich begegnet war. Aber sein Geist trat ihnen aus einem Buch entgegen, das noch unaufgeschnitten auf Goethes Tisch lag, als der Erbprinz zum ersten Mal in seine Studierstube trat. Justus Möser war ein deutscher Bürger, der als Erster Beamter seines Landesherrn in Osnabrück zum Rechten sah. Der Fürstbischof, noch ein unmündiges Kind, weilte im fernen England und gab Möser Gelegenheit, sein Land musterhaft zu verwalten und von den Grundsätzen, die er dabei anwandte, der Öffentlichkeit Rechenschaft zu geben, sei es als Redakteur seiner «Osnabrücker Zeitung», sei es als Verfasser «Patriotischer Phantasien». Und da Grundsätze nie besser sein können als die Praxis, in der sie sich bewähren müssen, bestanden Mösers Schriften aus Fallbeispielen wohlgeübter Gerechtigkeit, und er stellte sie mit Geist und Witz vor, damit aus Untertanen Mitbürger würden und die Vernunft, die er ihnen vormachte, auch im Hause leuchten ließen.

Er blieb als Schriftsteller *terre à terre* und hatte den Advokaten Goethe auch sonst für sich eingenommen. Denn was vielleicht nicht wohlgetan, aber gut gemacht war, wußte Möser auch in der Literatur zu schätzen und hatte darum den «Werther» gegen das Urteil Friedrichs II. in Schutz genommen, der für den Wehleidigen nichts übrighatte. Aber ein solcher war der Verfasser selbst, wie Carl August feststellte, durchaus nicht, sondern ein Mann, der seinen Möser gelesen hatte und ihn nicht aufzuschneiden brauchte, um ihn zündend zu erläutern. Der Verehrer des großen Friedrich spürte: Dieser Gegenspieler war urteilsfähig, auch auf eigene Kosten, denn er hielt mit seinem eigenen Vorbehalt gegen sein Werk und dem Entsetzen über seine Wirkung nicht zurück. Es war gute friderizianische Politik, kritische Bürger an seine Seite zu ziehen. Dieser Goethe konnte einem Fürsten ohne Präpotenz das Haus hüten, wie Justus Möser sein Osnabrück, nicht nur nach ordentlichen Grundsätzen, sondern genialen.

Vielleicht hat Goethe in ihrem Disput zu erkennen gegeben, daß er schon so gut wie gewonnen war. Denn was kann er in seiner freien Reichstadt werden? Nicht mehr als ein Ratsherr, wie sein Vater, aber er will eine Welt, denn er ist eine Welt. Den weimarischen Damen mag es reichen, sich im Glanz eines Goethe zu sonnen. Carl August aber sah sogleich: Für einen Fürsten ging es darum, diesen Glanz nicht nur zu nützen, sondern zu *ertragen*. Um eine Welt zu bewegen – und war sie auch so klein wie Weimar –, mußte man *einvernehmlich,* aber *genau* so verschieden sein wie Carl August und Goethe. Ohne den einen bewegt sie sich nicht, ohne den andern ist sie keine Welt.

Ein Bund   Mit diesem Bündnis sind gewisse Ver-
zichte verbunden, auch solche der Sinnlichkeit – vielleicht wäre
es ein wenig schnöde, sie Arbeitsteilung zu nennen –: Der Dy-
nast, der den Herrn spielen muß, bleibt zur Fortpflanzung verpflichtet, auch ohne Liebe; derjenige, der den Diener spielt, zur
Liebe, auch ohne Nachwuchs. Jedenfalls, bis jeder, auf seine
Weise, zum ganzen Mann geworden ist und den andern entbehren könnte – hielte sie dann nicht etwas Schöneres zusammen
als eine Verbindung auf Gedeih und Verderb: Freundschaft.

Als Haremswächter (pardon) in Weimar wurde es Goethes
Amtes, den Naturtrieben seines Herrn ebenso Sorge zu tragen
wie seinen ehelichen Pflichten. Umgekehrt schloß die Pflicht,
Goethe zu spielen, grundsätzlich alle Frauen Weimars ein – zuerst die nicht mehr regierende Herzoginmutter und die nie regierende, aber widerständige Herzogin Louise. Dazu gehört eine
bestimmte Entsagung, verkörpert in der nicht durchaus schönen,
um so mehr verherrlichten Seele der Stallmeisterin, bis es, nach
der italienischen Reise, Zeit wurde für das Ende des Ramadan
und erlaubtes Fastenbrechen. *Denn es sind etliche verschnitten, die
sind aus Mutterleibe also geboren; und sind etliche verschnitten, die
von Menschen verschnitten sind; und sind etliche verschnitten, die
sich selbst verschnitten haben um des Himmelreiches willen. Wer es
fassen kann, der fasse es!* Die nach warmen Betten schnuppernde
Unsittenpolizei mancher Goethe-Biographen hat es nicht gefaßt.
Sie dichtet Goethe ein Alkovenverhältnis mit Anna Amalia an
oder gar einen flotten Dreier mit Frau von Stein. Fehlt nur noch
der *Gangbang* mit der scheuen Herzogin Louise.

Ernster zu nehmen ist die Herkunfts- und Habitusdifferenz der
Bundesgenossen. Als regierungsfähiger Bürger einer freien
Reichsstadt lernt man keinen Respekt vor Adel und seinem

Brauchtum – am wenigsten vor dem krautjunkerlichen Adel, und von diesem lag Weimar nicht allzuweit entfernt. Die Bildung, die einen Justus Möser zu würdigen wußte, war bürgerlich, und für die Französische Revolution, als sie dann kam, hatte man keine geringe Anfangssympathie, solange sie sich, im Sinne Rousseaus, naturrechtlich betrachten ließ. Erst mit dem Königsmord und der jakobinischen *Terreur* fuhr auch deutschen Bürgern die Angst vor der eigenen Courage in die Glieder.

Die Stadt, in welcher deutsche Kaiser gekrönt wurden, war reichstreu, in diesem Sinne konservativ, aber ohne feudalistische Neigung, und für deutschen Partikularismus war sie zu weltläufig, zu sehr dem freien Handel verpflichtet. Dieses Bild von Disposition und Indisposition kehrt in Goethes politischen Ansichten lebenslang wieder, und er ist ihm treu geblieben, auch mit Abweichungen, unter denen die napoleonische die auffälligste ist. In diesem einen Fall hat er sich gegönnt «zu konversieren mit Gescheiten, mit Tyrannen» – wie er der Gescheitheit überhaupt, in Anlehnung an künstlerische Praxis, den Bruch von Regel und Gewohnheit verzieh; nicht so dem Mittelmaß. «Man lache nicht!» gehört zu den denkwürdigen Äußerungen seiner Zeit als Theaterdirektor – das war bei Komödien, die für Lacher geschrieben werden, viel verlangt. Aber auch für den Kosmopoliten war das einer höheren Ordnung verpflichtete Bestimmungswort eigentlich das Grundwort. Wird der Mensch politisch, so geht er unter sein Niveau.

Fast in jedem dieser Punkte – sogar dem letzten – war Carl August gegensätzlich gestimmt. Während Berlin und Preußen für Goethe Hekuba blieben, verehrte sein Fürst in Friedrich dem Großen nicht nur einen Kriegsgott, sondern den selbsterklärten ersten Diener des Staates. Preußen war, für deutsche Verhältnisse, ein Reformstaat – vom preußischen Landrecht bis zur Emanzipation der Juden. Um Diener seines Fürsten zu wer-

den, mußte Goethe in der «symbolischen» Betrachtung der eigenen Tätigkeit weit gehen, immer wieder über die Grenze seines
politischen Geschmacks hinaus. Der Funke, der zwischen den
beiden sprang, hätte ihre Beziehung ebensogut auffliegen lassen
wie unauslöschlich machen können. Das Wunder geschah, aber
der Zündstoff blieb.

Genannt Blochberg   Mich sticht der Hafer,

dem Wunder nachzuhelfen und (um die pyrotechnische Metapher ins Textile zu wenden) in das Netz, das sich zwischen den
beiden entspann, einen bisher unbekannten Knoten zu schürzen;
denn bekannte und absehbare finden sich in ihrer lebenslangen
Ehe sonst genug. Der Widerspruch von Herr und Knecht hörte
nicht auf, sie zu produzieren, und zum Glück Weimars durften
sie sich entwickeln, statt, wie der Gordische, durchhauen zu werden – erst Carl Augusts Tod hat sie gelöst. Aber solange sie lebten, hat der regierende Herr die Herrlichkeit seines Knecht hart
geprüft und ihm Strafaufgaben aufgegeben, vom Besuch Berlins
über die Teilnahme am Krieg bis zur Übersetzung von Voltaires
«Mahomet», einer Karikatur, die Goethe so abscheulich war wie
Napoleon – und vielleicht aus besseren Gründen. Der Dichter,
der kein Herakles war, bekam die Arbeit eines solchen – dazu
gehörte auch die verdammte Pflicht, im Herzogtum Soldaten
auszuheben, um preußischen Werbern zuvorzukommen.

Wie wäre es, wenn der literarische Konskriptor (der sich die
verhaßte Tätigkeit durch Nebenarbeit an seiner Iphigenie nicht
erträglicher machen konnte) unter den ledigen Kerlen, die er
zum Dienst vermessen mußte, einen gefunden hätte, dessen Ähnlichkeit mit Carl August so frappant war, daß er ihn freistellte,

um ihm den Heldentod auf einem Schlachtfeld zu ersparen? Der vordem regierende Herzog Constantin, der, schwindsüchtig und kurzlebig, Anna Amalia nach drei Ehejahren als Witwe hinterließ, hatte wenigstens beim Kindermachen seinen Mann gestanden und zwei Söhne gevatert. Warum nicht einen mehr, der, nach bewährtem Brauch, im Jagd- oder Forstwesen untergebracht wurde? Wie, wenn Goethe, als gelernter Physiognomiker, dem Gesicht seines Herrn in einem armen Knecht begegnet wäre, der ehrlich gemacht worden war, etwa mit dem Namen Blochberg? Wenn er dafür gesorgt hätte, daß gerade *dieser* Mann als Jäger auf die Reise in die Schweiz mitkam, auch blieb, nachdem der schöne Wedel gegangen worden war – und immer noch da war, als es zu ihrem Tief- und Höhepunkt kam? Der Herzog hätte den leiblichen, vielleicht gleichaltrigen Bruder in diesem Blochberg nicht erkennen müssen – auch wenn das Abenteuer, dem er entsprungen war, ihm sowenig fremd war wie seinem Vater, den er nie kennengelernt hat.

Dann hätte Goethe ein Geheimnis auch vor seinem Herrn gehütet und, wenn der Übergang mißlungen wäre, in den Tod mitgenommen – einen Tod zu dritt, die einheimischen Führer nicht gerechnet.

Oder war es – Justus Möser in Ehren! – am Ende nicht doch Louise, die den Ausschlag gegeben hatte, als Goethe versprach, das junge Paar in Weimar zu besuchen und die Reise nach Italien – zu der schon die erste Etappe zurückgelegt war – abzubrechen und nach Norden umzudrehen, Richtung Weimar? Er reiste einem Engel nach, der fürchtete, in Teufels Küche zu kommen, und kam selbst hinein, mit dem unvermeidlichen Zusatz, daß in Weimar Engel und Teufel sowenig voneinander zu unterscheiden sind wie überall. Aber wenn sich Goethe der jungen Frau verpflichtet fühlte, so weil sie die Frau *dieses* jungen Mannes war.

Und Frau von Stein?   *Frau von Stein / went to*
bed at nine. / If Goethe went too / nobody knew.

Doch, man kann es wissen, der Liebhaber hat es Generatio-
nen von Lesern, auch Germanisten, ausreichend mitgeteilt;
nicht durch etwas, was er verschwieg oder unterschlug, sondern
durch alles, was er über diese Liebe aussagte und womit er an
kein Ende kam. Er begegnete dem Glücksfall einer Frau, die er
nicht zu begehren brauchte: Auf dieser Grundlage über-
schwemmte er sie mit allem Überfluß, der ihm zu Gebote stand.
Bis heute liest man diesen Exzeß seiner Schutzbehauptung – auf
Gegenseitigkeit – als Liebesgeschichte. Wer sagt denn, daß sie
unerfüllt blieb? Sie hat ihr Ziel erreicht – für beide. Es ist kein
Brief*wechsel*, dafür hat die Dame gesorgt. Der Vorteil vernichte-
ter Briefe ist, daß sie der Aufklärung entzogen sind, aber auch
der Ernüchterung. Was bleibt, ist eine reine Männerstimme –
rein im Sinne einer intakten Konstruktion.

War Goethe ein Narziß? Nein: Er brauchte nur keine Nym-
phe Echo, um im Spiegel sich selbst zu begegnen. Frau von
Steins Unverfügbarkeit *war* dieser Spiegel und von Anfang als
solcher eingerichtet. Der Mensch, der sich darin zeigt, ist nicht
liebend in sein Bild vertieft. Er nimmt die Gelegenheit wahr zu
zeigen, wie er sich fühlt: lebendig, unsicher, suchend, wider-
sprüchlich, immer spontan. Es gab in Weimar solcher Gelegen-
heiten nicht viele; er weiß der Empfängerin das Gefühl zu ver-
mitteln, sie sei die einzige, und sie wird scheinbar ohne Umstände
wahrgenommen. Aber dahinter steht eine ganz neue Kunst: des
Planetentanzmeisters, der diese Frau zur Sonne erklärt hat. Sie
darf nicht blenden, damit man in ihrem Lichte *sehen* kann.
Noch weniger darf man sich an ihr verbrennen.

Es war eine *doppelte* Schutzbehauptung, denn sie schützte *sie*
nicht weniger als ihn. Er stellte eine Frau, die er nicht begehrte,

als grenzenlos begehrenswert dar. Damit stattete er die Wahrheit, daß sie selbst eher prüde war, mit dem Reiz der Sinnlichkeit aus, den sie sich wohl gefallen ließ. Daß sie *ihn* nicht begehrte, gab sie ihm auf eine – für ihre Verhältnisse – schalkhafte
Art zu verstehen, womit sie seine gleichsam selbstlose, darum
monumentale Werbung honorierte und zugleich ein ebenso
nobles wie kindliches Einverständnis zwischen ihnen herstellte.
Es muß ihn an die verlorene Schwester erinnert haben und
machte gut und besser, was an ihr nie attraktiv gewesen war. Er
hatte sie an den Mann bringen müssen, um ihr weibliches Leben nicht ganz aufs Eis zu legen, als Dauer-Konserve für sein
Gefühl. Und als belohnter Türhüter war der Stallmeister von
Stein nicht besser und nicht schlechter als der Jugendfreund
Schlosser, und als Person im Grunde unerheblich.

Und daß Goethe diese Frau als Schutzmaske seiner «wahren»
Leidenschaft für die regierende – oder vielmehr nicht mehr regierende – Anna Amalia gedient haben soll, ist – bei aller Detek-
tivarbeit – eine rein boulevardeske Annahme. Die hohe Dame
hätte sich ihre Reitknechte notfalls selbst zu besorgen gewußt,
weniger schamhaft als die Königin Victoria, wenn auch nicht so
unverfroren wie Katharina die Große. Dafür wäre der verschwie-
gene Regulator ihres Kosmos wohl die schlechteste Besetzung
und schon darum nicht ihre Wahl gewesen. Seine Huldigung
war ihr unentbehrlich, aber *er* wollte es nicht sein – was er eben
durch seine Huldigung bewies.

Außerdem brauchte sie ihn für die Verbindung zu Louise, als
Garant und als Filter. Der war Carl August nicht. Da hatte seine
Mutter an Goethe den besseren Sohn, denn er brachte der strik-
ten, dabei labilen Herzogin immer jene Delikatesse entgegen,
die ihr «Weimar» schuldig war und blieb. Goethe war der eine
und einzige, der um jeden Planeten eine schützende Sphäre
spinnen und, nach Bedarf, von den andern trennen oder mit

ihnen verbinden konnte. Mit der Stetigkeit, die er seiner Frau
von Stein unterschob, federte er auch ab, daß diese bald dem
einen, bald dem anderen der konkurrierenden Kreise näher-
stand. In irgendeinem selbst ganz aufzugehen wäre für den Regisseur schlimmer als ein Verbrechen gewesen: ein *Kunst*fehler.
Er hatte seine Wandelsterne in der richtigen Schwebe zu halten
und seinen Fürsten überall zu vertreten, wo der sich dafür unwillig oder unfähig zeigte – ebendas mußte er als Souverän ja
auch *dürfen*.

Aber bei alledem blieb Goethe ja doch Teil des Systems, das
er regulierte, und was er an Kraft einbrachte, auch an Zurückhaltung, zehrte an seinem eigenen Haushalt. Er hätte sogar sein
Ungleichgewicht danach bemessen müssen, daß es der Balance
des kleinen Ganzen zugute kam. Aber auch wo man ihn dafür
feierte – viele mochten ihn gar nicht, und gerade denen sollte er
entgegenkommen –, die Veranstaltung drehte sich nicht um
ihn, die eigenen Bedürfnisse durften ihn nicht kümmern, sie
hätten das Spiel zerstört. Und je besser er sich darauf verstand,
desto weniger sah er ein, wozu, desto weniger wußte er, wer er
war. Seiner Kunst war, in aller Stille, der Künstler abhanden gekommen.

Der Schatz   In der Welt habt ihr Angst, aber seid ge-
trost, ich habe die Welt überwunden. Das war Lavater, typisch
Johannes. Wie die Nase des Mannes, so sein Johannes. Auch
Lavater hat eine Nase zum Wittern der Unruhe, die den Menschen ticken macht, zum Lesen des Gesichts unter der Maske.
Aber dafür hätte Lavater besser gleich ihre Schwänze abgebildet,
in gewöhnlichem Zustand und im gestreckten, und das traute er

sich nicht. Nun zeichnete er die Schwänze als Gesichter, und das hast du mitgemacht.

Den Nasen der Frauen, denen kannst du trauen. Die mit großen Nasen sind zu Schwestern geschaffen. Das Körnelchen ist kleiner als du, aber es hat eine große Nase, es war deinesgleichen, und dafür hast du es geliebt. Aber du hast es Schlosser, dem Biedermann, überlassen. Der hat ihr Schloß aufgesprengt, sie mußte ihm ihren Schatz ausliefern, und so hat sie geboren, ein Soldat und brav. Da hast du sie fahren lassen, bist selbst abgefahren, nach W., um dir eine neue Schwester zu besorgen. Ihr habt eure Nasen zusammengesteckt, viel mehr nicht, einmal in der Hermannshöhle, einmal über dem Plotin oder dem Spinoza, das grobe Stecken hat ihr der Stallmeister besorgt und Kinder gemacht, um die du dich kümmern durftest, als wären sie deine eigenen, oder du wieder eins von ihnen. Du hast ihr den Fritz abgeborgt, um mit ihm selber kindlich zu sein, während du mit dem Fürsten selbst den ewigen Kindskopf spieltest, in Feld und Busch, von Ilmenau bis Stützerbach. Halali, wenn er zur lustigen Jagd auf Misel blies, warst du dabei, aber nie bis zum Ende, dem süßen und bittern, du hütetest dich wohl, im bestimmten Gefühl, daß du *ihn* hüten mußtest.

> Ich höre sie auf einmal leise sprechen,
> Des Jünglings Ruhe nicht zu unterbrechen,
> Der dort am Ende, wo das Tal sich schließt,
> In einer Hütte, leicht gezimmert,
> Vor der ein letzter Blick des kleinen Feuers schimmert
> Vom Wasserfall umrauscht, des milden Schlafs genießt.
> Mich treibt das Herz, nach jener Kluft zu wandern,
> Ich schleiche still und scheide von den andern.

Ja, du schiedest und flohest zu den Bergen, von denen dir Hilfe kam. Erst bissest du auf Granit, aber wie ein Verliebter, dann kamen dir Farben entgegen, auf die du gesprungen bist, und schließlich fandest du es auch, das Loch, die Höhle im Berg, und sie machte dich ganz besessen. Denn damit konntest du das ganze Elend des Herzogtums stopfen, hier mußtest du in die Grube fahren, das war dein Probelauf zur zeitlichen Seligkeit. Der Planetentanzmeister hatte Boden gefaßt, seinen Grund gefunden, Granit, Silbererz, die Aura der Farben, mitten im kalten Winter, wohl in der halben Nacht. Auch in dir waren die Elemente zusammengebacken wie Feldspat, Quarz und Glimmer, die drei vergeß ich nimmer. Und auf dem Teufelsberg wurde dir offenbart: Steinförmig warst du schon und durftest jetzt auch noch farbenfroh werden. Der wahre Feenglanz aber blieb festgebannt im Berg, wo er am tiefsten ist, Glück auf, wer da einfuhr, wer den Schatz gewann, durfte wieder einmal von Glück reden. Versinke nun, ich könnt auch sagen: steige: in dieser Höhle, ersoffen wie sie war, sollst du wiedergeboren werden und deinen Reichtum als Großer Pan über das ganze Ländchen ergießen. Weber oder Miller, wer immer du warst: Du bist begnadet, und noch mehr: Du bist berechtigt.

Seid Ihr nicht gar –? Das höre ich immer wieder, fiel Weber einem oder einer ins Wort, wenn sie gar ehrfürchtig starrten oder schon zu vertraulich.

Dem Herrn *Goethe*, pflegte er dann zu sagen, muß die Ähnlichkeit peinlicher sein als mir.

Schon bevor sie am 11. September 1779 von Weimar aus aufbrachen, zur Reise an den Rhein, zu der Carl August plötzlich

Lust hatte, wurde vereinbart, inkognito zu bleiben und, auch wenn sie unter sich waren, nur die angenommenen Namen zu verwenden. Der Herzog war «Graf», Goethe «Weber».

Und du? fragte der Graf den dritten.

Ich bleibe Wedel, sagte er. – Mich kennt keiner, so oder so.

Auf der Jagd hatte man sich allgemein geduzt, Goethe, immer unwohl bei der Sache, kehrte, auch einseitig, zum Sie zurück, nur Wedel blieb beim Du, das er sich seit Kindesbeinen wohl erworben hatte, und duzte den Grafen erst recht für Webers Ohren. Auf der Reise holte er sich alte Freiheiten zurück, die sich am Hofe verboten – es blieb nur gerade soviel davon zurück, daß die Damen mokant flüsterten: «Es wedelt wieder», wenn er über die Stränge schlug. Und nun hatte Gust ihn, keinen andern, für die spontane Lustfahrt an den Rhein aufgeboten – wozu, wenn er nicht dafür zu sorgen hatte, daß sie auch lustig wurde?

Keinen andern? Nun ja – Goethe mußte mit, der frischgebackene Geheimrat, das Genie für alle und alles – warum nicht, wenn sich das Angenehme mit dem Höflichen verbinden ließ? Denn es gehörte sich wohl einmal, daß der Herzog den Eltern des Günstlings die Honneurs mache. Vielleicht blieb dieser auch eine Weile in Frankfurt, um sich bei seinen alten Kumpanen mit dem Glück zu plustern, das er in Weimar gemacht hatte, und konnte auf dem Rückweg wieder aufgeladen werden; dann störte er das Reisevergnügen nicht weiter. Wenn er es nicht überhaupt vorzog, sich von Weimar ganz zu verabschieden, um wieder einmal ein ordentliches Buch zu schreiben, statt sich neben den Staatsgeschäften, die ihn auffraßen, immer wieder Kurzfutter für den Hofgebrauch abzuquälen, das erst ihn selbst langweilte, dann auch das Publikum, obschon es gute Miene dazu machen mußte. Wenn er überhaupt nur nach Weimar gekommen war, um Stoff für einen neuen «Werther» zu sammeln und sich dafür wieder eine unglückliche Liebe zu ver-

schreiben? Da hatte er sich mit der Stallmeisterin ganz die Rechte
ausgesucht!

Fest steht, daß er diesem Herrn alias Weber nicht grün war.
Wenn sein Jugendfreund den Narren an ihm gefressen hatte,
blieb er, mit seinen älteren Rechten, nicht gern ungefressen zurück. Seit Goethe den Ton angab, «wedelte» sich's nicht mehr
ungeniert, und immer öfter konnte der Eindruck aufkommen,
statt *mit* Wedel zu lachen, lache man über ihn. Doch der Herzog
hatte ältere, solidere Freunde als Goethe, und diese Reise war die
Gelegenheit, ihn daran zu erinnern, auch wenn man dabei Dinge
ausbringen mußte, die das Genie nicht gut aussehen ließen.

Er aber war immer noch der *schöne* Wedel.

Also *Weber* wollte er heißen, der Geheime Rat. Schon dazu
war Wedel, unter vier Augen, den Kommentar nicht schuldig
geblieben. Das Mütterchen verdeutscht, sie ist eine geborene
Textor. So sieht der Dornbusch aus, aus dem er nicht geklopft
sein will. Aber seinen Rücken sieht man immer noch. Er heißt
Philipp Seidel und soll unsichtbar bleiben. Aber er ist Mütterchens sichtbarer Wächter und sorgt dafür, daß, wenn sich Weber schon einmal zärtlich umdreht … dann jedenfalls nicht
nach einer *Frau*.

Philipp

Und in der Tat: Die Reise von 1779 wird von
einem Schatten begleitet, der nicht als Person auftritt, ohne den
man aber ihren größten Teil gar nicht lesen könnte. Denn durch
ihn, oft ihn allein, ist das Erlebte *Schrift* geworden – Weber hat
es dem Schatten unterwegs, und später auch in Weimar, diktiert, woraus man schließen könnte, daß dieser nicht von seiner
Seite gewichen sei. Daß der Schatten auch selbst fünf Sinne ge-

habt hat, erscheint am Ende auch in der Schrift nicht mehr. Sie war und blieb diejenige Goethes, auch wenn ihre Züge diejenigen Seidels sind. Wer wem die Hand geführt habe, scheint demnach keine Frage – Philipp Seidel kommt, auch auf der Schweizer Reise, *nur* als Goethes Hand vor, mehr Körper nimmt er nicht an. Das hat etwas Gespenstisches, auch wenn die Reisenden es als normal betrachteten. Ein Schreiber bleibt ein Diener, er muß nichts sein und haben als eine dienende Hand.

Aber heute kann uns eine Hand Goethes, die *statt* seiner geschrieben hat, nicht ebenso kühl lassen. Es war keine Hand ohne Körper, und dieser – dem auch Geist und Verstand nachgesagt wurden, ja, eine Art Kongenialität – verdiente eine eigene Geschichte, auch wenn sie nur mit der Spur belegt wäre, die er in Goethes Papieren hinterlassen hat. Aber ihr letztes Kapitel ist nur zu real: der klinische Wahnsinn dieses Mannes, als er ohne die Gegenwart Goethes bestehen mußte; das schaffte er nicht. Das Licht hatte den Schatten verzehrt, ohne den auch Goethe selbst sein eigenes Werk nicht hätte lesen können und wiederlesen, um es zur Reinschrift zu befördern – durch eine für so vieles brauchbare Hand.

Aber Philipp Seidel war nicht nur Goethes Schreibhand, er war auch die Mitgift seiner Mutter für die Auswanderung nach Weimar, wo er im Gartenhaus ihre Stelle vertrat. Er kümmerte sich um seinen Haushalt, kaufte für ihn ein, bezahlte seine Rechnungen, wachte über seine Korrespondenz, sorgte für sein Befinden, es sei gut oder schlecht, und unterhielt auch Goethes Adoptivsöhnchen, Fritz von Stein, Peter im Baumgarten. Die Geschichte dieser Hand und ihres Körpers wäre ein eigener Roman, den nur schreiben könnte, wer bereit ist, sich unter die Schatten zu begeben und am Ende vielleicht Goethes Person, auch sein Genie, mit einem Schatten zu sehen, den diese angeblich körperlose Hand auf ihn wirft.

Denn zu ihrer Tragödie gehört auch, daß sie amputiert wurde, als Goethe einen neuen Haushalt auftat, diesmal, und zum ersten Mal, mit einer Frau. Entbehrlich war Seidels Hand damit noch nicht gleich geworden, denn das Blumenmädchen war kaum imstande, den Haushalt eines Geheimen Rats, Ministers und Dichterfürsten zu führen. Dafür wurde immer noch die Hand Philipps benötigt, im durchdringenden Gefühl allerseits, daß sie sich bald erübrige. Denn nun war es unübersehbar: Diese Hand war immer nur ein Provisorium gewesen, ein Werkzeug zur Herstellung von Unfertigem, und wurde endgültig überflüssig, wenn sich sein wahrer, sein sichtbarer Körper, derjenige Goethes, dem gewohnten Schatten entzog. Dann blieb für diesen nur noch endgültige Verdunkelung übrig. Und es fehlt sogar das Abschiedswort des Zauberers zu seinem guten Geist: *Then to the elements / Be free, and fare thou well.* Dieser Ariel wurde für seinen Prospero Luft.

Oder doch nicht ganz? Das sichtbarste – und verschwiegenste – Zeugnis, daß der Diener sein anderes Ich war, ist der Name, den Goethe für sich annahm, als sie zum ersten Mal lange getrennt waren. Philipp wachte über das Gartenhaus an der Ilm; Goethe reiste in Italien. Da aber nannte er sich Filippo. Und als solcher hat er – wenn sein Analytiker Eißler recht vermutet – zum ersten Mal mit einer Frau geschlafen, aber nicht nur mit einer Frau.

Bin ich als Mädchen sie satt, dient sie als Knabe mir noch.

Das gewagteste erotische Bekenntnis ist auch sein diskretestes. Damit die Liebe *ein Tun* werde, unterschied er ihre Geschlechter nicht mehr.

Man muß einem Wedel nicht verzeihen, aber man kann begreifen, daß er die Hand, die Goethe auch als Weber auf der gemeinsamen Reise begleitete und die er zu nützen fortfuhr, noch anderer Dienste für fähig hielt. Immerhin konnte er den Körper dazu nicht übersehen. Warum sollte er dem Hagestolz nicht auch als *Mädchen für alles* gedient haben? Es paßte dem schönen Wedel, für die übernatürliche Enthaltsamkeit des Genies eine ordinäre Erklärung zu haben. Darum nannte er den Menschen, der auf der Reise dabei, aber so gut wie nicht vorhanden war, unter vier Augen denn auch beiläufig Webers «schlechtere Hälfte» – und zählte darauf, daß es sich für den Grafen nicht lohnte, ihm auf diesem Niveau zu widersprechen, und daß Beiläufiges dieser Sorte dennoch haftenbleibt. Üble Nachrede? Wieso? Wir sind erwachsene Menschen, da wird man doch in Freiheit über alles reden können – unter Brüdern, die sich an ihre eigenen wilde Jahre erinnern.

Ich mache mich mitschuldig, nehme Philipp Seidel auf meine Reise nicht mit. Ihn in einem Text zu verkörpern verlangt zu viel, jedenfalls mehr Zeit, als ich habe; und es bräuchte ein Genie, das Tatsachen zu bedenken geben kann, ohne nötig zu haben, jemanden damit anzuschwärzen, wie Peter im Baumgarten die Büste Lavaters. Nun bleibt die Rolle Philipp Seidels unbesetzt. Aber die Stelle sei bezeichnet, wo er verschwunden ist, in seinem Element: der Schrift. Hier gibt sie sich als das zu erkennen, was sie immer gewesen ist, auch wenn sie für immer bliebe: ein Verrat.

Aber damit sei das Spielfeld nicht ganz und gar Wedel überlassen. Er ist mit seiner Menschenkenntnis nicht bis zum Furka-Paß gekommen, geschweige denn hinüber. Er mußte den ganzen Weg zurückreiten, und dabei begleitete ihn nur noch einer:

Philipp Seidel. Er durfte die Hand, die er angeschwärzt hatte, an sich selbst erfahren, und man darf sicher sein, daß sie hilfreich gewesen ist und makellos.

Auf der letzten Strecke blieb aber auch Weber für alles, was er noch zu schreiben hatte, nur die eigene Hand.

Aber noch waren sie kaum recht aufgebrochen, von Weimar westwärts, und in jedem Gasthof, wo man sie nicht erkannte, an jeder Schranke, wo jemand ihre Pässe zu sehen verlangte, bekam Wedel seinen Auftritt. Sie kennen den Fürsten von Ilmenau nicht? Den Obersten von Stützerbach? Den Edlen vom Kickelhahn? Wir reisen in geheimer Mission, das weiß niemand besser als Ihre Obrigkeit! – Und bevor es ein erschrockener Wachposten mit dieser zu tun bekam, ließ er die Gesellschaft doch lieber weiterziehen, bis sie sich das Lachen nicht mehr zu verbeißen brauchte.

Aber auch Weber mußte hie und da deutlich werden, damit das ahnungsvolle Licht in Menschenaugen erlosch. Er ist's ja doch! raunte es dann hinter ihm her, wahrhaftig, der Dichter Werthers! Aber wer ist der Schönling? Und der Kleine, Feste, der Bullenbeißer? Der Graf trug sich so bescheiden, daß er als bürgerlicher Begleiter der andern durchging und sich kaum noch von seinem Jäger Blochberg unterschied, den er vertraulich «Männe» nannte.

In Kassel besuchte man das Antiken-Museum und begegnete einem Star, Georg Forster, dem berühmten Südseefahrer; beim ersten Mal, ohne sich auszuweisen; beim zweiten Mal ging der Diskurs ins Profunde, wurde gar politisch und verlangte nach dem Abschied zu Pferd fortgesetzt zu werden.

Wenn man Forster hört, so wären diese

Insulaner freie Menschen, sagte Wedel.

Weil sie nicht brav ackern und schwitzen müssen, erwiderte der Graf.

Darum brauchen sie eben nicht brav zu sein. Jeder treibt's, wie's ihm gefällt, danach steckt er dem Mädchen eine Blume ins Haar. Ein Paradies!

Graf: Warum soll es verboten sein? Wofür wurden Adam und Eva gestraft, daß er ackern mußte und sie mit Schmerzen gebären, nur weil sie von der verbotenen Frucht gegessen hatten?

Wedel: Wenn Gott nicht gewollt hätte, daß sie's täten, hätte er sie nur nicht zu verbieten brauchen. Was meinen Sie, Herr Weber?

Weber: Der Gedanke sieht Ihnen ähnlich.

Wedel: Muß er darum schon falsch sein? Warum ebendieser Baum? Und was heißt Erkenntnis? An Frau Eva hätte Adam genug zu erkennen gefunden. Da lob ich mir Forsters Insulaner. Die placken sich nicht mit ihrer Erkenntnis.

Graf: Aber sie haben auch keinen freien Willen.

Wedel: Wenn das Volk bekommt, was es braucht, ist ihm das freier Wille genug.

Graf: Es sei gut von Natur, meint Forster. Da zeigte sich der freie Wille am Ende in der *volonté générale,* nach Rousseau.

Wedel: Und wenn ihn das Volk nicht bekommt, wird es Köpfe rollen lassen.

Graf: Kann man nicht unschuldig sein *und* frei, wie die Schweizer? Was sagst du, Weber? Du kennst sie doch.

Weber: Es sind Menschen wie andere und werden Barbaren wie alle, wenn sie behalten müssen, was sie haben, um jeden Preis.

Graf: Jetzt redest du wie Forster.

Weber: Ich?

Graf: Besitzen wollen sei das Übel, behalten wollen, was man zu haben glaubt, der wahre Sündenfall.

Wedel: Kunststück, wenn man nur für den Tag zu sorgen braucht. Den Insulanern wachsen die Früchte ins Maul. Warum sollen sie mehr wollen?

Graf: Weil's die menschliche Natur ist, auch in der Südsee. Aber dort haben sie ihre Mittel dagegen.

Wedel: Ja, statt den Feind totzuschlagen, laden sie ihn zum Festmahl ein, fressen sich selbst dabei toll und voll und werden davon so arm, daß sich der Krieg nicht mehr lohnt, weil man gar nichts mehr zu holen fände.

Graf: Oder sie laden ihr Eigentum, statt es zu besitzen, in ein Boot und lassen's von Insel zu Insel gehen, eine Ladung links herum, die andere rechts herum. Bis der Schatz wieder ankommt, hat man gelernt, ihn zu entbehren, und bevor man sich daran zu freuen anfängt, muß er wieder auf den Weg.

Wedel: Schöner Schatz! Sind doch nur Muscheln.

Graf: Ein Wert ist das, was man dafür hält. Geld ist nicht besser.

Wedel: Am besten bleibt doch, wenn man's hat.

Weber: Die Hauptsache ist die Beschäftigung.

Wedel: Wollen Sie die Grube in Ilmenau wieder flottmachen, nur um uns Beschäftigung zu sichern?

Weber: Wenn Menschen beschäftigt sind, fühlen sie sich reich.

Wedel: Aber Herren brauchen sie dann nicht mehr, meint Forster. Die seien nur gut, das Volk zu plündern.

Graf: Ist's nicht wahr? Und was haben wir dafür, als unsere alten Titel?

Wedel: Forster hat dich wohl nicht gar zum Demokraten gemacht?

Graf: Er hat mir gezeigt, daß beides zusammen geht: ein guter

Fürst und eine freundliche Ordnung. Wie heißt die Insel, wo sie das Los werfen, wer sie regieren soll? War's Otaheiti?

Wedel: Man kann sich's nicht merken, klingt alles gleich.

Graf: Jedenfalls läßt man dort nicht wählen, weil sie sagen: Dabei sprängen doch nur die Leute heraus, die so viel Macht haben, die Wahl zu steuern. Am Ende glaubt das Volk, mitgeredet zu haben, auch wenn alles beim alten bleibt.

Wedel: Ist es besser, wenn das Los bestimmt? Und alle dabei sind, auch Weiber und Kinder?

Graf: Warum nicht? Denn jeder hat schon sein Los vom Schöpfer zugeteilt, darin sind alle gleich. Aber dann macht sich jeder etwas anderes draus, und das kommt dem Gemeinwesen zugute.

Wedel: Damit auch für seine Gemeinheit gesorgt ist.

Graf: Das Los macht die Gewählten unabhängig. Sie mögen aus allen Schichten zusammengewürfelt sein. Aber sie haben auch keine Instruktion und gehen an keinem Gängelband. Sie müssen einander ins Auge sehen und eine Sache studieren, bevor sie darüber beschließen. Das könnte dem Staat nur guttun. Schon die Alten haben ihre Obrigkeit durchs Los bestimmt.

Wedel: Und die besten Männer in die Wüste geschickt, mit einem Scherbengericht.

Graf: Wenn sie gut waren, kamen sie zurück und haben sich nicht beklagt. Was meinst du, Weber?

Weber: Ich meine, daß jede Ordnung besser ist als keine.

Graf: Jede?

Weber: Keine hindert einen Menschen daran, das Beste aus sich zu machen.

Graf: Aber überleben muß er sie.

Weber: Dann muß er auch wissen, wozu.

Wedel: Er ist ja noch radikaler als Forster!

Weber: Auch in Otaheiti haben Sie einen König. Damit das
   Volk selbst glauben kann, was es tut.
Wedel: Und einen Schuldigen hat, wenn es danebengeht.
Weber: Darum kennt er seine Schuldigkeit doch besser schon,
   bevor es soweit kommt.
Wedel: Sonst würden die Geheimen Räte stellenlos.
Graf: In der Schweiz haben sie weder König noch Fürst. Wie
   geht das zu?
Wedel: Sie verkaufen ihre Söhne an große Herren und lassen
   sich fürstlich dafür bezahlen.
Graf: Dann muß auch für *arme* Fürsten etwas übrig sein. *On
   verra.*

In Jesberg   – wo man das Schloß mied und im einzigen Gasthof einkehrte – schien in Weber der «Wanderer» wiedererwacht zu sein. Man hatte kaum recht abgesattelt, da ging er zu Fuß in die Dunkelheit hinaus und ließ sich erst zum Frühstück wieder blicken.

So sprachen der Graf und Wedel dem einfachen Abendbrot allein zu, während Blochberg am Katzentisch wortlos seine Suppe löffelte und bald um Dispens bat, um nach den Pferden zu sehen und den Wirt über die Wege zu vernehmen. Er war auch Zahlmeister der Gesellschaft und hütete ihre Pässe.

Je länger die Jugendfreunde bei einem guten Tropfen sitzen blieben, desto weniger konnte es fehlen, daß sie sich über den Abwesenden unterhielten. Der Graf verschwieg seine Besorgnis nicht. Wedel lachte nur.

Der Besuch bei seinen Alten scheint ihm Bauchweh zu machen, er ißt ja gar nichts mehr.

Der Graf hatte sich eine Pfeife angezündet. – Er muß immer wieder einmal allein sein.

Der Wirt hat ihn nicht erkannt. Das muß ihn kränken.

Ich könnte gekränkt sein, erwiderte der Graf. – Jeder sieht zuerst dich und hält dich für unser Haupt.

Vielleicht sollte ich untertäniger sein?

Du bist, der du bist.

Dann wäre ich wie Gott.

Dafür müßtest du besser erzogen sein. Vielleicht solltest du dich verheiraten.

Das empfiehlst mir *du*? war Wedel zu fragen versucht. – Aber dann sagte er nur lachend: Das hat mir die Stallmeisterin auch schon gesagt.

Erst vor den Toren Frankfurts   rückte

Weber mit einer Bekanntmachung heraus: Man werde nicht nach Düsseldorf fahren, sondern in die Schweiz.

War's ein Vorschlag, eine Empfehlung? Es war ein in schlafloser Nacht unter offenem Himmel gereifter Entschluß, eingegeben von einem «Engel Gabriel», wie Carl August seiner Mutter schrieb. Womit er nur sagen wollte, daß es dazu nichts weiter zu sagen gab. Man hatte zu folgen.

Aus Frankfurt wird Frau Elisabeth Goethe der Herzogin-Witwe von Mutter zu Mutter melden, daß die Kinder gut angekommen sind, sich sogar mutwillig ohne Geräusch eingeschlichen haben und daß ihr für so viel Glück die Worte fehlen. Wie sie dem Hätschelhans um den Hals fällt! Wie sie endlich *wie betrunken auf den besten Fürsten zuläuft, halb greint, halb lacht, gar*

nicht weiß, was sie tun soll! wie der schöne Kammerherr von Wedel
auch allen Anteil an der erstaunlichen Freude nimmt!

Der Vorsatz, sich nicht auf der Messe zu zeigen, auch keine
Besuche zu machen, wird durch den Ansturm der Neugierigen
unterlaufen. Aber schon am vierten Tag verabschiedet man sich
wieder und, wie sich zeigen wird, fast für immer. Goethe wird
die Mutter nur noch einmal, den kränkelnden Vater gar nicht
wiedersehen. Dafür setzte er, rheinaufwärts und auch gegen
den Strom der Zeit, seinen als Wiedersehen getarnten Ritt zum
Abschied von geliebten Frauen fort, bis zum 1. Oktober, der Ankunft in Basel.

Bis dahin war die Gesellschaft gemeinsam teils geritten, teils gefahren – mit Ausnahme einer einzigen Nacht, von Samstag,
dem 25. September, bis Sonntag früh; da trennte sich Weber
von den andern in Rheinzabern, um seiner Jugendliebe im
Pfarrhaus Sesenheim wiederzubegegnen, die ihn *ehmals geliebt*
schöner als ichs verdiene und mehr als andere, an die ich viel Lei-
denschafft und Treue verwendet habe, ich mußte sie in einem Au-
genblick verlassen, wo es ihr fast das Leben kostete. Dazu schrieb er
Frau von Stein: *Da ich jetzt so rein und still bin wie die Luft so ist*
mir der Athem guter und stiller Menschen sehr willkommen. Als er
diesen Atem einsog und sich *nach allem erkundigte*, ihn die immer noch junge Liebe von *Laube zu Laube führte und da mußt*
ich sitzen und so wars gut –

da konnte Wedel, der mit dem Grafen und den Dienern wei-
tergeritten war, Webers Verhältnisse nicht ebenso gut sein lassen. Sie wollten besprochen sein, der alte Freund doch einmal
herausrücken mit dem, was es über den neuen Freund des Grafen zu wissen gab, und zwar aus erster Hand, denn neuerdings
wohnte Wedel mit der Stallmeisterin unter einem Dach.

Spiegel am Teich: Die Fixpunkte der Schrauben verziehen das Spiegelblech zunehmend. Die Wellenbilder sind unerschöpflich im Produzieren optischer Täuschungen, in denen reale Objekte sich phantastisch verformen. Sie verwinden und verschlingen sich immer neu bei der geringsten Veränderung des Gesichtsfelds. Nicht einmal der Kopf, nur das Auge braucht eine Spur zu rücken, um einen lautlosen Tumult im Spiegel auszulösen. Vorübergehend konzentrische Schlieren, gedehnte Augen ziehen sich wieder zusammen und tropfen ins Nichts ab, aus dem gleich wieder ganze Garben von Gestalt ins Bild schießen, sich jäh verjüngen, ins Breite wabern, verschwinden oder sich bündeln, um neue, wieder ganz flüchtige Bildkerne zu bilden.

Eine Spiegelwand hängt inzwischen als breiter Bildschirm an der Palisade hinter dem Teich und schneidet eine scharf abgetrennte Zone aus, die das Auge zugleich verwirrt und unerschöpflich beschäftigt. Eröffnet das Viereck einen Durchblick in eine unbekannte, scheinbar unendliche Landschaft, in der sich – beim nächsten Blick, ja beim nächsten Augenzwinkern – viel scheinbar Bekanntes wiederholt? Auch wo der Spiegel glatt erscheint, zeigt er die Sitzecke mit Steintisch und Teaksesseln als verspieltes Jugendstil-Ensemble, mit floralen Linien, die jäh ins Unendliche schnellen oder ins Abstrakte abschwimmen, um sich als Stromlinien ohne Objektbezug fließend immer neu zu raffen, Wirbel zu bilden und spurlos wieder zu verschwinden.

Der Spiegel steht zu hoch, um den Teich und sein vergleichsweise ruhiges Wasser abzubilden; die Wasserformen, die er suggeriert, werden ganz von ihm selbst erzeugt. Er ist der *andere* Teich, stehend, quer zu aller Natur, ein Bild seiner selbst, in dem sich das Reale zum Blendwerk verspielt. Zugleich bildet der

Spiegel eine Leerstelle inmitten der Wirklichkeit, eine von Figur wimmelnde Lücke, die auch ihr eigenes Licht hat, von Gestalten bevölkert, wie eine Probe unter dem Mikroskop, nur daß es keine Lebewesen sind, die das Bild überlaufen.

«Gestaltung, Umgestaltung, des ewigen Sinnes ewige Unterhaltung.» Wie hoffnungslos wäre es, diese Erscheinungen festzuhalten, irgend jemandem ein Bild vom Vexierbild machen zu wollen, auch wenn sein Einzugsgebiet, in Quadratmetern gemessen, so klein ist wie unser Garten. Im Spiegel ist seine Möglichkeitsform grenzenlos.

Der *pittore* Miller ist, als Goethe, ein Dilettant geblieben. Weil ihn eine Kunst, in der es auf die Richtigkeit jedes Strichs ankommt, seine Grenze fühlen ließ? Schon das Inkognito ist nicht ganz ernst: In Italien gab es schon einen Maler Müller, und den hatte er, als Minister, aus der Staatskasse unterstützt.

Weber wirkt seriöser, denn ein Weber behandelt nicht nur die Oberfläche einer Leinwand, er ver-wirkt eine Materie, arbeitet mit einem Stoff, der, einem Tier- oder Pflanzenkörper abgewonnen, weitergesponnen, zu Garn und Faden geschlichtet sein will, bevor es zu einem Gewebe werden kann, das zugleich schützt, wärmt und gefällt. Und damit einem praktischen Zweck dient, einem dekorativen oder (wenn's hochkommt) gar keinem mehr.

Der Lauscher

Wo haben sie an jenem Samstagabend zusammen beim Wein gesessen, Wedel und der Graf, um Webers Geheimnistuerei auf den Grund zu sehen? Nach allem, was wir wissen: in Drusenheim, im Elsaß, aber damals noch auf hessen-nassauischem Boden, nur eine Wegstunde zu Fuß von

Sesenheim entfernt. Also fast noch in Hörweite der *Lauben*, in denen Weber auf eine alte Liebe zurückgekommen war. Wobei Friederike, die zweite Tochter des Pfarrers Brion, *auch nicht durch die leiseste Berührung irgend ein altes Gefühl in meiner Seele zu wecken unternahm*. Wedel, durch keine Rücksicht gebunden, erlaubte sich unter diesen Umständen, neuere Gefühle Webers zu berühren, welche – was immer sie waren – die Luft Weimars beben ließen und mit penetranten Ahnungen erfüllten. «Schwängerten» – das wohl nicht, fürs Schwängern blieb im Hause Stein der Stallmeister allein zuständig. Aber was taten seine Frau und Weber, die auserlesenen Liebenden, denn *wirklich*, wenn sie allein waren?

Das aber wußte Wedel, hatte es, als möblierter Herr im Oberstock des Steinschen Hauses, in Erfahrung gebracht. Und wenn es doch erstaunlich sein sollte, daß ihn der Graf aushörte: Er war immer noch ein sehr junger, darum wißbegieriger Mann – und zugleich auch von Mitleid für den Jugendfreund bewegt, denn dieser tat sich selbst, wenn er auspackte, durchaus keinen Gefallen.

Nun also: Im Stadthaus der Steins an der Seifengasse belegten diese selbst die Beletage, er, Wedel, die Oberstübchen, und parterre hausten die Husaren, und manchmal hausten sie auch übel. Als Forstherr war Wedel, im vergangenen Juli, wie fast immer, spät nach Hause gekommen, es war ein lauer Abend, und da hatte er eine Gestalt am Fenster des Steinschen Salons stehen sehen, aber der Stallmeister war es nicht. Der war wohl wieder einmal aushäusig und die Kinder auf Groß-Kochberg geblieben. Es war unzweifelhaft der frischgebackene Herr Geheimrat. Er stand am Fenster, doch mit dem Rücken dazu, und das tat er eine geschlagene Stunde lang. Seine Haltung ließ vermuten, daß er in einem Buch lese, und es kam Wedel kurios vor, wie jemand, vom Lampenlicht abgekehrt, also sich selbst im Wege stehend, lesen könne, aber er bewegte die Schultern, bisweilen auch heftig.

Nun war der Herr Rat ja dafür bekannt, daß er gern extemporierte, etwa seinen Homer. Das tat er ja auch allein im stillen Kämmerlein und genoß sein Gedächtnis, seine Leidenschaft, seine Stimme. Merkwürdig nur, daß er dabei, im Salon der Stein, ein Buch in der Hand hielt und es manchmal gar vor die Augen hob, als wäre es ein Spiegel oder eine Scheuklappe. Ja, Wedel war über eine Stunde im Lindenschatten stehengeblieben, um zu erkennen, was da oben denn eigentlich vorging. Webers Schulter zuckte immer wieder, aber nach Lachen sah es nicht aus.

Nun traf es sich damals, daß Kätter, die Steinische Magd, auch bei ihm saubermachte, leihweise, aus Gefälligkeit der Stallmeisterin. Kätter war mit ihr recht vertraut gewesen, ging ihr beim An- und Ausziehen zur Hand, mußte aber auch die Sauerei aufräumen, die der Stallmeister zu hinterlassen pflegte, wenn er seine Gattin besuchte. Da vollzog er seine Ehepflicht unerbittlich und hatte dazu wohl gar ihr Sträuben nötig. Dabei war er oft ganze Tage durchgeritten, rechtschaffen müde, und jetzt auch noch die Ehepflicht! Daher hinterließ er, wenn er sich schließlich zurückzog, diese Sauerei, und oft war die Kätter mitten in der Nacht gerufen worden, damit die Stallmeisterin sich ordentlich zur Ruhe begeben konnte. Danach las sie noch lange bei Licht.

Wedel erzählte mit Fratzen und Faxen und wußte nur zu gut, daß sich der Graf solche Geschichten nur anhörte, weil er dazu lachen mußte, auch wider Willen, wenn Wedel in die Tonart ihrer wilden Jahre zurückfiel und die Vertraulichkeit überzog. Dabei war es nur natürlich, daß Wedel bei den regelmäßigen Besuchen Webers Unrat gewittert hatte; weitergesagt hätte er davon, bei seiner bekannten Diskretion, gewiß nichts.

Doch der Herr Rat schien der Stallmeisterin nur aufzuwarten, um nichts zu tun, was Diskretion verlangt hätte – nichts, dies aber stundenlang.

Zur Erinnerung: Der sexuelle Vollzug war damals weniger als heute, und ist vielleicht gar nie, die verlangte Probe auf das Exempel der Liebe. Weder Konvention noch Prüderie hätten Goethe verboten, eine Geliebte zu nehmen, es wurde natürlicherweise erwartet. Aber da war sein selbstverhängtes Amt davor, den Hof zum geordneten Universum zu machen, und darin gab es, auf seinem Niveau, keine Frau *hors concours*. Nach allem, was wir wissen, taucht Goethe bei den galanten Exkursionen Carl Augusts, auch den ländlich-sittlichen, nur als Hüter seines Bruders auf, nicht als Mitspieler, allerdings auch nicht als Spielverderber; er war für alles zu haben, aber nicht für erotische Kumpanei. (Da war Schiller, als junger Militärarzt, ein anderer Kerl gewesen.) Zwar hatte Goethe aus dem Elsaß den Ausdruck «Misel» für junge Frauen mitgebracht, der auch die Fräulein einschloß, und als solche wollten auch die Schauspielerinnen betrachtet sein. Aber in Goethes Planetentanz blieben sie Misel, das heißt Mäuschen, von Zimperlichkeit befreite Demoiselles. Auch Corona Schröter, eine große Bühnenperson, die Goethe persönlich in Leipzig akquiriert hatte, war ein Misel und von Anfang an das Ziel herzoglicher Wünsche – Goethe förderte sie und konterkarierte sie zugleich, indem er beide Prinzen in die erste Aufführung seiner «Iphigenie» einschloß, aber in rein brüderlichen Rollen. Die Hauptrolle des Orest übernahm er selbst. Was die hohen Brüder mit dem Misel abseits des Theaters anstellten, taten sie ohne ihn, doch hatte seine Behandlung des

Stoffes den kleinen Göttern hoffentlich ein höheres Verständnis dafür eröffnet: *O rettet mich, und rettet euer Bild in meiner Seele!*

Dabei hatte er Frau von Stein – ausgerechnet! – gestanden, er hätte diese Corona, die «Crone», am liebsten zur Frau genommen. Eigentlich war sie ihm zu schade für das fleischfarbene Kostüm, mit dem sie sich – im Park, dessen Schöpfer er war – dem Landesherrn präsentierte, auch wenn er das Fleisch darunter vielleicht gar nicht zu verkosten bekam. Aber der Meister hütete sich wohl, aus seiner eigenen Regel zu tanzen. Er hatte seine Figuren viel eher dazu geschaffen, diesen Adel, der ihn zu begnaden glaubte, auf dem Weg der Kunst Mores zu lehren. In diesem Sinne ist Goethe in Weimar Bürger seiner freien Reichsstadt geblieben, wo sein Genie allerdings nicht hätte gedeihen können. Dafür brauchte er absolutistische Verhältnisse, und wären sie noch so klein. Hier allein war auch die Kunst spießiger Mitsprache entzogen, der Stil des Landes ließ sich aus einer Hand verbessern, und dafür taugten Monarchisten besser als Bürger – von Citoyens ganz zu schweigen.

Denn ein Gesetz, das für alle gilt, galt in Goethes Augen für keinen richtig. Er war denn auch kein Freund der Konstitution, die sein Herr den Untertanen, als erster und lange einziger unter den deutschen Fürsten, bescheren sollte, und zwar ungezwungen, womit er sich später, in der Zeit der Heiligen Allianz, endlose Scherereien einhandelte. Dagegen blieb Goethe, als Weltbürger und Geheimer Rat, Aristokrat bis zum Punkt, wo er dem peinlichen Halsgericht Karls V. den Vorzug gab vor dem Leben einer Kindsmörderin, das der Herzog lieber geschont hätte. Der Dichter Gretchens! Ist gerichtet? Ist gerettet! Aber als er in den Fall kam, als Geheimrat so gut zu sein wie sein Wort, richtete er die arme Johanna Höhn zwar nicht geradezu, aber rettete sie auch nicht. Und so erlitt sie das Los der Susanne Margarethe

Brandt, das ihn in Frankfurt so erschüttert hatte, daß er sich produktiv dazu verhalten mußte.

Nun, das tat er auch jetzt. Auch Schuldfähigkeit gehört zum Regiekonzept des vorherrschenden Einzelnen über das Allgemeine, das er sich in Weimar angeeignet hatte. Dazu gehörte leider auch, daß gerade das Einzelne sich in Millionen Fällen darstellt, und da half dann nur noch die Maxime des Mephisto: Sie ist die erste nicht! Auch unter den unschuldigsten Opfern wird keines je das letzte sein – das spricht nicht der Zynismus, nur die leidige Erfahrung.

Wenn Dr. Faust Gretchen ins Bett zieht, muß wenigstens *er* wissen, was er tut. Goethe hat es gewußt, als er sich, für einen Mann: rätselhaft spät, einen «Bettschatz» nahm, um das herzhaft gemeinte Prädikat seiner Mutter aufzunehmen. Christiane Vulpius kann man, im vorindustriellen Sinn, als Arbeiterin betrachten. Sie war in der Manufaktur Bertuchs, eines grenzüberschreitenden Unternehmers und Goethes Kollegen im Finanz- und Wirtschaftsressort, mit dem Herstellen künstlicher Blumen beschäftigt. Das Misel war aber auch die Schwester eines ins Unglück geratenen Erfolgsautors von Räubergeschichten, mit deren Auflagen der Geheimrat – von «Werther» abgesehen – nicht konkurrieren konnte. Sie begegnete ihm als Bittstellerin, und er erfüllte sich den Wunsch, sie zu besitzen. Korrekt wird man die Ausnützung ihrer Lage heute nicht mehr nennen, sie beschädigte sein Regiekonzept im Herzogtum denn auch ein wenig, aber ganz verdarb sie es nicht.

Denn er ließ es sich etwas kosten. Im Verhältnis zu einem Blumenmädchen anstößig geworden, dessen Frucht der Herzogin Anna Amalia nicht unter die Augen kommen sollte, zog er aus dem Stadthaus, das in ihrem Blickfeld lag, mit Misel und Kind ins sogenannte Jägerhaus *extra muros* um. Er versteckte seine Liebste, nur pro forma, und doch für diese schmerzhaft

genug und für ihn selbst folgenreich, was die Beziehungen zu
den weiblichen Hauptpersonen des Planetentanzes betraf. Aber
diejenige zum Herzog war jetzt so unverbrüchlich geworden,
daß sie Goethes Stellung im kleinen Universum ausreichend begründete. Er war der Regie von Tag zu Tag enthoben und so
frei, sich herauszunehmen, was ihm gefiel, zu ziemen brauchte
es sich nicht mehr.

Die Freiheit dazu hatte er sich durch seinem Aufenthalt in
Italien geholt, von dem er (außer Philipp, den Haushalter) nur
den Herzog vorweg informierte. Der zweijährige Urlaub vom
Besuch in Weimar, der zur Fron geworden war, vollendete die
Befreiungsbewegung, zu der er mit der Schweizer Reise 1779 angesetzt hatte, indem sie ihm, nach Furka und Gotthard, neue
Grenzen zeigte. Diesmal waren sie nicht nur biegsam, was körperliche Liebe zu einer Frau betraf, sie schlossen diese ein. Seine
erotischen Gedichte waren keine Worte mehr, denen Taten erst
folgen durften. In Italien wurden sie Ereignis und mit Christiane
fortgesetzt – bis zu einer Ehe aus reiner Dankbarkeit zu einer
Frau, die von einer andern – Bettina Brentano – eine «wahnsin-
nige Blutwurst» genannt worden war. Die feine Nachrednerin
begnügte sich mit dem Titel von Goethes «Kind» – wohl wissend, daß sie damit sein Teuerstes für sich reklamierte.

Und wie weiter? wollte der Graf nun doch wis-
sen. Die nahe Geisterstunde kam gerade recht für die Fortsetzung von Wedels Bericht.

Nun denn: Weber blieb mit dem Rücken zum Fenster stehen und perorierte dabei ununterbrochen, denn der Lauscher
glaubte seinen Bariton bis in den Hof hinaus zu hören. Aber er

war nicht der Mann aufzugeben, bevor das Rätsel gelöst war, und Kätter verschaffte ihm Gelegenheit dazu, als sie für Wedels kranken Johann leihweise einsprang. Die Stallmeisterin war mit ihr gerade sehr unzufrieden, dachte sogar daran, sie auf ihren Bauernhof zurückzuschicken. Die nervöse Natur brauchte zwar eine Magd, welche die saumäßigen Spuren der Ehepflicht wieder aufräumte, verübelte ihr aber zugleich, daß das arme Kind als Zeugin für Vorgänge gelten mußte, deren Verbreitung unter Dienstboten sie nicht wünschte, weil das Gerede danach unaufhaltsam auch in die oberen Etagen dringt. Dieser Argwohn war, wie Kätter schluchzend versicherte, ganz unberechtigt, und auch jetzt redete sie nur, weil sie einen Menschen brauchte, dem sie ihr Leid klagen konnte.

Dieser Mensch war Wedel, ihr Dienstherr leihweise, und sie schien gar nicht zu bemerken, daß sie gerade ihr Gelübde brach, während er ihr tröstend zusprach und gar den Arm um sie legte, um ihre Tränen zu trocknen. Da kam es, wie es kommen mußte, denn natürlich war das Mädchen keine heilige Unschuld und hatte beim naturnahen Treiben auf dem Bauernhof nicht nur *zugesehen*. Wedel trocknete immer noch, und bald schon wieder, ihre Tränen, als er seine eigenen Säfte nicht länger hatte zurückhalten können. Dabei galt es auch noch mäuschenstill zu sein, damit Wedel mit einem Ohr gewissermaßen im Unterstock verweilen konnte, wo Webers Stimme aber keinen Augenblick innehielt und in hohem, gewissermaßen geistlichen Ton immer fort orgelte, ohne daß die Worte zu verstehen waren. Danach steckte Wedel dem aufgelösten Kind einen Taler zu, womit der Spaß bei weitem überzahlt war, jedoch das Versprechen einschloß, morgen nach dem Dienst bei ihrem Frauenzimmer auch bei ihm wieder zum Rechten zu sehen. Auch für Kätter war es angenehmer, geherzt als geschlagen zu werden – denn das hatte die feine Stallmeisterin wirklich getan! –, als Kätter ihren

Ansprüchen nicht genügt und auch noch das ganze schöne Puder verschüttet hatte. Und Wedel tat wieder sein Bestes, das Kind mit seinem ungerechten Schicksal zu versöhnen.

Seit wann wurde Kätter auch als Putzmacherin der Frau benötigt? Seit ihr der Geheime Rat seine abendliche Aufwartung machte; dafür konnte sie gar nicht schön genug sein, während sie – welcher Zufall! – den Schutz ihres Eheherrn entbehrte. Er wurde gerade zur Führung eines launischen Zuchthengstes in Eisenach benötigt, da mußte die eigene eheliche Pflicht wohl oder übel zurücktreten, und Kätter fand ihre Herrschaft in dieser Zeit nicht weniger nervös, aber zugleich hochgestimmt und bisweilen sogar nachsichtig. Wenn der Besuch die Klingel zog, dreimal kurz, wie verabredet, wurde Kätter allerdings nicht mehr benötigt und frei zu ihrem Dienst für den Herrn im Oberstock. Es mußte eine stumme Messe bleiben, zu der Weber im Untergeschoß sein bewegtes, doch unverständliches *Te deum* lieferte, während Wedel seinen Atem anhielt und der Kätter den Mund verschloß, wenn sie dem ihren zu jammervoll den Lauf lassen wollte.

Dafür fand sie sich so reichlich belohnt, daß sie auch zu einem weiteren Dienst bereit war. Er bat sie also, sich in der Steinschen Wohnung zu verstecken und diskret, aber genau in Erfahrung zu bringen, was die Herrschaften miteinander denn so trieben. Und es bedurfte nur eines kleinen Zuschusses, daß die Gute, wenn auch mit Zittern und Zagen, das Mögliche zu tun versprach.

Auch im stallmeisterlichen Haus gibt es keine Wand ohne Ohren, will sagen: Astlöcher, durch die man sich zur Augenzeugin des in ihrem Schutz Vorgehenden machen kann. Aber Wedel mußte zwei geschlagene Stunden warten, bevor er draußen einen Mann sich entfernen hörte, mit dem wohlbekannten Wandererschritt, und noch länger, bevor die Spionin bei ihm einschlüpfte und ihm flüstern konnte, was sie gesehen hatte: nichts. So gut wie nichts. Eigentlich nicht der Rede wert, bis auf eine Einzelheit, die sie – auf peinliche Befragung – errötend nachlieferte.

Ein Misel war sie wahrlich nicht, die Frau Stallmeisterin.

Von diesem Wort muß man wissen, daß es – für Weimarer Gespräche unter Männern – eine hohe Exklusivität besaß. Eigentlich durften es nur der Graf und Weber in den Mund nehmen. An diesen elsässischen «Mäuschen» hängt das Parfum französischer *Désinvolture,* zugleich die Unschuld des Hirtenkindes, die man ihm nicht geraubt haben will, wenn man sie ihm abgewinnt. Man will's decken, das süße Lamm, aber die rechte Lust verlangt ihrerseits die Deckung einer großen Erzählung, am liebsten einer mythologischen, und vom Entgegenkommen des Misel die Miene holder Verschämtheit. (Hold will sagen: «geneigt», wie in «Halde» oder den «holden Schwänen» mit ihrem sich neigenden Hals.) Carl Augusts erotische Souveränität ist ein Grund *mehr,* warum er in Goethes Tagebuch unter dem Zeichen Jupiters erscheint, auch wenn er für einen höchsten Gott noch reichlich jung ist – wenigstens *spielen* muß er ihn können, und zu einer kostspieligen Tragödie darf es nicht kommen. Ein Tripper geht in den Kauf, mit dem Carl August, gerade aus Paris zurück, ausgerechnet zu seiner Verlobung mit Louise angetreten war. Aber noch tauscht er sich mit Goethe nicht über Sexualia aus – das bleibt der Zeit vorbehalten, wo er sicher sein kann, daß der Freund auch selbst weiß, wovon er spricht, und dazu bedurfte er der Nächte Italiens. Danach erst rühren sie auch unverblümt an Dinge, vor denen sich ein Mann wirklich zu hüten hat – wg. Hygiene und Prävention.

Um so strenger bleiben die Grenzen, die eine Dame beachten muß – jedenfalls, was ihren Ruf betrifft. Auch wenn sie als Verheiratete von ihrer Verletzung anderes zu befürchten hat als eine Ledige: In der Furcht des Herrn muß sie immer leben, und die will gepflegt sein, denn sie kommt, als zarte Garantie, einer vorteilhaften Heirat zugute, aber nicht minder einer glücklichen Ehe. Darin haftet die Frau auch für das Glück des Mannes und stellt dafür das eigene zurück. Gerade bei einer fürstlichen Ehe, auch wenn sie in allen Fugen ächzt, sorgt die Frau dafür, daß ihre Schauseite ohne sichtbare Risse bleibt; mag hinter der Fassade geschehen, was will, das heißt, was der Mann, gewollt oder ungewollt, nicht entbehren kann. Selbst wenn es der Frau nicht mehr gelingt, ihn über sein Männerschicksal zu trösten; selbst wenn er es gar müde werden sollte, sich von ihr trösten zu lassen – daß sie sich selbst anders tröstet, ist nicht vorgesehen, es wäre unwürdig und würde auch von Verständnisvollen so und nicht anders vermerkt. Was die Fassade betrifft, bleibt sie die Verbündete ihres Mannes, denn sie muß wissen, daß auch er mit dieser Fassade steht und fällt. Er kann gründlich fallen, zuerst in der Achtung seiner Untertanen, am Ende gar von der Macht. In diesem Fall könnte er nicht einmal mehr eine Ehefrau standesgemäß versorgen, und wäre sie ihm noch so treu gewesen.

Nach dem Bilde   Aber nun endlich heraus damit: Was hat die Kätter, hinter der Tür des Steinschen Salons, nun *wirklich* belauscht?

Nun also: Der Herr Rat war eingetreten und hatte sich vor

der Dame verbeugt, die von ihrem Sekretär aufgestanden war, um ihm die Hand zum Kuß zu reichen. Dann hatte sie sich wieder gesetzt und das Buch – wahrhaftig, die Bibel! – an einer bestimmten Stelle aufgeschlagen, um sich in das Bild vor ihren Augen zu vertiefen; *welches,* hatte Kätter nicht zu erkennen vermocht. Dann aber war der Herr Rat ans Fenster getreten, hatte ihm den Rücken gedreht und – nach längerem Schweigen – zu erzählen begonnen, und zwar eine Geschichte, die Kätter auch schon gehört hatte – lesen kann sie nicht, doch zur Predigt geht sie regelmäßig –, aber *so* noch nie.

Es war die Geschichte des Knaben Joseph im Hause Potiphars, des Obersten der Leibwache, und der Herr Rat beschrieb mit bewegter Stimme alle Pflichten, die Joseph darin versehen hatte, zu denen auch diejenige des Garderobiers gehörte. Kätter verschluckte sich an dem fremden Wort, aber es war ihr klar, daß es um Kleider ging. Und siehe, es waren gerade die Kleider, die der Herr Rat und die Frau Stallmeisterin selbst anhatten; Kätter hatte ihr gerade hineingeholfen. Und dieser Kleider, siehe, begannen sich diese Personen nun zu entledigen, Stück für Stück, mit zärtlicher Sorgfalt, die die Stimme des Rats beben ließ.

Aber *nur* in dieser Stimme entkleideten sie sich, die wirklichen Personen blieben vollkommen angezogen an ihrem Platz, und die Augen der Dame hafteten unverwandt auf dem Bild. Allerdings begannen, als der Herr sprach, ihre Hände unter diesen Tisch zu sinken und machten sich im verborgenen zu schaffen. Kätter, sie allein, konnte wissen, daß die Dame unter dem Kleid durchaus nichts anhatte, es sei im Haus ohnehin zu warm, und Kätter hatte sich, wie natürlich, das Ihre dazu gedacht. Aber die Dame saß so still, wie der Mann immer noch stand, nur jetzt vielleicht nicht mehr *ganz* still.

Und während er mit bewegter Stimme immerzu fortschritt,

erst zur Entkleidung der Frau Potiphar, dann zu seiner eigenen,
hatte die Stallmeisterin leise zu seufzen begonnen, schließlich
immer hörbarer, und ihr Leib, hinter dem Tisch, begann dabei
zu rücken und zu rucken – das waren Wedels Worte. Er mußte
gestehen, daß die Erzählung, schlicht, aber plastisch, wie sie
war, ihm die gebotene Aufmerksamkeit verdarb – und sie zugleich verstärkte. Er spürte an sich selbst geschehen, was sie
schilderte, bis er schließlich nicht mehr an sich halten konnte
und die Erzählerin auf seinen Schoß zog und das, was ihm zu-
gewachsen war, in ihren versenkte, der ihm nicht ganz unwillig
entgegenkam. Damit war es ums Erzählen geschehen, und sie
blieben eine geraume Zeit nur miteinander beschäftigt. Als sie
die Kleider notdürftig wieder geordnet hatten, wollte Wedel
gefragt haben: War es unten auch so? Grade so? Haben sie die
Ehe gebrochen?, jedoch schüttelte Kätter nur das Köpfchen mit
dem aufgelösten Haar. Nein, ach nein! stieß sie hervor. – Sondern was? Was denn sonst?

Und so fuhr sie denn fort und sprach aus, was sie gesehen
hatte: Die Dame saß immer noch still, nur ihre Hände arbeite-
ten unter dem Tisch, bis der Herr Rat innig sagte: Ich habe seine
Stärke gesehen! Da hob sie die Augen, richtete sie geradewegs in
die seinen, im gleichen Augenblick schienen sie beiden brechen
zu wollen; und bald darauf sanken sie in sich zusammen und
rührten sich nicht mehr. Aber – nun kam es doch heraus! – die
Spionin hatte auch *seine* Hose gewölbt gesehen, als wolle sie das
Tuch sprengen. Dann aber sänftigte sich der Buckel, während
die Dame, ihrerseits beruhigt, die Hände wieder hervornahm
und das Buch auf dem Tisch schloß.

Wedel aber, von der Schilderung neuerdings hochaufge-
bracht, konnte nun seinerseits nicht ruhen, bis er seinen Stumpf
abermals in der gottgeschaffenen Lücke untergebracht hatte. Er
fühlte sich allmächtig werden wie Jupiter und meinte die ganze

Welt befruchten zu können. – War das alles? fragte er schließlich, als der Anfall vorüber war, um Gottes willen, Kätter! War das schon alles? – Ja, bestätigte das gute Kind, nach einer Weile habe der Herr Rat das Fenster verlassen, auch die Frau sei aufgestanden und habe ihm wieder die Hand zum Kuß gereicht. Danach hätten sie ganz gewöhnlich weitergeredet. Worüber denn? Von Geschäften des Herrn Rat, die im Geheimen Consilium anstanden, über Verbesserung von Straßen, deren Zustand die Frau Stallmeisterin erbärmlich genannt hatte. Danach empfahlen sich der Herr Rat.

Zur rechten Zeit, sagte der Graf, dem die Pfeife ausgegangen war, ich höre Schritte vor der Tür.

Aber Weber war es nicht. Er blieb in Sesenheim über Nacht.

Kein Wort   wurde über sein Außenbleiben verloren,

als er am Sonntagmorgen früh, anscheinend überglücklich und keineswegs übernächtigt, wieder zu den Freunden stieß und gleich wieder zum Aufbruch drängte: *Es schlug mein Herz, geschwind zu Pferde!* Er wollte nach Straßburg weiter und schon zu Mittag bei seiner nächsten Liebe sein: keiner anderen als der Verlobten von einst, vor welcher er auf seine erste Schweizer Reise geflohen war und die ihm nun in glücklich veränderten Umständen wiederbegegnete. Der *Grasaff* war jetzt Bankiersgattin, eine verheiratete von Türckheim, er fand sie beschäftigt mit einer *Puppe von sieben Wochen*. Beschäftigt, darum abwesend war auch der *brave, vernünftige* Ehemann, dennoch blieb Weber nicht über Nacht, sondern nur zu Tische, kam aber auch diesmal hochbefriedigt zurück und rechtzeitig, um mit dem Grafen in der Thomaskirche ein Grab zu besuchen, keines Geringeren als des Moritz von Sachsen, der hochberühmten Kriegsgurgel und *Maréchal de France*, der sich rühmte, in seinem Leben nie eine Schlacht verloren zu haben. Danach kletterte Weber auf die Spitze des Münsters, wo er sich schon in jüngeren Jahren das Schwindeln abgewöhnt hatte. Unterdessen hatte Wedel nicht nur Theaterkarten besorgt, sondern sich auch beim leitenden Sopran Knall auf Fall so trefflich eingeführt, daß er mit der Dame nach Schluß der Vorstellung («L'Infante de Zamora») privatim verabredet war. Und siehe da: Nun zog es auch Weber noch einmal zu seiner Lili, verheirateten Türckheim, während der Graf alleine im «Raben» sitzen blieb, um seiner Frau Louise den nötigen Brief zu schreiben und die Rückkehr der Freunde abzuwarten. Zwei Misel hatten sein Bett gerichtet, und die artigere war mit einem Krug Wasser wiedergekommen und hatte in breitem Elsässerdeutsch gefragt, ob der Herr noch einen Wunsch habe. Offensichtlich war sie bereit, ihm Gesellschaft zu leisten, aber er hatte sich für befriedigt erklärt.

Das war nicht die Wahrheit, aber eine Tändelei hätte seinem ernsten Vorsatz widersprochen. Er war nicht Motz, der keinen Finger gerührt hatte, als Frau Stein ihre Kätter mit Schimpf und Schande davongejagt hatte, nachdem diese schwanger geworden war – «krebskrällig», um Webers merkwürdige Redensart zu gebrauchen. Wedel wußte zuverlässig, daß er bei Kätter «nicht der einzige» gewesen war, und ließ sich nicht für dumm verkaufen. Das Kind war bei der Geburt gestorben, also hatte auch Gott sein Leben nicht gewollt und ihm dafür seine Unschuld erhalten. Flott rein, fein raus. Das war der schöne Wedel.

Im Rabenhof   Carl August schreibt seiner Frau Louise, denn man schreibt seiner Frau; auch als Fürst. Gerade

als Fürst, und man schreibt persönlich. Wozu wäre man sonst ein Vorbild.

Aber wie ist man ein Vorbild für sich selbst? Und wie schreibt man Louise persönlich?

Er ist allein in seinen zwei Zimmern im «Raben», bei offenem Fenster, denn die Nacht ist warm, so spät im September; der Vollmond steht über dem Innenhof des mächtigen Gasthauses, durch dessen verschattete Lauben das Fachwerk blickt, und aus den ebenerdigen Ställen hört er das Scharren und Stampfen der Pferde; es ist, in der hellen Finsternis, der einzige Laut. Die Diener haben sich längst zurückgezogen, man will morgen früh auf sein. Aber Weber ist noch einmal zu seiner Verlobten von einst, Wedel verweilt sich bei einer ganz neuen Bekanntschaft, und wie man ihn kennt, bis in die Morgenstunden. Der Graf sitzt im Schlafrock allein an seinem Sekretär, die Feder ist gespitzt, das Licht geschneuzt, dabei könnte er fast bei Mondlicht schreiben, aber das Blatt ist immer noch leer, bis auf einen Satz:

Liebste Louise, wir sind ein wenig von unserem Wege abgekommen.

Das wichtigste Wort hat er hinter sich: *Liebste*. Wie immer, wenn er ihr schreibt, hat er ihren Schattenriß vorgenommen. Er zeigt sie in ganzer Gestalt von der Seite, im breiten gebänderten Hut, mit feiner Nasenlinie und spitzem Mündchen, unter dem das starke Kinn diskret zurückgenommen ist; die Schnürbrust, mit einem Hauch von Spitze drauf, ist hochgewölbt, die Robe hinten vom Reifrock geplustert, während sie vorn fast senkrecht zu den winzig gestiefelten Füßen fällt und hinten als Schleppe den Boden berührt. Die Arme, mit denen die gerade aufgerichtete Figur an sich hält, sind unsichtbar, bis auf die gebauschten Manschetten und die Ahnung eines geballten Händchens, von dem ein gestielter Klöppel hängt wie eine lahme Wünschelrute.

Das auffällige Accessoire, weder Pompadour noch Ridikül, kann er nicht identifizieren, es sieht aus, als wär's aus einer Glocke ausgewandert oder das hängende Glied eines Hengstes. Eigentlich mag er die Gestalt, zugleich rührt sie ihn sehr, er wünscht sich, daß er ihr mehr zu sagen hätte, aber es kommt einfach nicht dazu. Er ist jedesmal froh, wenn er die Finesse, zu der sie berechtigt ist, wieder einmal geschafft hat, Zärtlichkeit im Umgang mit ihr steht ihm nicht, er muß froh sein, daß die Wünschelrute steht, wenn die Arbeit im Schlafzimmer angesagt ist, das er zweimal wöchentlich besucht, als wäre er ein Arzt. Er weiß, daß sie Gier nicht mag, und muß doch Gott danken, wenn sie sich trotzdem einstellt, sie muß ja nicht wissen, daß er an eine andere denken muß, um sich wie ein Tier aufzuführen oder was sie dafür hält. Er fürchtet, daß sie es besser und schlimmer weiß: Er tut nur seine Pflicht. Und wenn sie brav ausgeseufzt hat und ihn einen Augenblick länger als nötig in den Armen hält, statt nur *an sich zu halten*, glaubt er im Ausdruck ihres Körpers etwas wie Nähe zu bemerken. Es ist nicht Dankbarkeit, sondern Rührung. Das beschämt ihn, aber es tut ihm auch wohl. Er kann ihr Gesicht nicht sehen, er spürt nur; sie ist nicht sein Feind. Er weiß es doch selbst gut genug: eine Frau wie Louise liebt man, man bespringt sie nicht, darum tun sie's immer ohne Gesicht, in tiefem Dunkel, Louise will nur wissen, ob er's auch wirklich ist, dann löscht sie das Licht.

Sie haben einander nie nackt gesehen.

Dabei kann er Frauen gar nicht nackt genug sehen. Er ist ein rechter Augenwilderer, bekommt vom Streicheln und Saugen nicht genug und muß immer auch sehen, was er macht, dann kann er gar nicht mehr aufhören. Dann wird er ein toller Vogel, kann stundenlang flattern, und immer wieder. Aber er muß *sehen*. Er fühlt jeden Hauch von Lüge in einem Frauengesicht. Dann stößt er zu oder schmeichelt, je nachdem, mit Hand und

Mund, bis es weg ist. Er will die blanke Lust, die ungelogene Selbstvergessenheit einer Frau, aber das alles muß er sehen, bis er's glaubt. Nacktheit genügt ihm nicht, die kann er überall haben, denn einem Herzog sagt eine Frau nicht nein, aber dann ruht er nicht, bis er auch die Seele nackt gemacht hat, das Ja, ja ehrlich ist, weil's nicht mehr unterdrückt wird durch Scham, Scheu, Anstand: Das alles muß weg, dann kommt er nach und ist einen Augenblick selig, die Frau mag sein und glauben, was sie will: er hat *gesehen*; dann kann er kommen. Und auch wieder gehen.

Inzwischen kann er das.

Am schärfsten machen ihn Schauspielerinnen. Die will er ohne Rollen, blank. Wie gut, daß alle Frauen ein wenig Schauspielerinnen sind, er ist auch mit wenig zufrieden, dann tut er sein Bestes, so lange, bis er spürt: Es ist gut genug. Nur bei Louise ist er ein Tier und spürt jedesmal: Selbst wenn ich ein Mensch sein dürfte, der wäre ihr nie gut genug.

Louise ist immer schon blank und bleibt es, da kann er machen, was er will. Aber zweimal in der Woche kommt er, tut, was er muß, und denkt dabei an diese oder jene, es muß gar keine Schauspielerin sein. Nur Ja muß sie sagen können, Ja sein, und wär's nur für einen Augenblick. Louise kann es nur am Altar und in Gesellschaft, sie ist ein guter Mensch, zu jedem Kind sagt sie gerne ja. Er muß ihr ein Kind machen, das weiß er, und dann noch eins oder zwei, damit die Dynastie weitergeht, das schaffen sie miteinander. Wenn sie wüßte. Muß man es ein Glück nennen, daß sie nichts weiß? Oder ist es noch schlimmer: Sie weiß alles und sagt nichts, nicht einmal nein?

Wo ist das junge Mädchen geblieben, das Wieland ein Osterei in der Perücke versteckt hat? Nach diesem Mädchen sucht er in ihrem Leib, aber es ist verlorengegangen.

Herr Gott, wie wünscht er seiner Louise, sie wäre einmal

glücklich – und wenn es mit Lavater wäre! Einen Augenblick lang muß er grinsen. Wenn sie ihn hier sitzen sähe, allein, ausgerechnet ihn, während Wedel eine Sängerin vögelt und Weber bei einer alten Liebe turtelt – wenn er das nicht tut, was sonst?

Wenn Louise wüßte: Dürfte er das Papier so leer lassen, wie es ist, dürfte er es auch leer senden, und alles wäre gesagt: dann könnten sie miteinander die glücklichsten Menschen sein.

Statt dessen muß er ihr einen Brief schreiben, der anfängt: Liebste Louise, wir sind ein wenig von unserem Weg abgekommen. Der Satz ist schon falsch, was heißt er überhaupt? Und das soll er jetzt nicht nur herausfinden, sondern auch noch aufschreiben und dafür sorgen, daß sie es bekommt. Wozu? Er schreibt nur, damit sie den Brief vermissen würde, wenn er ungeschrieben geblieben wäre. Mag drin stehen, was will, aber mit «Liebste Louise» muß es anfangen.

Ja, was war denn: eine Krappfabrik in Bungstedt. Die Trümmer des Heidelberger Schlosses. Schwetzingen, Rheinübergang, Speyer, der Dom, Goethe zeichnet immer. Drusenheim. Und jetzt also Straßburg.

Schlapphut   Der Graf war immer noch nicht über

die Anrede hinausgekommen, als er einen einzelnen Mann im Hof stehen sah. Er trug einen Schlapphut, hatte den Kopf ab- und zum Himmel gekehrt, aber die Haltung war unverkennbar, leicht vorgebeugt, schlacksig, der staksende Kranich, mit Innehalten beschäftigt. *Weber*. In diesem Augenblick schlug es zwölf vom nahen Münsterturm. Schon zurück von seiner Lili, immer noch keine Frau berührt, in die Betrachtung des Mondes versunken. Nun aber setzte er sich auf die Bank vor den Ställen, zog ein Büchlein aus der Tasche, an dem ein Bleistift haftete, und begann zu schreiben.

Weber beim Schreiben zu belauschen, im Mondschein, war nichts Geringes, der Stift schien zu fliegen, und der Graf unterließ jede Bewegung; als hätte ihn der Dichter ebenso gut sehen können wie er ihn. Und siehe da: Als das Papier beschrieben und wieder in der Tasche versorgt war, hob Weber den Kopf, nahm den Hut ab und winkte zu ihm herauf. Das Licht auf dem Sekretär des Grafen war das einzige, das im Haus brannte; aber wie konnte er *ihn* gesehen haben? Jedenfalls trat er ans Fenster und winkte zögernd zurück.

Kommen Sie hinaus in den Mond? fragte Weber nicht laut, aber vernehmlich.

Der Graf, immer noch im Schlafrock, nahm das Licht in die Hand und leuchtete sich die Treppe hinunter in den Hof. Als er sich der Bank näherte, stand Weber auf.

Ich bitte dich, bleib doch bequem.

Wenn Sie belieben, das Licht zu löschen, erwiderte Weber, Luna erträgt keine Nebenbuhlerin.

Der Graf gehorchte, sie setzten sich und betrachteten den Mond wortlos eine lange Weile. Der Hof lag in einem andern Tag, das kunstvolle Fachwerk wirkte wie gezeichnet, nur in den Nischen lagerte das Dunkel tiefer als sonst.

Ich bin über die Brücke gekommen, sagte Weber. – Die Schintbrücke, auf der bis vor kurzem Übeltäter ins Wasser der Ill gelassen wurden. Da hätte ich auch hinuntergehört.

Freund! rief der Graf.

Ich habe viel auf dem Gewissen, sagte Weber. – Die Christel könnte noch am Leben sein, hätt ich nur das närrische Buch nicht geschrieben.

Bitte! entgegnete der Graf. – Wenn eine mit dem Leben nicht fertig wird – da braucht sie keinen «Werther» dazu!

Umgekehrt wird ein Schuh draus. Weil *ich* mit dem Leben nicht fertig werde, schreibe ich so ein Buch. Da wird man berühmt, und arme Seelen zahlen dafür.

Du redest Unfug.

Ich habe noch andere totgemacht. Meinen Bruder. Hermann Jakob hieß er und wurde nur sechs Jahr. Ich war zehn und gar nicht traurig. Warum nicht? fragte die Mutter. – Weil er gar nicht *gelernt* hat! gebe ich zurück und hole eine Beige Papier unter meinem Bett hervor. Da standen alle Punkte drauf, die ich ihm hatte eintrichtern wollen. Ich war ein rechter Tyrann und habe das Kind zu Tode geschulmeistert. Es soll nicht wieder vorkommen.

Du bist im mindesten kein Schulmeister, sagte der Graf.

Ja, der ist hoffentlich verlorengegangen, du bist so schon tüchtig genug.

Und du wirkst Wunder, sonst säßen wir hier nicht beisammen. Es muß nicht sein, daß du dir Vorwürfe machst.

Das tu ich auch gar nicht, da geht mir was ab. Ich bin kein guter Mensch, sonst könnt ich nicht so glücklich sein.

Glücklich? fragte der Graf jetzt doch überrascht.

Was hat mir das Glück erspart! sagte er. – Es hätt alles anders gehen können, vielleicht müssen, mit Friederike, mit Lili, wenn ich ein Gewissen hätt. Ich kann mir keins machen, das ist ein Wunder, denn eigentlich bin ich ein Pedant, wie mein Vater. Aber mit dem Gewissen bin ich keiner, ich laß den Bruder gestorben sein und die Christel auch. Das gehört doch gestraft.

Er verzog den Mund.

Damals bot mir der Grasaff an, nach Amerika auszuwandern, wenn Frankfurt für unser Glück nicht groß genug wär. Amerika, da hätten wir's gefunden! Ich hätte Holz gehauen für unser Blockhaus, und sie hätte darin Soirees für Trapper und Lederstrümpfe gegeben, bis uns die Irokesen das Dach überm

Kopf angezündet und die Haut davon abgezogen hätten. Statt dessen bin ich Minister in Weimar und der Grasaff eine Frau Bankier. Was haben wir ein Glück gehabt, daß aus uns nichts geworden ist.

Der Graf schwieg.

Ich will nicht mehr fort, sagte Weber, nur einmal noch in die Schweiz, um zu wissen, daß ich's darf.

Wer sollt es dir verbieten?

Die Götter, sagte Weber.

Sie betrachteten den Mond.

Weißt du, sagte Weber und duzte den Grafen schon zum zweiten Mal, ich habe in der Ill den Tod gesehen, und der war auch schön, wie die Wellen im Mondlicht.

Entfernt Weber erschien spät, *in schönem Mondschein*, Wedel aber erst zum Frühstück. Nun konnte er über Misel mitreden, aber beschränkte sich auf einen Schwur, den er dem Sopran geleistet hatte: Um auf der Höhe ihrer Singstimme zu sein, würde er sich auch kastrieren lassen! Woraus jedermann, *e contrario*, sich selbst reimen konnte, wie prächtig es diese Nacht um seine Manneskraft bestellt gewesen war.

Dennoch zeigte er keine Müdigkeit, als man über den Rhein ritt, nach Emmendingen, wo Weber eine Schwester zu betrauern hatte. Glücklicherweise hatte der untröstliche Witwer die Lücke eiligst mit einer neuen Ehefrau gefüllt, die – wie Wedel dem Grafen flüstern konnte – als «Tante» ebenfalls Webers «engerem Bekanntenkreis» zuzurechnen war und mit ihm eine leidenschaftliche Korrespondenz unterhalten hatte. Jetzt stritten die beiden wenigstens über einen schriftstellernden Freund weiter, dem Weber eine miserable Kopie seines «Werther» übelnahm. Das gemeinsame Erlebnis eines Sonnenuntergangs brachte alles wieder auf die Reihe, so daß Weber seiner Stallmeisterin schreiben konnte: *Meine* entfernten *Freunde und ihr Schicksal liegen nun vor mir wie ein Land in dessen Gegenden man von einem hohen Berg oder im Vogelflug sieht.*

Die *Entfernten* stehen kursiv. Sie bleiben zurück, die Entfernung macht sie kleiner. Weber geht, muß gar nicht mehr befehlen: Alles zurück! Aber so ist's gemeint.

Lesereise   Ich war noch nie in Wetzlar. Das fiel mir

aufs Gewissen, als ich die Stadt auf dem Umsteigebahnhof angezeigt fand, unterwegs nach Marburg, zu einer Matinee. Dafür mußte ich dort übernachten, doch es war erst Samstagnachmittag, also entschloß ich mich kurz, in den Regionalzug nach Wetzlar zu steigen: die Stadt von Goethes Praktikum am Reichskammergericht, der Schauplatz von Werthers Leidenschaft, der Sterbeort Karl Wilhelm Jerusalems, eines Vorbilds seines Suizids. Die Museen würden geschlossen sein; um so besser.

Schon am Bahnhof springen die Anzeigen optischer Industrie ins Auge; das Taxi fuhr mich über die Lahn und durch die Altstadt zum «Lottehaus» Charlotte Buffs, deren Vater Verwalter des Deutschordenshauses gewesen war. Die Tür des Museums war zu, aber diejenige zum Riegelbau, den ich suchte, stand offen. Als ich schon eingetreten war, gab sich eine Dame als Aufsicht zu erkennen und machte auf das Fotografierverbot aufmerksam, und so prägte ich mir die zeitgerecht möblierten Räume im Oberstock ein, so gut es ging, und die Dame, allmählich von meiner Harmlosigkeit überzeugt, ließ mich frei laufen.

Nach einem Spaziergang durch die Altstadt mit ihrem malerischen Fachwerk – das Todeshaus Jerusalems ist besonders gut erhalten – ließ ich mich von einem Taxi über Land fahren, nach Volpershausen, wo das Jagdhaus, wieder ein stattlicher Riegelbau, erneut an Werthers Lotte erinnerte. Hier hatten sie getanzt, aber auch der Ballsaal war nach Feierabend nicht mehr zugänglich. Der Fahrer, ein Marokkaner, berichtete von der gelungenen Integration seiner Kolonie, die sich als ehrenamtliche Abfallsammel-Kolonne mit Einheimischen zusammen nützlich mache.

Das Reichskammergericht zeigte eine überraschend intime, rot verputzte Fassade, hinter der die bürgerlichen Jungadvokaten Goethe, Jerusalem und Kestner denn also einem Geschäft nachgegangen waren, das wenigstens für die ersten zwei so viel zu wünschen übrigließ. Auch «Emilia Galotti», welche die Selbstmörder, der reale wie der literarische, vor ihrem Tod aufgeschlagen hatten, enthielt ein Gericht über die ständische Gesellschaft, wobei sich der Verfasser, Lessing, hinterher gegen die Disqualifikation seines Freundes Jerusalem verwahrte. Dieser Freitod sei nicht die Tat eines Phantasten, sondern eines verzweifelten Aufklärers gewesen. Sein Vater, der »Abt Jerusalem», ein freisinniger Theologe, hatte am Hof von Braunschweig zum Rechten gesehen wie Möser in seinem Osnabrück, woher beide gebürtig waren. Die Leidenschaft zu einer schon vergebenen Frau ließ sich zwar in beiden Fällen nicht leugnen, aber beim wahren Selbstmörder hatte sie nicht, wie beim erdichteten, als Panthersprung auf den Buchmarkt gedient. Jerusalem hatte Goethe schon in Leipzig nicht gemocht; er war der Täuberich nicht, der von den Lippen der Geliebten Brosamen pickte und in den Kindern, die sie fütterte, nur seine eigene Gefühle liebte.

Den Ernst, den Lessing dem «Werther» absprach, hat «Weber» an der Furka nachgeholt. Als Versucher seines Fürsten und seiner selbst hat er, in Gottes Namen, den Teufel herausgefordert, der am Gotthard schon einmal als Brückenbauer tätig gewesen war. Nur fehlte ein betendes Mütterchen, um, wie in der Sage, dem Rachewerk des betrogenen Betrügers Halt zu gebieten. Dennoch war, gerufen oder nicht, ein Gott zur Stelle, um den Reisenden über den Berg zu helfen. Goethe alias Weber durfte in ihm sogar den Gott seiner Väter erkennen. Das Gebet, das ihm aus dem «Sack» half, war – wie im Wallis nicht anders möglich – katholisch und dennoch wirksam: Es war seine eigene Rührung, die ihm aus dem Tal der Tränen half.

Der Spender dieser Gabe hieß Alexis, und von ihm wird noch zu reden sein. Denn er lieferte das «Rettungsmittel», von dem Goethe einmal sagen würde, es gebe kein anderes als die Liebe. Das ist ein zurückgespiegeltes Schiller-Zitat, mit typisch Goethescher Brechung; denn für die Schweizer Reise paßt «Rettung» besser als «Freiheit». In Lebens- und Todesgefahr gibt es für einen Menschen, der immer noch leben lernen muß, keine Freiheit als die Rettung. Wie die Liebe daran mitwirkt, bleibt ihre Sache, und Weber sollte sie in Gestalt eines Heiligen begegnen, über den er nur weinen konnte – oder Tränen lachen.

Das Café Vetter   in Marbach hat einen aparten

Standort. Man betritt es von der steilen Gasse her ebenerdig, aber wenn man durch den Jugendstilsaal hindurchgegangen ist, findet man sich auf starker Höhe, am Rand des Absturzes ins Tal der Lahn, über die sich die Stadt erhebt wie eine vielgestaltige Burg. Man sitzt auf einem Lugisland, und durch die Fenster scheint der Himmel.

Er war schon dunkel, das letzte Mal, als ich hier las, in den

achziger Jahren. Ich sollte mit Hermann Burger zusammen auftreten, den das Publikum lange vergeblich erwartete. Mein Vor-
trag war schon vorbei, als er, begleitet von seiner Leibärztin,
endlich hereinstürmte, aber mit einer großen Erzählung. Er war
direkt aus Konstanz angerauscht, ohne Zwischenhalt, im Fer-
rarri, fünfhundert Kilometer in kaum drei Stunden, leider doch
nicht schnell genug.

Bevor er las, mußte noch gezaubert sein. Er hatte sein magi-
sches Instrumentarium mitgebracht, man sah seine Tricks mit
Staunen, obwohl ihm keiner gelang oder ebendarum: Dafür sah
man den Zauberer selbst, wie er war: ein Pechvogel. Um so
glänzender war das Stück, das er aus seiner «Künstlichen Mutter» las, in welcher der Gotthard zum versteinerten Schoß einer
Totgeburt wird. Da muß die Sprache sich von Leben überschlagen – *nur* die Sprache tut es noch. Am nächsten Tag ließ er sich
nicht nehmen, uns den Ferrari als Mehrzweckwaffe vorzuführen, mit der sich auch über die Geländestufen des bergigen Marburg hoppeln ließ. Der Bolide wurde zum Instrument einer pa-
radoxen Therapie erklärt. Als Erfüllung eines Kinderwunsches
war er kostspielig, doch immer noch besser als der Tod – aber
allzeit bereit, diesen mit Eklat herbeizuführen. Unvergeßlich das
Gesicht, das seine ärztliche Freundin zu diesem Bergrennen
durch die Fahrverbote Marburgs machte. Sie war zugleich Muse
und Geisel von Burgers halsbrecherischer Wette.

Daß auch er zum Selbstmord unterwegs war, hielt er auf die
ihm eigene Weise geheim: durch Veröffentlichung. Die *reale*
Möglichkeit schien er durch einen «Tractatus logico-suicidalis»
gebannt zu haben; worüber man so penibel schreiben kann, das
braucht man nicht auch noch auszuführen. Aber das «Werther»-
Beispiel trog. Vielmehr hätte man durch dasjenige Yukio Mishimas gewarnt sein können, der seinen Selbstmord fürs Fernsehen
inszeniert hatte, bevor er ihn – der *Décadent* als Samurai – vor

den Augen einer bestürzten Öffentlichkeit wirklich vollzog: in der Kaserne von Ichigaya, unter Fesselung eines Generals an seinen Stuhl. Der sollte erfahren, wie ein *Mann* zu sterben verstand. Es war ein *Seppuku* nach allen Regeln der Kunst, gemeint als Demonstration gegen ein entmanntes, kulturell entleertes, pflichtvergessenes Japan. Nach dem Stich in den Bauch wird die Klinge quer durch denselben gezogen, und erst wenn sich die gute Haltung gar nicht mehr wahren läßt, darf der mit gezogenem Schwert wartende Freund den Kopf abschlagen. Dieser führte den Streich ungeschickt und ersparte damit wenigstens dem Hintermann die Not, ihn, wie die Regel verlangt, seinerseits zu köpfen.

Es gibt keine Ästhetik der Welt, die ein solches Blutbad angemessen zu würdigen vermag. Der schaurige Akt erntete nur Verlegenheit und hat wohl gerade so die Diagnose Mishimas bestätigt. Zu kümmern brauchte sie ihn nicht mehr.

Burgers Tod aber demonstrierte noch einmal seine Kunst, Verzweiflung mit Inthronisation zu verbinden. Vieles deutet darauf, daß der Entfesselungskünstler (nach seinem Abgott Houdini) einer selbstgeschaffenen Verwicklung *zuviel* zum Opfer gefallen ist. Er wurde an diesem Abend, seinem letzten, von einer illustren Gesellschaft erwartet; sie mußte ihn vermissen, wenn er ausblieb. Soweit war das Risiko, das er mit einer Überdosis Schlafmittel einging, kalkuliert. Aber nun geschah das Unerträgliche: Seine Abwesenheit blieb unbemerkt, kein Bundesrat fragte ihm rechtzeitig nach, um sein Leben zu retten, und damit war es verspielt. «Das Verbrechen der Bündner Juristin an einem Kaufmannssohn»: mit diesem Moritaten-Titel hatte er das Elend seiner Scheidung, die Trennung von seinen Kindern in der «Weltwoche» plakatiert. Nun hatte er eine Maske zuviel vorgenommen und war an ihr *wirklich* erstickt, frei nach Heine: «Ich hab mit dem Tod in der eigenen Brust / Den sterbenden Fechter gespielet.»

Im Schauderhaft-Triumphalen seines Abgangs kann man die Kunst nicht übersehen. Er ist ein Schriftsteller, auch wenn seine Botschaft kindlich ist, *weil* sie es ist. «Du bist selber schuld, wenn mir die Hände abfrieren, warum kaufst du mir keine Handschuhe.» Ohne das richtige Label hätte er es auch bei *fehlenden* Handschuhen nicht getan. Aber mich rechnete er ebenfalls zu seinen Schuldigern. Ich besetzte eine Stelle an der ETH, die ihm gebührt hätte.

Theorie und Praxis   Werthers Herz ist mit einem Eklat gebrochen – dasjenige seines Verfassers blieb stark genug, die Furka zu überwinden. «Nur das Herz, es ist von Dauer.»

Dafür aber muß eine andere Zeitrechnung her. Ihre physikalische Grundlage fand ich in einem Buch, das ich auf der Rückfahrt von Marburg im Bahnhof Frankfurt gekauft hatte: «Quantenlehre in 30 Sekunden.» Ich brauchte über zwei Stunden, um sie noch immer nicht zu verstehen, aber mit dem anhaltenden Gefühl von Offenbarung: wie ein Anfänger auf Schlittschuhen, der eine Meisterin Pirouetten drehen sieht. Sie drückt aus, wie weit man auf dem Eis, der gemeinsamen Grundlage, kommen kann, und ihr Werkzeug dafür ist nicht viel anders als das eigene: nur daß sie es vollkommen beherrscht.

Im Gebrauch der Zeit bleibe ich ein Anfänger, der immerhin begriffen hat, daß nichts an ihr linear fortschreitet, daß sie – in poetischer Sprache – aus lauter Anfängen besteht. Das haben Kunst und Seele gemeinsam: *Wenn* sie leben, leben sie weder logisch noch chronologisch. Getrennte Zeiten vertragen sich mit räumlicher Einheit und umgekehrt; da tut es gut, die Spielregeln des Zeit-Raums neu und anders aufgeschlüsselt zu sehen als in der Schulphysik, die ich ebensowenig beherrscht habe. Welche Wohltat, schriftlich zu bekommen, daß auch sie mich nicht zu beherrschen braucht. Auch wenn ich nach ihren Regeln die Treppe hinuntergefallen bin; ich ticke nach anderen.

«30 Sekunden» sind zuwenig für ein neues Verständnis der Welt; aber Offenbarung ereignet sich jenseits der meßbaren Zeit. Und je weniger man von dieser zu erwarten hat, desto lieber sieht man den mit Raum und Zeit spielenden Pirouetten der Quantenphysiker zu. Auch sie kennen, gegen jede Statistik, die Singularität, finden, wie Goethe, Geschmack am einzelnen Fall. Und wenn er gegen Newtons zusammengesetztes Spektrum nicht recht behielt: Bei dem, was ihm als *Phänomen* aufging, handelte es sich um mehr als Recht: um die Berufung jeder menschlichen Tätigkeit, auch der wissenschaftlichen, zur *Liebe*.

Daß diese von Widersprüchen nicht zu trennen ist, darüber brauchte er keine Belehrung. Aber er ehrte sie auch, bis zu Tränen, in der heiligen Narretei des Alexis, die Carl August – wenn ihm das Wort schon zu Gebote gestanden hätte – neurotisch genannt hätte. Und auch dafür war Goethe imstande, den jungen Herrn, der Vernunft anzunehmen versuchte, zu lieben.

Nochmals Wedel
Er will immer noch Jungfrau sein, sagte Wedel, aber auf dieser Reise kriegen wir ihn noch ins Lotterbettchen, wetten?

Der Graf fühlte sich zu keiner Wette berechtigt. Er war ein zu gewöhnlicher Mann, was Frauen betraf. Weber aber ging scheinbar nichts über die Liebe, er liebte mit allen Organen, nur nicht demjenigen, mit dem man liebt. Herzhaft schmusen konnte man ihn nur mit Kindern sehen. Lasset die Kindlein zu mir kommen, pflegte er milde gotteslästerlich zu sagen, und sie kamen wahrhaftig, als wäre der sinnige und stürmische Weber ihresgleichen. Sie leuchteten, wenn er sie umfing und seine Männlein und Weiblein nannte. Keins seiner Kinderspiele, die nicht umfangend umfangen endeten, bis sich der ganze Haufen jauchzend auf dem Boden wälzte, zum gelinden Erschrecken der Mütter, die er dann mutwillig in die Umarmung hineinverwikkelte. Dann lief zum Schmusen mit den Kindern ein wenig Tändeln mit den Frauen mit.

Aber, so Wedel, erwachsene Frauen müßten ihm immer wie ein Trostpreis vorgekommen sein, ein zärtliches Pflichtstück, während er die wahre Kür mit den Kindern feierte, als großer Kindskopf unter vielen kleinen. Eigentlich suche er die Mütter überhaupt nur wegen der Kinder. Kinderreiche Frauen seien schon in Wetzlar sein Faible gewesen, ältere Schwestern, wie die Buff, nachmalige Kestner, waren ihm gar noch lieber. Je jünger ein Ding und je unbedarfter, desto weniger müsse er sich mit dem Geschlechtlichen plagen, und eigentlich sei ihm dieses ein rechter Graus. Wenn es sich nicht vermeiden lasse, einem springenden Hengst zuzusehen oder einer läufigen Hündin, so könne man etwas wie Entsetzen in seinen Augen bemerken, wenn er sie nicht geradezu abwende.

Dagegen sei das Führen von Stuten wohl gerade der Anschauungsunterricht, der den guten Stallmeister leite, wenn er pflichtschuldig über seine Ehefrau herfalle. Da sei es am Ende kein Wunder, daß ihr der genialische Tändler bequemer sei, denn jedenfalls hätte das Paar voneinander nichts zu fürchten. Im übrigen sei der Typ des Stallmeisters zum Kindermachen unentbehrlich, auch seiner Frau habe er ein gerüttelt Maß davon gemacht, die totgeborenen nicht gezählt. Und wenn man Wedel frage, so sei die Stallmeisterin Webern ebendieser Kinder

wegen unentbehrlich, da er sich zum Hüten ebenso wie zum
Herzen brauchen lasse und vor allem sich hüte, ihr weitere zu
machen. Da hatte sie nichts zu besorgen, nicht nur, weil die
Schwieger, ein umsichtiger Drache, auf Groß-Kochberg allge-
genwärtig sei. Eine Weile habe sie ihn gar vertrieben, er habe
seinen Besuch auf die Stadtwohnung beschränken müssen, aber
einem Geheimen Rat konnte sie nicht mehr gut die Tür weisen.
Dabei sei der einzige Exzeß, den sie ihm nachsagen könne, sein
Unfug mit Kindern, dafür sei ihm auch ein Sechsmeilen-Ritt
nicht zu viel, und wenn die Abendtollerei mit Gutenachtküssen
beendigt sei, verbringe er auch noch ein paar Nachtstunden bei
der Frau Mutter, und zwar mit gemeinsamer Lektüre, namentlich des Spinoza, dem alles eins sei, Gott und Natur, und alles
Liebe, aber nicht wie jedermann sie verstand. Man habe Weber
ein Junggesellen-Kämmerchen eingerichtet, in dem er die Nacht
allein zu Ende schwärmen könne.

Nun sei Fritz, das älteste der Stallmeisterkinder, über das
Trudel- und Pudelalter hinaus, inzwischen ein strammer Junge,
und da habe Weber seine Tollerei mäßigen müssen, aber nichts
dabei gefunden, das Söhnchen jede freie Stunde auszuführen,
ihm in Busch und Wald das Nötige, noch lieber Überflüssiges
beizubringen, so daß man Fritz häufiger in Goethes Gartenhaus
finde als bei seiner Mutter. Wenn ihr Liebhaber nicht Kuckuck
im Nest sei, so bleibe er doch ein rechter Eierdieb, auch wenn er
das Mühsame eines Männerhaushalts dann doch lieber seinem
Philipp überlasse. Es sei wohl überhaupt die Mutterstelle, die
der Blitzpage vertreten müsse, er sei auch der Adressat der Lie-
besgaben Frau Ajas aus Frankfurt, Kastanien und *Spaa-Wasser*,
die er dem Hätschelhans zustecken müsse, damit er sich im fernen Weimar fast wie zu Hause fühle.

Weber selbst mache sich die Mühe kaum, mit seiner über
alles geliebten Mutter zu korrespondieren, die ihn doch, nach

seinen eigenen Worten, geschaffen habe, wie er nun einmal sei. Offenbar bedurfte es für den Verkehr zwischen Mutter und Sohn keiner Worte, obwohl sie jedes von ihm Gedruckte eifrig sammle und sich in Frankfurt als rechte Göttermutter betrage. Vielleicht gebe es aber auch Familiengeheimnisse zu hüten, die keine Feder beschreibt. Denn sie habe ja auch Kinder verloren und am Ende nur noch zwei zu erziehen gehabt, Bruder und Schwester, aber gehätschelt habe sie nur ihren Hans und das Hätscheln des Körnelchens ihm überlassen. Denn diese war ein steifes und schwersinniges Kind, an dem nur der Bruder habe Wunder wirken dürfen. Die Geschwister waren so verschieden, aber auch so unzertrennlich wie Licht und Schatten, so daß eins die Welt nur durch die Augen des andern habe sehen wollen. Dieses Körnelchen im Auge des Genies sei zugleich sein wahrer Schatz gewesen, den aber auch kein anderer habe entdecken dürfen. Als er auswanderte, dem Ruf nach Weimar folgend, habe er ihr ganzes Leben mitgenommen und ihr nicht einmal das halbe zurückgelassen. Zwar habe er ihr unter seinen Freunden einen als Eheherrn zugehalten, der sie aus der Stadt weggenommen, aber ihr die Seele nicht wiedergegeben hatte, und nachdem sie sich zweimal gehorsam hatte schwängern lassen, war sie, nur noch ein Schatten ohne Licht, dahingestorben. Und da sei auch der Bruder schwarz geworden und habe den Tod gesucht, wenn auch auf seine Weise. Er sei, ohne Nachricht zu hinterlassen, im tiefen Winter auf den Brocken gestiegen, den Teufelsberg, um dort Gott weiß welchen Pakt zu schwören. Denn er wußte wohl, daß er die arme Seele seiner Schwester auf dem Gewissen hatte, darum durfte er nicht nur keine Frau mehr berühren, er hatte das Leben verwirkt und glaubte sich wohl loszukaufen, wenn er Werther auf dem Papier für ihn sterben ließ.

Wedel zum zweiten   Nachdem die Reisenden

dem Stande Bern den Rücken gekehrt hatten und am Genfersee
reisten, trennten sich ihre Wege wieder häufig. So nahm Wedel
die Gelegenheit wahr, Weber weiter anzuschwärzen, aber auch
das häßliche Gesicht des schönen Jugendfreundes blieb unter-
haltsam. So ist das: Ein Talent kann sich selbst übertreffen, wenn
es das Genie nicht erträgt.

Da gab es doch die Geschichte dieses Peter im Baumgarten.
Der Kindernarr hatte, als Nachlese seiner ersten Schweizer
Reise, ein Früchtchen nach Weimar gebracht, das er von einem
merkwürdigen Liebhaber geerbt hatte, einem schwermütigen
Edelmann, der sein Exil im Leben durch einen törichten Tod
beendet hatte, jenseits des Ozeans, beim Kampf um die Insel
Manhattan. Er hinterließ Weber ein paar Gulden, damit er für
den Bauernbuben sorge, den der Exzentriker an sich gezogen
hatte und dem er eine hohe Geburt anphantasierte. Jedenfalls
war er ein Klotz von Rousseaus Natur, der kein Schmutzfink
unrein ist, und Weber hatte deutlich mehr getan als seine
Pflicht, als er diesen Peter seinem Männerhaushalt mit Philipp
einverleibte, wo sich der Junge zwar durch keinerlei Talent
empfahl, aber der Fürsorge so lange mit Tobacken begegnete,
bis Weber ihn aus dem Haus warf und in einer Försterei unter-
brachte.

Weber konnte grausam empfindlich sein, am meisten gegen
seine Nachahmer, die glaubten, ihn nach Weimar verfolgen zu
können, das offenbar ein Scharaffenland für Genies war. Der
gewisse Lenz hatte bereits versucht, ihn bei seiner Jugendliebe in
Sesenheim zu vertreten. Als er seinen Fußstapfen auch nach
Weimar folgte und sich als Nachfolger Webers in der Favoriten-
rolle bei den Fürstinnen empfahl, mußte der Wirrkopf bei
Nacht und Nebel des Landes verwiesen werden. Da kannte We-

ber kein Pardon, und nicht besser erging es dem Klinger, jenem
Genie, das den faulen Zauber «Sturm und Drang» in die Welt
gesetzt hatte. Weber hatte seine alten Freunde abgeschüttelt wie
Läuse aus dem Pelz und sich fassungslos gezeigt, wenn jemand
aus seinem Spiel Ernst zu machen drohte. Er wollte sich selbst
doch keine Grenzen gesetzt haben, damit ein unbefugter Affe sie
überschritt und sich auch noch auf ihn zu berufen wagte. Ent-
blößung litt Weber nun einmal in keiner Form, Goethe spielen
durfte er allein, und was er Jupiter gönnte, versagte er dem Rind-
vieh durchaus – übrigens auch sich selbst. Wenn Joseph ver-
suchbar war, dann nicht durch den Genuß der Früchte, die andere ruhig pflücken mochten; er schien auch die schönsten nur
für den Beweis zu wählen, daß er nicht nötig hatte, auf sie zu
fliegen. Die schönsten? Haha! Die Stallmeisterin gehörte kaum
dazu – nicht für unbewaffnete Augen!

Was die ordinär genug bewaffneten durchs Astloch gesehen
haben wollten, ließ der Graf auf sich beruhen, und selbst wenn
es zutraf, fand er es eher traurig als amüsant. Für ihn zählte immer erst die Handlung; ihre Unterlassung war zu gewöhnlich,
damit beschäftigte er sich gar nicht erst. Einmal, am Lagerfeuer
in Stützerbach, hatte ihm Weber freilich gestanden, daß er, als
Student in Leipzig, doch einmal eine verbotene Frucht – nicht
gepflückt, aber doch betastet habe und darüber so nachhaltig
erschrocken sei, daß nur ein Blutsturz, ein ernsthafter Affekt der
Lunge, verhindern konnte, daß er sich das Leben nahm. Die
Natur habe ihm unmißverständlich gezeigt, daß er von seinem
Weg abgekommen sei, und ihn gerade noch einmal gnädig ver-
schont, um den Preis, daß er damals fromm und beinahe ein
Christ geworden sei.

Er war es nicht mehr, das wußte der Graf. Wer aber war Weber? Er mußte es nicht wissen, sie waren ja beide keine Kinder
mehr. Aber war er selbst, der Graf, denn jemals ein Kind gewe-

sen? Er mußte Soldat sein, dann fühlte er sich als Mann. Aber
wenn er eines Tages ins Feld zog und fiel – würde ihm Weber
eine Träne nachweinen?

Das wünschte er sich schon.

Kinderliebe und Schuld   In meiner Jugend

waren es Homosexuelle, die sich strafbar machten, heute ist die
Anlage, offen deklariert – «und das ist auch gut so!» –, eine Empfehlung für hohe Staatsämter. Aber die permissive Korrektheit
verlangt von der blutsverwandten Pornophilie auch heute einen
Fleck, wo diese ihr Recht verloren haben und kein Tabu zur Verletzung einladen soll. Das ist von einer grenzenlosen Konsumgesellschaft viel verlangt. Aber auch sie will einen Mißbrauch
kennen, für den die Höchststrafe fällig wird: der soziale Tod.

Mißbrauch hat viele Gesichter; die Plünderung ganzer Erd-
teile wird reich belohnt, derjenige von Kindern geahndet und
geächtet – der *sexuelle* Mißbrauch. Damit ist nicht zu streiten,
aber ich habe nicht weniger schwerwiegende Mißbräuche von
Kindern kennengelernt oder selbst erfahren. Die Anhaltung zur
Gewalt gegen sich selbst gilt nicht als mißbräuchlich, und Kleists
Distichon ist noch immer nicht zum Kernstück der Erziehungs-
wissenschaft geworden: *Du ermahnst deine Kinder, und meinst,
deine Pflicht sei erfüllet? Weißt du, was sie davon lernen? Ermah-
nen, mein Freund.*

Manch pädagogischer Mißbrauch der Vergangenheit genießt
den Schutz der Ehrfurcht, etwa die Kinderliebe Pestalozzis, des
Genies des Herzens, das die Hingabe, die er (darin seinem Rousseau ähnlich) dem eigenen Jean-Jacques-li vorenthielt, in Kriegs-
opfer und sozial entmündigte Kinder steckte und die Zeitgenos-

sen als Waisenvater beschämte. Für den eigenen Seelenhaushalt, aber auch im Umgang mit Kindern betrieb er seinen Kult des Schuldigwerdens und Schuldigbleibens, der Körperstrafen mehr als ersetzte. Wie konnte ein fehlbares Kind damit leben, daß es seinem Gottvater eine schlaflose Nacht beschert hatte, die er in Gebet und Tränen zugebracht haben wollte? Für eine solche Tortur würde er heute zur Rechenschaft gezogen, von der Universität bis zum Boulevard. Ein Kind mit Schuldgefühl zu schlagen, ist *mega-out*.

Es gibt ein Stoßgebet Pestalozzis an Goethe, der scheinbar ungestraft auf der Menschheit Höhen seine Bahn ziehen durfte. Aber in der Klage über die eigene «Tiefe» angesichts einer «Iphigenie» sind Neid und Elend mit Händen zu greifen. Dabei wäre es für den bösen Blick ein Leichtes gewesen, aus dem Gott Weimars einen Kinderräuber zu konstruieren, und Wedel tat es ungehemmt. Das Genie hüte sich wohl, das Ehenest der angebeteten Stallmeistergattin zu beflecken; dafür führe er ihr einen Sohn aus, um zugleich die Stelle des Vaters an ihm zu vertreten und zu zeigen, daß er sie mit mehr Gefühl für ein Kind zu besorgen verstand. Die Nachtigall brüte das Kuckucksei, jedenfalls so lange, bis ihr das Kind über den Kopf wuchs – wie Peter, der, nach seinem Hinauswurf, noch ein paar Jahre in Kupfer stach und damit eine Familie ernährte, bevor er endgültig verschollen ging.

Merkwürdig bleibt auch für das *unbewaffnete* Auge, daß Goethe, als das Kind längst im Brunnen lag, in Meiringen Peters wahren Familienumständen nachgeforscht hatte; ein Mann, der vielleicht etwas Verschwiegenes zu melden hatte, war ihm dafür bis nach Interlaken nachgefahren. Goethes Wahlkinder bleiben im Dunkeln, und sein leiblicher, allein überlebender Sohn, dessen bürgerliche Anerkennung auf sich warten ließ, macht keine Ausnahme, denn es wäre wohl zynisch, den trauri-

gen Nacheiferer seines Vaters und schweren Alkoholiker «frühvollendet» zu nennen. Erst in den Enkeln beginnt sich das
Karma um Goethes Vaterschaft ins Versöhnliche zu lichten. Aus
großväterlichem Abstand zeigte er sich generös, denn die familiäre Last nahm ihm die junge Witwe ab, die er zugleich als Töch-
terchen adoptieren konnte: Ottilie, geborene von Pogwisch, be-
rufene von Goethe, die einzige Zeugin seines Sterbens, bei dem
er ihr «Pfötchen» suchte. Ihren Namen hatte er schon in den
«Wahlverwandtschaften» verwendet, bevor sie das Haus am
Frauenplan betrat, um es dann über seinen Tod hinaus zu führen – ein wenig unsolide, wie ihre Romanschwester.

Will man den Komplex «Kinderliebe» bei Goethe auszuloten
anfangen, muß man sich an sein Werk halten. Vor allem «Wilhelm Meister» enthält Spuren in die Löwenhöhle: etwa in der
Gestalt Mignons, deren Name schon eine Zärtlichkeit bedeutet.
Das Kind, als Objekt der Begierde verstörend, weil es selbst nur
aus Sehnsucht besteht, ist weder ganz Mädchen noch Knabe,
und ebenso ungewiß bleibt seine Herkunft, die höchste oder die
niedrigste. Es tritt mit einem blinden Harfner zusammen auf,
der als Vater nichts und alles bedeutet. Gewiß, doch undurch-
sichtig sind nur die Bande der Schuld und der Schuldigkeit, die
das ungleiche Paar zusammenbinden. Sie wollen von Wilhelm,
dem berufsuchenden Nicht-Helden des Romans, gemeinsam
adoptiert sein und erscheinen wie Licht und Schatten. Im alten
Mann verkörpert sich das Unglück eines Mörders, dem Wil-
helms außereheliches Kind Felix nur dank seiner Unart entgeht
(hätte er aus dem Glas statt aus der Flasche getrunken, er wäre
nicht mehr am Leben), während Mignon, die hermaphroditi-
sche Akrobatin, das Verschwinden in Reinkultur verkörpern
darf. Die Beisetzung der balsamierten Un-Toten darf von der
Romangesellschaft in einem «Haus des Lebens» zelebriert werden, dessen Kunstcharakter ins Auge fällt:

So laßt mich scheinen, bis ich werde.

In der Kunst möchte das Leben aufgehoben sein, im dreifachen Sinn Hegels: negiert – konserviert – erhöht. Das bleibt, solange Menschen sterblich sind, ein frommer Wunsch. Was wir sehen, mit Händen greifen, schmücken können, ist ein kalter Körper, balsamiert und in Schweigen gebettet.

Wedel zum dritten   Wenn Wedel seiner Empfindlichkeit genuggetan hatte, kam wieder das Talent zum Vorschein, mit dem er wahre Heiterkeit erregte: die Parodie. Natürlich machte es ihn nicht nur beliebt, wenn er Menschen – auch hochgestellte – nachäffte, aber dem jungen Carl August hatte er damit eine Last seiner Kindheit abgenommen. Danach schreckte er vor nichts zurück, namentlich vor keiner Respektsperson. Auch eine Rüge Anna Amalias wiederholte er mit einer Feierlichkeit, über die man nur noch lachen konnte.

Webern ahmte er etwa nach, indem er die Hände auf den Rücken legte und leicht vorgebeugt zu staksen begann wie ein Kranich im Sumpf. – Aber das ist doch Lavater! wandte der Graf ein, worauf Wedel erwiderte, in Webers Tonfall: Das ist doch Hans wie Kaspar!

Diese Wendung hatte Weber aus seiner ersten Zürcher Reise mitgebracht, und es kam wohl nicht von ungefähr, daß der Pfarrer von St. Peter ebendiese Vornamen trug. Weber hatte den Besuch Lavaters mehrfach zum Reiseziel erklärt, freilich so verklausuliert – an diesem Menschen dürfen wir *nicht vorbeigehen*, oder: ihn müssen wir jedenfalls *mitnehmen* –, daß sich Wedel mit seiner Lachnummer auf sicherem Boden glaubte. Denn er konnte schwören, aus Weber eigenem Mund Abfälliges genug

über den gottestüchtigen Schmerzensmann aufgeschnappt zu
haben, etwa den Spottnamen, den ihm boshafte Mitbürger an-
hängten: «de glismet Heiland», was etwa sagen will: der handge-
strickte Erlöser. Ungläubigen wie Anna Amalia bereitete der
Schnack Vergnügen, während in Louisens Gegenwart kein
Schatten auf den Prediger fallen durfte. Er hatte sie «verstanden
wie noch kein Mensch», was Carl August hätte erkälten müssen,
denn natürlich wäre es an *ihm* gewesen, seine Frau so umfassend
zu verstehen. Aber die Ehe des Paars – und besonders Louise –
durfte kein Spott berühren; es war mehr als genug, wenn Wedel
vielsagend dazu schwieg. *Goethes* Lavater-Verehrung für «nicht
ganz ehrlich» zu halten erlaubte er sich allemal.

Daß man ihn «mitnehmen» müsse, war hoffentlich nicht
wörtlich zu nehmen. Lavater war bekannt dafür, sich Menschen,
bei denen Aussicht auf Belehrung und Bekehrung bestand, auf
ihrer Weiterreise anzuschließen, oft tagelang. Wenn Goethe
über ihn nichts kommen ließ: was Wunder, nachdem der Got-
tesmann das Salböl nicht gespart hatte, um den Genie-Kopf für
seine Gemeinschaft der Heiligen zu rekrutieren? Nun, da Weber
sein Steckenpferd gewechselt hatte, von der Physiognomie zur
Mineralogie: Wagte er dem gestrickten Heiland noch unter die
Augen zu treten?

Wedel war auch nicht entgangen, daß Weber den Schattenriß seiner Dame schon heilig gehalten hatte, *bevor* er ihr im –
nun ja! – Fleische begegnet war. Zimmermann, Leibarzt in Han-
nover, ein melancholischer, ewig nörgelnder Schweizer, hatte
Weber die Silhouette mit der Bemerkung zugesteckt: Diese Frau
werde einem Mann noch einzuheizen wissen. Nun sei *er* dieser
Mann und gebe sich alle Mühe, das Orakel eintreffen zu lassen.
Selbst auf der Reise habe er den Schatten auf dem Nachttisch
zur Verehrung aufgestellt – neben Homer, denn ein Muster gehöre immer dazu, wenn er sich verliebe. Vielmehr, bevor und

damit er sich verliebe; da brauche er einen Dichter, der den Rahmen dafür schon gefertigt habe. Klopstock! Ossian! Goldsmith! Dann erst flössen die Tränen der Rührung – der *selbstgefälligen Erinnerung* an die heiligsten der Gefühle. Sei das Objekt der Verehrung leibhaft anwesend, könne es diese nur stören. Abwesend müsse eine Frau sein, damit er ihr richtig dienen könne – so auch auf dieser Reise. Sie nicht sehen, heiße: ihr schreiben. Briefe, Briefe jeden Tag! Als hätte er ohne Brief gar nicht stattgefunden! Als wäre Weber erst irgendwo angekommen, wenn er seiner Muse geschrieben habe! Schreibt sie je zurück? Vielleicht liest sie nicht einmal – genug, wenn sie inspiriert!

Weißt du, was sie mir gesagt hat? Ich soll heiraten, dann käme ich auf solide Gedanken. Das sagt *sie!* Und das sagt sie *mir!*

Dankbarkeit   Nach Basel legte ich die Quantentheorie und ihre String-Universen zur Seite und begann das Büchlein zu lesen, das mir, am Ende meines Vortrags im «Café Vetter», eine reife Dame zugesteckt hatte. Sie habe bei seiner Lektüre immer wieder an meine Bücher gedacht; da müsse es doch auch mir etwas zu sagen haben.

Unter dem Titel «Dankbarkeit» vereinigt es die vier letzten Arbeiten Oliver Sacks', dessen neuropathologische Fallgeschichten («Der Mann, der seine Frau mit einem Hut verwechselte») ich gespannt gelesen habe – weil sie die *fable convenue der Wirklichkeit* biegsamer zeigen, als sie sich dem sogenannten gesunden Menschenverstand darstellt. «Dankbarkeit» aber hatte er geschrieben, als es an einer fatalen Krebsdiagnose nichts mehr zu biegen gab. Es sind kleine, aber weitreichende und tiefgründende

Lebensgeschichten; am nächsten ging mir diejenige über «mein Periodensystem», in dem er die ihm mutmaßlich verbleibende Lebenszeit mit den Ziffern chemischer Elemente verknüpft. Mit Thallium, 81, hat er gerade seinen Geburtstag gefeiert, Blei, 82, ist ganz das Rechte für einen, der mit Strahlen behandelt werden muß. Element 90 aber – das Jahr dazu wird er nicht mehr erleben – steht schon als Geschenk eines Freundes auf seinem Tisch: *eine kleine Bleischatulle, die Thorium (…) enthält, kristallines Thorium, schön wie Diamanten und natürlich radioaktiv, daher das Bleikästchen.*

Sacks' Krebs hat sich in seinem *Auge* gezeigt – leider erst, nachdem er schon die Leber angegriffen hatte. Der Todkranke erzählt, was ihm nach der Diagnose das Nötigste war: eine Reise nach North Carolina, «um das wundervolle Forschungszentrum für Lemuren an der Duke University zu besuchen. Diese Halbaffen weisen eine große genetische Nähe zu jenen Urahnen auf, von denen alle Primaten abstammen, und ich stelle mir mit Vergnügen vor, daß einer meiner Vorfahren ein kleiner, den heutigen Lemuren gar nicht so unähnlicher Baumbewohner war – wie diese von springfreudiger Vitalität und Wissensbegier beseelt.»

Dankbarkeit: in ihr liegt die rechte Nahrung für letzte Tage, für den freien, sogar spaßhaften Umgang mit Gegenwart, dem Gut, das wir erst zu würdigen anfangen, wenn es knapp wird. Dann kann uns etwas Menschliches zustoßen, ohne daß wir zurückschlagen müssen. Hier und jetzt löst sich das Leben in Liebe auf, erübrigt sich die letzte Versuchung zur Rechthaberei, sogar über die Zeit.

Dialog

Ich stelle mir vor, wie Wedel verabschiedet wurde.

Die Reise fängt an, mir zu gefallen, Gust.

Wie denn? Du bist doch kein Freund der Höhe.

Das Berner Oberland – schauderhaft! Aber im Wallis bleiben die Höhen immer auf Distanz.

Das wird sich ändern. Wir wollen auf den Gotthard.

Der Weg ist bequem, auch zu dieser Jahreszeit, die abscheuliche Umgebung abgerechnet.

Du nennst die Furka bequem?

Die Furka? Was ist denn das?

Der Paß am Ende des Tals. Es ist der kürzeste Weg zum Gotthard.

Aber da kommt jetzt kein Mensch hinüber. – Woher die Eile? Kannst du's nicht erwarten, nach Zürich zu kommen? Bis uns Lavater die Hölle heiß macht?

Weber will ihn ehestens sehen.

Über den mokiert er sich doch nur. *Wieviel Anforderungen stehen uns in deinem Buch: wer kann? wer darf? u.s.w. – Worauf mir im Lesen manchmal ein gelassenes, und wohl auch ein unwilliges Ich! entfahren ist.*

Wo hast du das her?

Aus einem Brief, den er Lavater geschrieben hat. Er hat ihn selbst vorgelesen, im Wittumspalais, und Anna Amalia hat sich gekugelt.

Die gnädige Herzogin-Mutter *kugelt* sich nicht.

Aber sie versteht Spaß. Wo ist der deine hingekommen? Wir sprechen doch unter uns.

Du willst also nicht mit, wenn's über die Furka gehen muß.

Bin ich von Sinnen? Aber was sagt die Heilige Schrift? Wenn du wo hingehst, will ich auch wo hingehen. Es sei. Also auf in die Lawinen. Wenn das gutgeht, werden wir was zu erzählen haben.

Es trifft sich aber so, daß ich Sie um einen Dienst bitten wollte, Herr von Wedel. – Bestellen Sie Frau von Branconi einen Brief.

Der Branconi? Die ist in Lausanne.

Allerdings.

Da soll ich hin? Du verlangst, daß ich umkehre, ich allein?

Mit den Pferden, wenn ich bitten darf. Sie sind uns im Hochgebirge nichts nütze.

Und ich, bin ich auch nichts nütze?

Wie oft haben Sie am Schwindel gelitten. Zu Pferd ist Ihnen wohl. Die guten Tiere dienen uns noch, und in Seyters sind Knechte zu mieten. Philipp begleitet Sie.

Sie wollen mich entfernen. Mein Fürst! Wie kann ich Sie jetzt im Stich lassen!

In Luzern kommen wir wieder zusammen, reiten nach Zürich und sind vergnügt.

Ich sehe, Durchlaucht. Ich folge. Aber mir blutet das Herz.

Du bist mein Freund, Moritz. – Da kommt Weber, sprich mit ihm.

Guten Morgen, Herr Geheimrat, schon so früh auf den Beinen? Zum Botanisieren? Zum Mineralisieren?

Zum Meteorisieren, Schalk. Das Wetter soll halten.

Ich will es hoffen, für Sie. – Gerade hat mir unser gnädiger Herr den Wunsch erfüllt, Ihre Gesellschaft eine Weile zu verlassen.

Wo gehen Sie denn hin?

Zu Frau von Branconi. Und dann mit den Pferden nach Luzern weiter, wo ich Sie wieder anzutreffen hoffe, heil und gesund. Sie muten unserem Herrn etwas zu.

Zur Branconi? Was wollen Sie bei ihr?

Das muß sich finden.

Ist das Ihr Wille, Durchlaucht?

Herr Wedel ist nicht schwindelfrei.

Ich hoffe, Sie sind es, Herr Weber, sonst gnade Ihnen Gott.

Dixit et salvavit animam suam, sagte der Graf eine Weile später, als sie bereits allein unterwegs waren, mit dem Jäger Blochberg, zu Fuß auf dem steilen Weg hinauf zum Leuker Bad. Es war das erste Mal, daß Weber seinen Fürsten Latein reden hörte.

Dafür müßte er eine Seele zu verlieren haben, entgegnete er leichthin. Eine Last schien von ihm abgefallen, er schritt aus wie beflügelt.

Er selbst hatte den Abstecher ins schroff aufsteigende Seitental beliebt, es war der reine Mutwille, wenn doch keine Zeit zu verlieren war. Aber der Graf hatte Weber freie Hand gegeben, und der genoß es sichtlich, dem starken Luftzug entgegenzusteigen, der ihnen aus der Schlucht entgegenwehte. Es waren diese Winde aus den Seitentälern, welche das dunkle Gewölk, das sie talaufwärts verfolgte, immer wieder zum Stehen brachten oder gar auflösten. Gegen Winde kann uns nur Wind helfen! hatte er verkündet und die günstigen begrüßt wie ein Seemann. Aber wie ein Schatzsucher stieg er jetzt ihrer Quelle nach, um bei ihrer Entstehung dabeizusein, und vom Felskessel da oben schien er meteorologische Wunder zu erwarten. So folgten ihm auch die beiden andern auf die schweißtreibende Wanderung zu seinem Orakel. Und je weiter sie stiegen, desto höher schien auch die ungeheure Kalkwand vor ihren Augen in den gläsernen Himmel zu wachsen, und man sah vereinzelte Wassersträhnen silbern von ihr niederstürzen. Das war die berüchtigte Gemmi, aber in der schieren Wand war keinerlei Durchschlupf zu erkennen.

Der Fallwind hatte nachgelassen, einen Augenblick lang

herrschte dröhnende Stille. Sie meinten das Wetter den Atem
anhalten zu hören. Und jetzt konnten sie zusehen, wie es in kür-
zester Zeit umschlug. Von der Hinterseite der Gemmi hatte sich
eine graue Wolkenwand über ihre Kante geschoben, fiel in Win-
deseile talwärts, und fast im Nu hatte der Nebel Berg und Wand
verschlungen. Rasch verschattete sich auch ihre Umgebung, sie
sahen nur noch bis zu den nächsten Wettertannen und bald sogar keiner mehr den anderen. Sie waren stehengeblieben, Weber
hatte die Arme erhoben. Aber plötzlich kam der Wind stärker
auf, die Luft schien sich beim Sturz von der Höhe zu erwärmen,
und ebenso rasch, wie die Wolke über sie gekommen war, begann sie wieder zu weichen. Bald standen sie in einem Flecken
schwachen Sonnenlichts, während der Wind den Nebel talwärts
trieb, wo er in gedehnten Streifen um die Schultern der Berge
hängenblieb oder geballt in Schluchten lagerte.

Über Wolken   Seht nur, Blochberg, wir gehen auf

Wolken! Man hätte Lust, sich fallen zu lassen.

Sie würden auf den Kirchturm dort unten fallen.

Den hatten wir doch eben noch hoch über uns, im reinsten
Blau. Jetzt liegt er auf dem Meeresgrund und schimmert wie
eine Muschel im Mondlicht. Habt ihr schon mal durch ein Fenster in solche Tiefe gesehen?

Schon ist's wieder zu.

Zugeraucht, wie ein dampfender Kessel. Das braut und
wühlt wie die wilde See, und man hört keinen Laut.

Doch, den Wind.

Aber er pfeift nicht, Blochberg, er singt und klingt wie eine
Äolsharfe.

Das ist der Bach.

Aber wo rauscht er? Über uns, unter uns?

Da kommt's schon wieder herauf. Gleich wird's duster.

Du hast Füße, die finden den Weg.

Nur noch bis zum Kreuz da vorn, wenn ich bitten darf.

– – –

Warum kniest du, Männe? Hat dich der Berg katholisch gemacht?

Nicht weiter, wenn ich bitten darf, Euer Gnaden. – Das Kreuz steht nicht umsonst da.

Die stehen doch an jeder Ecke. Männe, sei ein Mann. Sonst lacht Herr Weber dich aus.

Der hat gut lachen. Er ist gefeit!

Weber: Sein Wort in Gottes Ohr.

Die Suppe hat uns wieder, Weber, wir stecken fest. Der Crucifixus ist keine gute Gesellschaft. Der Jäger zittert. Wie sollen wir mit ihm über den Paß kommen? Das kann ja gut werden.

Es wird gut, Durchlaucht.

Das Wetter kann doch kein Hexenwerk sein, ist alles nur eine Kette von Ursache und Wirkung. Warum soll man's nicht voraussagen können?

Wir kennen den Ausgangspunkt nicht.

Du redest in Rätseln.

Die Atmosphäre hat weder Anfang noch Ende, eins fließt ins andere. Wir müßten jedes einzelne Atom kennen und wüßten immer noch nicht, welches den Ausschlag gibt, warum und wozu.

Der Wetterschmecker in Grindelwald hat's aus der Spur von Schnecken gelesen und aus dem Bau der Ameisen.

Und aus der Dicke ihrer Oberschenkel! Die einen reden viel und wissen nichts, die andern wissen was und sagen nichts. Das Wetter weiß nur einer voraus, der's auch machen kann. Da könnte der Mensch ebensogut sich selbst kennen.

Wenn er Philosoph ist, kann er's doch.

Noch eher das Wetter, Durchlaucht, im Ernst. Wer Luft, Wasser und Erde gut erforschte, der hätte auch die meisten Rätsel des Forschers gelöst – und gelernt, die übrigen auf sich beruhen zu lassen. Der Mensch hat fünf gute Sinne, wozu soll er noch einen guten Sinn brauchen?

Jetzt weiß ich nicht, redest du verzweifelt oder lustig.

Und seht nur, das Chaos ist uns gnädig. Die Wolken reißen schon wieder.

Einholen   werde ich sie nicht mehr können, aber ich kann ihnen entgegengehen. Denn NICHTS IST JE ÜBERHOLT.

Leuker Bad   Blochberg, ist das kein Sitz der Götter? Wer sich hier verweilen könnte, unter diesen Felsen, über den Wolken! Wer es ganz nachfühlte, wie sie sich bilden in allen Formen, jede richtig, jede flüchtig! Wie sie steigen und fallen – wer hier zur Ruhe kommen könnte, müßte er sie nicht für immer haben?

Die Quelle hat Euch wohlgetan.

Warum bist du nicht ins Wasser?

Für mich schickt sich's nicht.

Keiner muß sich nackig machen. Man bekommt ein Gewand übergezogen wie die alten Römer. Die waren auch schon hier oben. Im Weißen Haus zeigen sie eine Münze mit dem Kopf des Kaisers Vespasian.

Da kommen Durchlaucht.

Männe, warum gehst du weg? Hier sind wir Menschen, nichts weiter.

Für die Herberge bitte um Vergebung. Man hat's hier nicht besser.

Ich kann's wohl leiden, die bretternen Wände, wenn nur das Geziefer nicht wäre. Ist man recht warm, so beißt's wie toll, man könnte aus der Haut fahren, dürfte gar nicht mehr aus dem Bad heraus.

In Brick sollen Sie mehr Komfort haben. Da gibt's ein Schloß mit drei Türmen, heißen Kaspar, Melchior und Balthasar.

Da nehmen wir Quartier?

Es ist leer um diese Zeit, soll nur nicht recht geheuer sein.

Um so besser. Geister haben uns noch gefehlt. Und übermorgen, wo kehren wir da ein?

In Münster, bei Rietmatten, wenn's denn sein muß.

Was soll das heißen?

Wenn wir durchaus über den Berg müssen. Auch hier hält's der Wirt nicht für erlaubt.

Die Wirte wollen Fremde das Fürchten lehren, damit sie länger bleiben.

Sind aber einmütig. Nach Allerheiligen geht kein Mensch auf den Berg, und morgen ist schon Martini.

Kennt Ihr den heiligen Martin, Blochberg? Der war ein Soldat und brav.

Ich habe eine Kerze angezündet, halten zu Gnaden, hat einen Groschen gekostet.

Eine Kerze, wo denn?

In Leuk, wo der Herr von Wedel umgekehrt ist. Die Kirche
ist gruselig. Schädel und Beine geschichtet bis zur Decke hinauf.

Darum haben wir dich suchen müssen, dachten schon, du
hast dich auch davongemacht.

Ich habe gebetet. Morgen haben wir ein Dach über dem
Kopf, übermorgen auch noch, aber dann ist's aus.

Dann sind wir schon hinüber, Blochberg, im Lande Uri, bei
den Kapuzinern.

Ich hab ja keine Kinder zu ernähren, aber Durchlaucht müssen am Leben bleiben, und Herr Weber auch. Der Winter in
den Bergen ist kein Gedicht.

«November tritt oft hart herein, doch muß nicht viel dahinter sein.»

Wenn Sie mich nicht mehr benötigen –

Geh nur zu Bett, Männe. Und vergiß dein Vaterunser nicht.
Aber werd uns nicht zu katholisch.

Du machst ja ein Gesicht

Was für eins?

Als dichtete was in dir.

Mir geht ein Singspiel im Kopf herum. Mit Schweizer Moti-
ven.

Laß hören.

Eine Sennerin, die ein Hirt liebt und sie ihn auch. Aber sie
ziert sich, bis er verzweifelt und abgeht. Da kommt sein Freund
vorbei, auch ein Hirt, ist aber Soldat gewesen. Der glaubt sich
auf Weiber zu verstehen und weiß Rat, man soll ihn nur machen lassen. Er schlägt der Sennerin die Scheiben ein, dann wirft
er ihr den Zaun um und treibt sein Vieh auf ihre Weide.

Schließlich ist sie froh, wenn ihr der Liebste zu Hilfe kommt. Jetzt erkennt sie seinen Wert, am Ende löst sich der Knoten, und alle vereinigen sich zum Ballett.

Das sieht dir gleich. Erst lauter Unfug, dann eitel Minne.

Das verlangt die Kunst.

Du amüsierst uns, damit wir uns vergessen und nicht merken sollen, daß du dich heimlich schon davongemacht hast.

Ich bin doch bei Euch und tue mein Bestes.

Aber ist es *dir* gut genug, mein Freund? Jagst du mich *dafür* über alle Berge? Aber ich habe auch einen Streich im Sinn. Du sollst mein Bruder werden, bei den Freimaurern. In der Loge Anna Amalia werden wir als Lehrlinge anfangen. Wie kommt dir das vor?

Wohl recht passend. Und viel der Gnade.

Geadelt mußt du auch sein. Ich erwarte den Brief aus Wien jeden Tag, Herr Geheimrat von Goethe.

Meinen Vater wird's freuen.

Allerdings. Ich hab's ihm nämlich gesteckt, als wir bei Euch unterkamen, und er hat geweint vor Glück. Wollte gleich wissen, wie das Wappen aussehen soll.

Ja, er baut ab.

Er soll noch viele gute Tage haben, und dein Wappen – das kenne ich schon.

Wahrhaftig?

Ich hab dir zugesehen, am Grab der jungen Frau in Hindelbank. Da sind dir die Tränen gekommen. Und der Stein, der sich für sie spaltet, trägt ein Wappen. Ein Stern auf blauem Grund, ein einziger.

Ein Stern. Morgen oder Abend?

Ist doch eins, immer die Venus.

Da muß ich erst Weber fragen, ob er *von* Weber heißen will.

Du freust dich ja doch.

Sieh, man kann auch wieder Sterne sehen, den Großen Wagen, das Siebengestirn. Ja, es freut mich, und ich werde den Dank nicht schuldig bleiben, so Gott will.

Glaubst du an Gott?

Das gilt ihm gleich. Solange er nur nicht aufhört, an uns zu glauben.

Ich aber glaube, daß du wieder einmal einen «Werther» schreiben mußt.

Um Gottes willen!

Heute ein Ballett, morgen ein Singspiel, und die Damen geben sich entrückt. Ist das dein Publikum? Bist das *du*?

«Der Triumph der Empfindsamkeit» war doch nicht übel.

Wird nicht ein kindisches Spiel vom ernsten Spiele vertrieben –

So etwas behalten Sie!

Wird dir lieb nicht und wert, was du besitzend nicht hast. Gibst entschlossen dafür, was du nicht habend besitzest, Schweb in ewigem Traum, Armer, dein Leben dahin.

Läßt sich doch hören.

Ja, wir werden gewürdigt.

Was wäre falsch daran?

Nicht alles, Freund, aber zuviel. Es ist mir zu heilsam. Du wolltest mir die Ehe versüßen.

So unverschämt bin ich nicht.

Undankbar bist du auch. Spottest über Dinge, die dir heilig sein sollten.

Wo denn? Und wie?

Was ist die «tragbare Natur» des Prinzen? Ein Kasperletheater. Du mokierst dich auch über den Park, den wir mit Mühe angelegt haben, an der Ilm, nach deinem Plan, deinen Wünschen.

Das heißt, ich spotte über mich.

Auch über die Kunst, und *die* muß dir heilig bleiben.

Mehr als das, aber auch etwas weniger, sogar das Gegenteil.

Das ist gar nicht amüsant.

Aber ihr versteht das, und darum fühle ich mich am Platz. Fremd.

Ein wenig fremd, darum am rechten Platz.

Warum verstellst du dich?

Was meinen Sie?

Deinen «Triumph der Empfindsamkeit». Du hast mitgespielt. Aber hast du gespielt, was du bist – den Prinzen, den Künstler? Bewahre – du bist in die Rolle des Fürsten geschlüpft, dem der Künstler die Frau verzaubert. *Meine* Rolle hast du gespielt – ich soll mich auf der Bühne sehen und glauben, daß du mit offenen Karten spielst. Zwischen der Fürstin und dem Prinzen soll alles mit rechten Dingen zugegangen sein, ein wenig phantastisch vielleicht, aber wenn ein Fürst klug ist, kann er darüber nur lachen.

Durchlaucht haben das Stück mißverstanden.

Und hinterher soll das romantische Theater nur Einbildung gewesen sein, und der Verfasser wollte uns davon heilen. Ist es ganz richtig mit dieser Kunst? Oder könnte der Künstler ein wenig falsch gewesen sein?

Es scheint, ich muß das Stück verbessern. Es geht mir auch schon so was im Kopf herum.

Da bin ich gespannt.

Es könnte fast eine Tragödie werden. Die Hauptfigur wäre ein Dichter, verliebt über seine Verhältnisse, verrückt bis zum Undank … Man würde es immer noch als Eitelkeit mißverstehen. Mein Vater wünscht sich so ein Stück. Es müßte in Italien spielen.

Du willst nach Italien. Das können wir morgen schon. Wir gehen über den Simpelberg-Paß und tun dem armen Blochberg erst noch einen Gefallen damit. Ist dir nicht wohl?

Wo bleiben die Sterne? Der Himmel geht wieder zu. – Es muß sein, Durchlaucht, wir müssen es wagen.

Europa-Meisterschaft: Wann begann die Nähe des Fußballs zur schönen Literatur? Als der erste Trainer behauptete, er könne ein Spiel *lesen.*

Ich lerne meinen Garten lesen, in seiner Anlage, die mein Werk war, und in den Veränderungen, mit denen er mir entwächst. Seit ich mich an mein Verlies gewöhne, wird er zur Oberwelt, in der meine Augen Freigang genießen. Die Spiegel – jetzt sind es sechs – verspielen seine Unschuld, löchern seine japanische Fiktion, vervielfachen zugleich sein bißchen grüne Wirklichkeit, aber nur stellenweise. Da und dort schnappt der *Hortus conclusus* über, wird in einem scharf gezeichneten Viereck zum Bild seiner selbst, zum Irrgarten für einen entwurzelten Blick, der aufhören soll, sich zu trauen.

Daß ich noch, wenn auch langsamer und fahriger, ein Buch lesen kann, ist eine Gnade, auch wenn sie an der Brille hängt, die ich, da ich sie zu oft verliere, als Verbrauchsmaterial behandle, aus Trotz gegen meine Abhängigkeit. Wo kommt man hin, wenn das schlichte Sehen zum Problem wird, wie Stoffwechsel oder Kontinenz! In eine verwackelte Realität, an die ich mich nicht gewöhnen will. Aber ich steige immer noch ab ins Verlies, ins Zentrum meines Schreib-Geschäfts, das sich niemals erledigt; *das* wäre der Tod. Lesen ist der Anfang von allem, was den Menschen zum – immer unvollendeten – Schöpfer seiner Welt macht. Sie hat mit Kunst zu tun, aber auch das biologische Leben ist nur als Kunstwerk haltbar, das einem jeden Augenblick den Atem rauben könnte. Das wird es auch, eines unvorhergesehenen Tages. Aber wenn du es nicht mehr als Anfänger sehen kannst, hast du heute schon aufgegeben. Denn heute ist immer – solange du denken kannst.

Brig, Kaminfeuer   Am 10. November in Brig,

der *Countdown* läuft. Noch können sie ohne Rückzieher vom geraden Weg abbiegen und den verhältnismäßig sicheren einschlagen, über den Simpelberg. Sind sie wirklich im Stockalper-Palast untergekommen, der Karawanserei zu den Drei Königen mit den vergoldeten Zwiebeltürmen, für die Goethe – wie für alles Barocke – kein Auge hatte, auch dann nicht, als er *wirklich* in Italien war? Dann wäre sein Ausdruck im Reisebericht «ein artiges Wirthshaus» immerhin stark untertrieben.

Aber in *jedem* Gasthof Brigs wäre ein Wirt so vernünftig gewesen, seinen Gästen vom Übergang über die Furka *unbedingt* abzuraten. Heutzutage hätte er wohl, wenn die Gäste unbelehrbar blieben, vorsorglich einen Rettungsdienst avisiert, und vielleicht hätte die Polizei die Unbelehrbaren in Oberwald angehalten. Hat man denn ein Recht, das eigene Leben zu gefährden? Man hat schon gar kein Recht, teuren Diensten mutwillig eine kostspielige Rettung zuzumuten.

Der Graf und Weber ließen den Wirt seine Vorstellung vollenden; dann blieben sie beim «Heidenwein» sitzen, vor einem
lodernden Kaminfeuer. Blochberg saß in der Küche bei den
Einheimischen, man hörte ihn laut lachen, obwohl keiner das
Deutsch des andern verstand, oder ebendeswegen. Er schien die
jüngste Kochmagd im Auge zu haben und brauchte diese Nacht
vielleicht nicht nur zu beten. Die Leute hier waren katholisch,
aber wild, und Weber wußte dazu einen Vers aus Hallers «Alpen» zu zitieren:

Die Liebe brennt hier frey / und scheut kein Donner-Wetter
Man liebet für sich selbst / und nicht für seine Vätter.

Beim dritten Glas Heidenwein hatten sie, auf Webers Wunsch,
das Inkognito fallen lassen. Hier oben bedeuteten auch ihre
wahren Namen nichts mehr. Aber je mehr der Herzog trank,
desto hartnäckiger wurden seine Fragen an den Dichter und an
sich selbst.

Bin ich denn ein Glück für Louise? War es auch bloß Einbildung, daß du sie in die Unterwelt versetzt hast, wo sie nach dem
verlorenen Himmel schmachtet?
    Ach, der Monolog der Proserpina – der gehört eigentlich in
ein anderes Stück. Warum sollte die Fürstin nach einem Prinzen
schmachten, der «Werther» liest?
    Sie schmachtet nach einem Prinzen, den *du* hättest spielen
sollen.
    Dafür reicht ein eingebildeter Schauspieler. Die Fratze ver-
langt nicht viel.
    Ich habe *dich* gehört, wie du leibst und lebst.
    Er lebt sehr wenig, dieser Prinz, wie der arme Lenz. Er ist
selbst ein Werk der Einbildung, seiner eigenen, am Ende auch

meiner – aus längst vergangener Zeit. Der Fürst aber – der ist zum Regieren bestellt, nicht zum Grillenfangen in seiner Ehe.

Und den hast *du* gespielt. Also doch Therapie.

Wenn schon, Durchlaucht, wären *Sie* der Therapeut.

Ich?

Wenn Sie mir die Ehre geben, daß wir auf der Bühne zusammen auftreten – erinnern Sie sich an unsere Iphigenie?

Ja, da habe ich den Pylades gegeben – weil ich eben gar kein Schauspieler bin. Und auch nur für Constantin eingesprungen, der fast ebensowenig Talent hat, aber doch etwas mehr.

Sie spielen den dienenden Freund und bleiben doch immer unser Herr.

Zum Thoas hätte mir noch mehr gefehlt, vom grauen Haar bis zum rechten Baß. Ich bin hoffentlich auch kein Barbarenfürst. Sollte ich etwa den Orest geben? Der war für dich.

Ja, weil er verrückt ist.

Und für wen ist Iphigenie?

Nur für sie selbst, will ich hoffen, und für ihre Gottheit.

Na, Herr Dichter, daß unsere Corona nur deine *Schwester* war, hätte kein Mensch gedacht.

Wir sind nur im Spiel zu heilen, Hoheit. Im Leben unheilbar.

Am Ende gilt: Der Prinz gibt dem Fürsten die lebendige Frau zurück und behält die Puppe für sich.

Er ist's zufrieden.

Und du?

Ich habe noch keine Frau erkannt.

Ach so. Ach ja. – Mein Vorbild willst du nicht sein, mein Kumpan auch nicht – was denn, wenn ich fragen darf? Dein Herr? Glaubst du, das sei auszuhalten?

Sie haben mich von vielem geheilt. Und bewähren Ihre Kunst gerade wieder.

Wieso?

Sie lassen sich diese Reise gefallen.

Sie ist noch nicht zu Ende, und wenn wir sie überstehen, werde ich noch mehr für dich tun müssen, mein Herr Goethe.

Wir werden leben, mein Fürst.

Fallen könnte ich auch im Krieg. Dann müßtest du Louise trösten.

Wir stehen oder fallen zusammen.

Das ist ein Wort.

Ich will Euch dienen, solange ich lebe.

Ihr müßt Eurem Genius dienen, mein Freund.

Dann muß ich Durchlaucht bitten, ihm weiter nicht nachzufragen.

Mein Stoff bleibt dickes Tuch, es will sich nicht maßgerecht schneiden lassen (damit kann erst die Parze dienen). Manchmal komme ich mir, wenn ich Goethes Reise nachstelle, wie ein Antiquitätenfälscher vor, der sein Material auf alt macht, erst vergoldet und dann das Gold bis auf Spuren abkratzt, damit man glauben soll, es wäre wirklich dagewesen. Dabei ist das gekörnte Holz darunter der wahre Stoff, mit seinem Widerstand gegen die Vergänglichkeit.

Wie kann ich ohne Frechheit über einen dreißigjährigen Mann des 18. Jahrhunderts schreiben? Oder einen Zweiundzwanzigjährigen? Schon unter sich wären sie heute durch Lebensstile getrennt, die sie für Welten hielten. Und meine Söhne sind schon älter als beide. Eine Figur muß so weit weg sein wie Parzival, damit sie sich mit der Illusion fortgesetzter Nähe behandeln läßt.

Aber über Goethe und Carl August schreibe ich mit einem Verdacht, der sich durch das Schreiben verstärkt: Als «Menschlichkeit» noch «Menschheit» hieß, verstand man sich besser auf sie. Man wußte genauer, wovon zu reden ist, und worüber zu schweigen.

Unser kleiner Garten ist in den Spiegeln nicht nur multipliziert, sondern vielseitig vertieft. Man sieht ein Objekt von vorn *und* hinten, und die gefühlte Weite des Einblicks ist kein 3-D-Effekt, sondern die eröffnete Fülle der *Möglichkeit*, die in unserem Garten schlummert, wie er ist: nicht grenzenlos, aber unbegrenzt als Gebilde des Scheins.

Ich muß sterben. An einen medizinischen Befund gebunden, ist dies ein erschreckender Satz. Ich habe schon vor der Pubertät nichts so gefürchtet wie eine Krebsdiagnose. Jetzt hat sie mich eingeholt, und daß sie mich nicht mehr beschäftige, wäre zuviel gesagt, auch wenn es an anderen Sorgen nicht fehlt. Wie lautete die Voraussage des Chirurgen, der mich 2010 noch invasiv operiert hat, mit klassisch geöffnetem Bauch? Vielleicht habe er nicht *alle* betroffenen Lymphknoten erwischt, aber die Chance stehe gut, daß ich an etwas anderem stürbe.

Manchmal beschleicht mich diese Aussicht in Gestalt einer Atemnot; ich schiebe sie auf den Abusus der Pfeife. Den könnte ich abstellen; das fällt mir nicht mehr ein. Es könnte sein, daß mir die Pfeife wichtiger ist als das Leben.

Die Freiheit zum Pfeifenrauchen wird überall knapp, auch in den eigenen Wänden. Es ist ja nicht, wie bei Zigaretten, mit einer schnellen Auszeit vor der Tür getan. Eine gute Pfeife verlangt (und belohnt) nur den rituellen Zuspruch. A. hat eine Rauchallergie entwickelt, und dem Verdacht, diese könnte fürsorglich sein, widerspricht sich nicht einmal. Ungestört rauchen kann ich in meinem Verlies, das zum Exterritorium erklärt

wurde, in dem nicht viel mehr als ein Schreibtisch Platz hat.
Wenigstens läßt sich, dem Bullauge sei Dank, ein kontrollierter
Durchzug einrichten, nachdem sich die bange Frage erledigt
hat, ob sich die Bodenheizung des Souterrains auch auf den ehemaligen Archivraum erstrecke. Gelobt sei unser Architekt, der
alte Trotzkist: Mein Arbeitsplatz ist winterfest.

Ich würde mir als Henkersmahlzeit auch nichts weiter als
eine Pfeife wünschen, die ich in Ruhe rauchen möchte. Gelänge
mir das, würde ich mein Leben für gelungen halten.

Doppel-Ehe   Carl August, Herzog von Sachsen-

Weimar und Eisenach, zündete sich regelmäßig eine Pfeife an,
wenn er sich nach der Jagd, nach der ehelichen Pflicht, auch
schon vorher, ein Glas zuviel schmecken ließ. Ein Kundiger
hätte sehen können: Es war etwas zu wünschen übriggeblieben,
aber der Herzog war allein. Was ihm fehlte, war (nennen wir es
so): der ganze Mensch. In der Jugend hatte er seinem zarten
Bruder und beide dem Vater geglichen, der auch halb durch-
sichtig, dafür hochgeschossen war. Was ihn, den Erbprinzen,
von beiden unterschieden hatte, war sein Schrei, aus Trotz und
Verzweiflung, scheinbar um nichts. Er hatte ihn unterdrücken
oder aufs Militärische beschränken gelernt, aber in diesem Schrei
steckte sein Leben, darum war es mit Unterdrücken nicht getan.
Er war die Kraftquelle, die ihn hatte tätig werden lassen, aber
auch immer unzufrieden mit seiner Tätigkeit. Der erste Schrei
hatte ihn überleben lassen, aber das rechte Leben war es noch
nicht, warum hätte er sich sonst immer *zuviel* davon einverlei-
ben müssen und warum wäre es immer noch zuwenig gewesen.
Sich zu beherrschen war nicht gut genug, auch wenn man davon

als Herrscher durchaus ansehnlich werden konnte, sogar etwas behäbig. Jeder konnte sich jetzt auf seine Billigkeit verlassen, wenn ihm keine cholerische Laune dazwischenkam.

Er ärgerte sich zu leicht. Seine Gattin Louise hatte damit leben gelernt und später auch seine große Liebe, die Schauspielerin Caroline Jagemann, mit der er eine zweite Familie gründete, wofür er sie 1809 zur Freifrau von Heygendorff erhob. Die Herzogin Louise legte dieser Ehe zur linken Hand keinen Stein in den Weg, nachdem die legitime Erbfolge durch zwei Söhne (und eine Tochter) gesichert war. Das faktisch getrennte Paar begegnete sich gegenseitig mit Achtung, ja Wohlwollen. Ob ein Fürst dabei gut aussieht, hängt von der Sympathie ab, welche die Untertanen den Beteiligten entgegenbringen und die gar noch wachsen kann, wenn es seine Trennung souverän behandelt. Der Hof hat immer zu mäkeln und zu hecheln – das Volk muß es tun, durch Anhänglichkeit, Respekt und auch ein wenig Mitgefühl. Und ein solches Volk wächst nicht wie Gras, man muß es genährt und gepflegt haben. Nur so kann die Berechtigung des nicht ganz Legitimen respektiert werden und gar etwas wie Vorbildcharakter annehmen: als Ausdruck einer *bürgerlichen* Lebensform, obwohl sie einstweilen erst für den Hochadel erschwinglich ist, als Manifestation höherer – aber auch wiederum schlichter – Ehrlichkeit der Gefühls. Die Hinfälligkeit aller Dinge wird so oder so für etwas wie Gerechtigkeit sorgen – kein Glück bleibt ein reines Glück, dafür darf auch jedes Unglück auf Erleichterung rechnen. Am Ende kommt es darauf an, ob Menschen sich mit beidem zu benehmen wissen.

Herzog Carl August sollte es nicht gelingen, aus dem geschichtlichen Umbruch, den der Auftritt Napoleons auslöste, das Beste für Sachsen-Weimar zu machen. Es war schon viel, daß ihm das Volk glaubte, daß er es aufrichtig gewünscht habe,

und daß ihm darum das am wenigsten Schlechte gelang: dem
Herzogtum die Fortdauer auf der europäischen Landkarte zu
sichern bis auf weiteres – wozu Goethe das Seine beigetragen
haben mochte, durch sein bloßes Dasein in Weimar. Seine politischen Reflexe hätten es nicht getan, denn sie waren niemals
opportun. Aber im Alter erleichterten sie ihm seinen Dispens
von amtlicher Aktivität, und man hielt den kosmopolitischen
Eigensinn einem Dichterfürsten zugute, der Weimar in gewissem Sinn unantastbar machte.

Der Dichterfürst! Mochte er selbst diese Rolle mit der gebotenen Ironie behandeln, er spielte sie souverän, und die Welt,
die, aus Neugier oder Bedürfnis, zur Audienz ins Haus am Frauenplan pilgerte, war sicher, im wahren Weimar angekommen zu
sein, auf einer Höhe der Menschheit, wo der Adel des Geistes
sich meist umgänglich, bald entschieden, bald mokant über die
Niederungen des Parteiwesens erhob und nur noch durch sich
selbst anzufechten war.

Neben ihm nahm sich der alternde Carl August wie das
Understatement eines Fürsten aus, ein doppelter Familienva-
ter, der jedenfalls dynastisch ausgesorgt und die Neigung zu
Uniform und Jagdkleid zum bürgerlichen Habitus herab-
gestimmt hatte, während sein politisches Gesicht die Züge der
Resignation annahm. Überhaupt war seine Erscheinung fest
geworden, hatte das Gewicht der Melancholie angesetzt, und
daß er erschütterbar geblieben war, verriet seine Gesundheit,
die den Teilnehmenden Anlaß zur Sorge gab. Seine familiären
Verbindungen, namentlich zum Zarenhof, mußten ihn für
den Stillstand seiner persönlichen Reformpolitik entschädigen.
Wenigstens seine doppelte Häuslichkeit war geordnet und entwickelte eine gewisse Wärme, und er blieb bemüht, seine Stellung auch durch wissenschaftliche Interessen zu beglaubigen.
Ansehnlich aber war er im Grunde, sogar in eigenen Augen,

nur noch als Schutzherr des andern, der Weimar als Residenz des Geistes repräsentierte: als sein unerschütterlich gewogener Freund.

Aber 1779 stand diese Entwicklung noch in den Sternen. An der Furka mußte sich zeigen, ob Weimar ein Gastspiel gewesen war, so oder so beendet, oder das Vorspiel zu einer lebenslangen, lebensmächtigen Konstellation, die für andere Zeiten und Räume in Kraft blieben, eine Geschichte über den Tag hinaus.

Der Ausgang dieser Reise ist aktenkundig. Aber keine Gewißheit auf Papier entbindet von der immer neuen Unkenntnis, mit der wir in jeden neuen Tag treten, denn jeder kann der letzte sein. Das unterscheidet das Datum, das wir heute schreiben, nicht vom 12. November 1779, dem weißen Freitag dieser Geschichte. Er ist nicht nur *gewesen*. Er kommt immer wieder auf uns zu, darum sei dieser Tag, von dem hier zu berichten ist, noch einmal der jüngste. Er kennt keine Vergangenheitsform. Die Kamera fährt noch einmal auf den Punkt zurück, wo wir auf dem Spiel stehen, jeden Augenblick.

Was damals und danach *außerdem* passiert ist, wird durch seine Vergangenheit nicht unerheblich, die immerhin erlaubt, es vorwegzunehmen, denn einige Szenen sind doch bemerkenswert:

Als der Mond Anna Amalias untergegangen war, auf Nimmerwiedersehen, und als der Jupiter Carl Augusts das Haus gewechselt hatte, begann die Stelle Louises noch einmal hell zu leuchten. Ihre Stunde kam, als sie – Carl August war auf der Flucht – Napoleon auch allein die Stirn zu bieten wagte und durch den Respekt, den sie sich verschaffte, nicht wenig dazu

betrug, daß er mit dem Herzogtum Sachsen-Weimar glimpflich
verfuhr. Sie hatte sich den Zunamen «Großherzog», mit dem
sich ihr Mann erst nach dem Wiener Kongreß schmücken
durfte (sonst bekam er fast nichts), eher verdient als er – und
brauchte sich hinterher trotzdem keine stille Schwäche für den
Empereur (das Monstrum, die Weltseele zu Pferd) nachsagen zu
lassen. Oder gar zu widerrufen – wie Goethe, wenn er es auch
mit gebotener Ironie tat. Denn was nachkam, war ihm nicht
einmal *diese* wert: die Heilige Allianz und ihr Gegenstück, eine
geschwollene Nationalität, aus der die Freiheit, die sie gemeint
hatte, in einem verspäteten Kaiserreich untertänigst wieder ver-
duftete. Und man braucht kein «rückwärts gewandter Prophet»
zu sein, um dem Dichter des «Faust» eine Klarsicht zu beschei-
nigen, die uns Nachgeborenen den Atem verschlagen könnte –
müßten wir ihn nicht so «veloziferisch» darauf verwenden, die
Tatsachen zu schaffen, die seine Ahnungen bestätigen.

Denn was hat er nicht alles kommen sehen: die schwindel-
erregende Beschleunigung der industriebedingten Lebens-Formen, die Enteignung menschlichen Haushaltens durch eine
spekulative Geldwirtschaft, die Zerstörung von Natur und Gedächtnis durch technologischen Gigantismus, bis zur Labor-
Konstruktion einer Künstlichen Intelligenz. Die gnädige Ironie
der Dichtung unterstellt Homunculus immer noch das Bedürfnis, »auf rechte Art zu entstehen«, und gönnt ihm die Rückkehr
ins Meer, die Ursuppe des Lebens, um die Sisyphus-Arbeit der
Evolution als Einzeller neu zu beginnen. Diesmal vielleicht mit
mehr Glück, als die aktuelle Krone der Schöpfung dieser gebracht hat.

Die sieben Siegel von «Faust II» beginnen sich

erst im 21. Jahrhundert zu öffnen – Goethe wußte wohl, warum er das ungeheure Werk nicht für Zeitgenossen bestimmt hatte.

Was ihm an Veränderung privatim unter die Haut ging, war vergleichsweise trivial: etwa die Enteignung seines Theaters. Ausgerechnet Carl Augusts Favoritin Jagemann hatte sie forciert, als sie einen Hund auf seine Bühne bringen wollte; ein Fall von biedermeierlichem Regie-Theater, bei dem Goethe wieder einmal («Man lache nicht!») keinen Spaß verstand. Trat der Hund auf, trat er ab. Seine Kynophobie war bekannt; nicht umsonst hat er für seinen Teufel die Verkleidung des Pudels gewählt. Aber zurückbellen konnte er auch: *Stelle dich wie du willst, Larve, mich sollst du doch nicht unterkriegen.*

Man muß nicht mehr fürchten, daß er damit dem Hundenarr Carl August zu nahe getreten sei. Ebensowenig hat die beißende Theaterfarce ihr Verhältnis lange getrübt. Dieser Männer-Bund, auf der Furka besiegelt, war (um Kants apartes Ehe-Attribut zu zitieren) »lebenswierig«, über alles Episodische hinaus. Carl August, wer sonst, machte als schon alter Mann, für den noch älteren Goethe 1821 in Karlsbad den Brautwerber für eine Frau, die gerade so jung war, wie er selbst bei seiner Verlobung mit Louise gewesen war: siebzehn. Ohne den Fehlschlag des Versuchs gäbe es keine Marienbader «Elegie». Noch weniger gäbe es sie, wenn die Verbindung Goethes mit Carl August nicht gelungen wäre – über den schon nahen Tod des Großherzogs hinaus. Sie war «dämonisch».

Dämonisch   mit diesem Wort, das Segen und
Fluch, Furchtbares und Fruchtbares untrennbar verbindet,
hat der Planetentanzmeister wenige Konstellationen eines
größeren Universums ausgezeichnet. Dazu gehörte, in seiner
Lebenszeit, diejenige mit Carl August – ein luziferischer Adels-
brief, den er mit Napoleon teilt. Und mit Schiller.

Die Konjunktur Goethe-Schiller war beides, Sternstunde
und Schlußbukett des Planetentanzes. Als sie untergegangen
war, blieb Goethe in einem Zustand des «Unmuts» zurück – der
verlorenen Orientierung. Mit Schiller hatte er Pflicht und Neigung verbinden können. Daraus wurde ein Spiel hoch produk-
tiver Mißverständnisse, in dem jeder seinen Anteil daran dem
andern zugute hielt, statt ihn zu verübeln. Sie waren einander so
fremd wie möglich, aber willens, einander zu schaffen zu machen und nicht müde zu werden, bis die gemeinsame Figur *er-
haben* war – sogar über gewöhnliches Gelingen. Die treibende
Kraft lag auf Schillers Seite – dabei wurde er immer freier *von*
sich selbst, der Getriebene aber lernte freier werden *für* sich
selbst, auch um den Preis seiner Einsamkeit.

Die Revolution hatte den Dichter der «Räuber» zum Ehren-
bürger ernannt, Goethe aber erklärte ihn zum Aristokraten,
«auch wenn er sich die Nägel beschnitt». Das Gegenzeugnis eines großen Spielers an den andern lautet: «Gegen Goethe bin
und bleibe ich doch ein poetischer Lump.»

Das war noch *vor* ihrer persönlichen Bekanntschaft, rechnet
man die Diplomfeier des jungen Medikus Schiller ab, welcher
Goethe mit Carl August nach der Schweizer Reise beiwohnt hat.
Er hätte den Durchbrenner aus dem Fürstendienst gewiß nicht
nach Weimar geholt; dafür wurde – wie in seinem eigenen Fall –
der dämonische Blick Carl Augusts benötigt. Kein anderer konnte
die nobelste Verbindung der deutschen Geistesgeschichte eröff-

nen – sie spottete jeder Wahrscheinlichkeit. Die Spannweite reicht von Schillers Satz, Goethe sei ihm erschienen «wie eine stolze Prüde, der man ein Kind machen muß, um sie vor der Welt zu demütigen», bis zur Erklärung: «Dem Vortrefflichen gegenüber gibt es keine Freiheit als die Liebe.»

Der Bund mit Carl August ist, im Licht gewöhnlicher Vernunft betrachtet, nicht weniger unwahrscheinlich gewesen. Aber Dämonen erkennen ihresgleichen, und wenn sie sich zu keinem andern Zweck verbündeten als für die Kunst: Das Menschliche bildet sich darin wie der Ton im Instrument, der Inhalt in der Form.

Und wo bleiben die Frauen?

Sie schrieben ihnen schon auf der Schweizer Reise gewissenhaft, nur daß im einen Fall die eigene Frau nicht die geliebte war, im andern die geliebte nicht die eigene. Aber nichts, was man liebt, hat man zu eigen; und der Preis für alles, was man zu eigen hat, ist, daß man es eines Tages gehen lassen muß. Für diesen Tag muß man im Stillen reif sein, oder man wird es nie.

Dialog   Bist du ein Muslim?

Wie kommt Ihr denn darauf?

Der Engel Gabriel hat Euch diese Reise diktiert, wie Mahometen den Koran.

Und Ihr haltet Euch grandios, wenn ich das anmerken darf. Ihr seid zu Fuß wie keiner.

Ja, du prüfst mich, großer Mahomet, und prüfst mich streng.

Was habe ich mit dem Propheten zu tun?

Du hast Mahomets Gesang vorgelesen, und unsere Damen waren hingerissen. Willst du Suleiken aus ihnen machen?

Lieber Scheherazaden, Durchlaucht, aber das sind sie schon. Solange sie Männern etwas erzählen können, bleiben sie lebendig, und wir auch. Ihr lacht?

Ich stelle mir die gute Göchhausen gerade als Suleika vor. Aber eigentlich bist du selbst Scheherazade. Du dichtest um dein Leben.

Ich nehm's auch geschenkt.

Ich denke dir aber gar nichts zu schenken, mein Freund, wenn wir hier heil herauskommen.

Die Götter stehen uns bei.

Mahomet beruft sich auf die Götter?

Die Kaaba war schon vor ihm da. Und übermorgen stehen wir auf dem Gotthard.

Du hast Angst, und mir willst du sie ausreden. Aber ich mache dir eine Bedingung. Wenn wir hier durchkommen, bringst du mir Voltaires «Mahomet» auf die Bühne.

Den Tyrannen? Den Fälscher? Wollt Ihr mich strafen?

Den Tyrannen? Sieh an. Er opfert doch nur die Menschen seinem Glauben, wie du.

Dann kehren wir um, auf der Stelle.

Wir denken gar nicht daran.

Ich bringe Euch «Mahomet» auf die Bühne, Durchlaucht.

Deinen «Tasso» möchte ich noch lesen, und wär's auf Asbest. Damit ich weiß, was, zu meiner Lebzeit, in Weimar wirklich los gewesen ist.

Krebsangst wird nun, da der Krebs sichtbar einge-
treten ist, zum leeren Wort. Keiner der nächsten Verwandten
hat mein Alter erreicht – meine Mutter ausgenommen, und ihr
letztes Jahr möchte ich keinem Feind wünschen. Was zählt: daß
die Parzenschere *heute* noch einmal vorübergeht und daß ich
dafür dankbar bleibe. Offenbar hat Dankbarkeit ihren Preis,
und was ich dafür bezahlt habe (und meine Nächsten auch),
muß angenommen worden als gültige Währung, auch wenn ich
gut genug weiß, wieviel daran gemogelt war. Das Zinken von
Erfahrung war Teil meiner Berufstätigkeit – meine Geschichte
so auftreten zu lassen, als wäre es eine andere, oder aber (der
stärkere Fall) eine andere Geschichte so, als wäre es meine
eigene. Und wenn ich etwas geschafft habe, war es der Spiegel-
fechterei nicht ganz unähnlich, die unser kleines Grundstück
zum Zaubergarten erweitert.

Das Leben wird auch merklich, was es ist: begrenzt. Ich habe
den Krebs; was kann mich kümmern, als daß er *mich* nicht
habe, nicht mit Haut und Haar?

> Es wandelt, was wir schauen,
>
> Tag sinkt ins Abendrot,
>
> Die Lust hat eignes Grauen,
>
> Und alles hat den Tod.

Schlichter als das Eichendorff-Gedicht kann man's nicht sagen.
«Daß er mich nicht hat» kann dann nicht mehr nur heißen:
Wie werde ich ihn wieder los? Der Krebs hat sich zum Teil meines Organismus gemacht, wie immer, warum immer, und um
seine *terms* zu kennen, muß ich, durch ihn, meine eigenen besser kennenlernen. Auch das ist nur in Grenzen möglich; doch
Schreiben heißt: mit begrenzten Wörtern und Sätzen so umge-

hen, daß nicht nur eine Geschichte daraus wird (jeder Texter schreibt Geschichten), sondern daß sie als *Form* überzeugt.

Anders ist dem Kerngeschäft des Lebens nicht beizukommen, auch nicht medizinisch. Vielleicht kann man etwas tun, aber auch dafür ist eine Form zu finden, die sich mit der Form meines schon bekannten Lebens verträgt.

Aber diese Form *suche* ich ja unabhängig vom Krebs. Wenn ich in einer Arztpraxis sitze, bietet er (wie ungern wird er dort beim Namen genannt) nicht nur Gelegenheit, meine Angst mit dem Arzt zu teilen (er hat sie auch), sondern die Chance, gemeinsam herauszufinden, was für mich stimmt, *unter allen Umständen*.

Heute glaube ich: Beihilfe zur Entsorgung kommt nicht in Frage; dafür ist der letzte Atem zu kostbar. Mit dem Giftbecher, auch dem bekömmlichsten, stirbt man nicht seinen eigenen Tod, auch wenn man ihn als Abschiedsparty zelebriert. *Der Mensch ist eine einzige Herrlichkeit, und er hat nicht zuviel Leiden und Schmerzen, sondern ihrer zuwenig.* Der Satz aus Hofmannsthals «Turm», unerträglich in jedem anderen Fall, könnte im eigenen etwas Wichtiges zu bedeuten haben. Wenn es für den Menschen, der ich geworden bin, denn eine «Herrlichkeit» gibt, schmerzlos wird sie nicht zu haben sein.

«Lebensqualität erhalten», ist ein gängiger Terminus, aber konkret tut er keinem Patienten genug. Der «Patient» ist ein Synonym zu «geduldig»; ich denke, ich werde viel Geduld nötig haben noch an meinem letzten Tag, um an meine Lebensqualität zu kommen. Denn an meinem bekannten Leben war viel gepfuscht, und wenn mir beim Schreiben etwas gelungen sein sollte, dann nur, wenn ich die rechte Form fand, mich vom Lebens-Pfusch ein Stück abzusetzen. Und wäre es nur so, daß ich gerade ihn genau nehme. Dann erst entwickelt eine Figur Eigenschaften, die keinen Pfusch erlauben.

Insofern die Phantasie zur Grenzüberschreitung neigt, zur

Kraftmeierei, gab es natürlich auch starke Gründe zu pfuschen; nur starke, nicht gute. Das meiste, was ich an empfohlener Lebens-Form vorfand, war nicht tragfähig, angefangen bei der Frömmigkeit, mit der mich das Elternhaus ausrüsten wollte. Später stieß ich auf höherentwickelte Empfehlungen zum rechten Leben, aber in jeder fand ich ein Haar, und dieser Vorbehalt wurde zum Salz meiner Schreiberei. Wo sie etwas taugt, dann immer durch den Vorbehalt gegen *empfohlene* Lebens-Formen, deren Gültigkeit für andere ich sehr wohl gesehen, manchmal auch bewundert habe. Schreiben heißt aber: Hoffnungen ablegen oder abweisen, die für einen selbst nicht zutreffen. Das aber möchte ich mit dem gebotenen Respekt tun – nicht mehr in Versuchung geraten, das andere dafür abzustrafen, daß es nicht das Eigene ist.

Was ist mir noch wirklich teuer? Ich möchte, so lange wie möglich, für Umstände sorgen, die das Gefühl des *Gelingens* stärken. Ich lebe *quia absurdum*: Sei's drum, denn ich lebe und sterbe für keine Statistik, sondern in eigener Sache, derjenigen, die einmal mit mir in die Welt gekommen ist. Es mag höchste Zeit (oder auch: unmöglich) sein, sie kennenzulernen, aber noch bleibt es meine Zeit. Vielleicht lerne ich auch dann noch etwas wie Freude an meiner Sache, wenn ich sie mir – oder ihren Ersatz – nicht mehr durch Schreiben besorgen kann oder muß.

Was weh tut: wie weit mich die vergangenen Monate von meinem früher bekannten Leben entfernt haben, auch von meinen Söhnen. Bei meiner Trennung von unserer Familie hat mein mittlerer Sohn gesagt – er war erst fünfzehn –: bitte, nur keine Schuldgefühle. Wunderbar – nur fürchte ich, daß wir uns damit übernommen haben, beide.

Aber auch zu planen soll man nicht aufhören.

Also beschäftigt mich mein nächstes Buch – ist mein Wie-

dergänger, den seine Frau Sutter nannte, noch einmal zu retten?

Also halten wir auch, schon für April, an der Reise nach Japan fest.

In Leichenstellung schlafen ist nicht gesund, sagt A.

Traum 2   Ich war in einer gehobenen, aber nicht be-
haglichen Gesellschaft in Gramercy Park, N.Y., wir brachen in
einer Wagenkolonne nach Harlem auf, wo ich zum Predigen
gebucht war (Abyssinian Baptist Church?). Dicht vor der Kirche
steige ich aus, weil ich festgestellt habe: Ich habe den Text nicht
dabei. Es ist zehn vor zehn, müßte noch reichen, ihn im Hotel
(?) abzuholen, soviel ich weiß, gehen der Predigt Lieder und Ge-
bete voraus.

Es ist nicht weit; aber kommentarlos ausgestiegen, befinde
ich mich augenblicklich in einem Verkehrschaos, Polizei winkt
mit Signalstäben, Augen am Stiel. Endlich hält ein Taxi, eine
Lotterlaube, gedrängt voll Menschen, die, als ich zu witzeln versuche, bösartig werden. Ich rette mich ins Freie / werde hinaus-
geworfen?, stehe in einem Elendsviertel, zunehmend hoffnungslos, auf einem Platz; dann erklärt sich ein junger Schwarzer (fast
alle sind hier schwarz) zum Taxi. Er turnt am nächsten Block
zwei Holzbalkone hoch, um die Autoschlüssel zu holen und her-
unterzuwerfen. Aber als es losgeht, sitzt plötzlich noch ein zweiter im Wagen, beide reden zutraulich Schweizerdeutsch, aber
lauter Unsinn. Wir fahren einem Kanal entlang ins Nirgendwo.
Kein Gedanke daran, daß ich je zum Ausgangsort zurückge-
lange, noch viel weniger rechtzeitig in die Kirche.

Putting things off and off. Dabei ist die Stimmung des Traums bedrohlich. Ein falsches Wort, eine mißverstandene Bewegung, und du bist geliefert.

Mops

Nur einer wird hinüberkommen, bis in unsere Zeit. Seinetwegen kennen gebildete Leute auch noch den zweiten, einen kleinen Territorialfürsten, der sich gerne mit großen Hunden abbilden ließ. Von den drei andern hat sich jede Spur verloren (außer vielleicht der genetischen). Nur Spezialisten kennen noch ihre Namen: Moritz von Wedel, Hermann Blochberg. Die beiden Führer, Einheimische, blieben obskur.

Dem Einen zu Ehren, dem Einzigen, der nicht verschollen ist, erzähle ich diese Geschichte; denn auch seine Spur beginnt fast unsichtbar zu werden, und ich glaube, daß wir sie nicht verlieren dürfen. Er hat das Zeug zum Lebensretter für die menschliche Zivilisation, ohne es darauf angelegt zu haben. Denn er kannte ihre Grenzen, traute ihr auch das Schlimmste zu, hielt jedenfalls, was sie Fortschritt nannte, für eine Chimäre. Vom Tod aber sagte er: Den «statuiere ich nicht».

Was will das heißen?

Heute, als ich zu einem Arzttermin unterwegs war, ging beim Ausgang des Bahnhofs Stadelhofen eine junge Frau vor mir her, die einen Mops eng an der Leine führte. Das pralle Tier war, nach Hundeart, bei jedem Schritt beschäftigt, ließ sich immer wieder abwendig machen von der ständigen Versuchung zum Einhalten und Schnüffeln. Doch die Kräfte beidseits der kurzen Leine waren zu ungleich verteilt, jedenfalls – denn der Mops war ein silberhaariges Muskelpaket – die Befehlsverhältnisse.

Aber als die zwei an einer Ecke vorbeikamen, die für das Tier
ganz unwiderstehlich war, hielt die Frau ihren forschen Schritt
an und gab dem Spurensucher Zeit, die Stelle genauer zu lesen.
Nachher mußte er das Bein heben, und die Frau zerrte nicht an
der Leine, obwohl sie in Eile war.

In diesem Augenblick waren Frau und Tier ein gutes Paar.

Wem hat der Hund seine Duftmarke hinterlassen? Für nieman-
den im besonderen; er ist einem vitalen Reflex gefolgt und hinterließ seinen Geruch. «Hier bin ich gewesen.» Die Signatur
Eulenspiegels, wenn er nach einem Streich verduftet war.

Plötzlich ging ich guten Mutes zu meinem Termin, die Welt
hatte wieder Farbe angenommen. So wenig braucht es dazu.
Der aufgesetzte Gleichmut, mit dem ich einen kritischen Weg
ging, war wie weggeblasen, dafür meldete sich ein Hauch jenes
Fahrtwindes zurück, der mich, den Überflieger auf meinem ersten Fahrrad, beim Loslassen der Lenkstange angeweht hatte.
Dabei hatte mir die Welt grundlos auf- und eingeleuchtet, wie
zum ersten Mal. Und wenn es das letzte Mal wäre? Es macht,
für diesen Augenblick, keinen Unterschied.

Traum 3   Der Tribun erscheint, der Mann des Veto,
der die CH-Politik seit Jahren vor sich hertreibt; ich treffe ihn
bei der gemeinsamen Freundin M., sie läßt uns allein. Er gibt
sich bieder, fast kumpelhaft. Ich weiß, daß er die Zeitungen der
Schweiz eine nach der anderen aufgekauft hat, neulich die NZZ,
und im Traum ist mir klar, was er vorhat: als nächstes kauft er
die reformierte Kirche ein. Damit hat er in Zürich begonnen,
mit dem St. Peter.

Er leugnet nicht, aber fragt zurück: Was soll ich mit Kirchen anfangen? Er prüft mich wie ein Schulmeister, und ich erkläre, daß die Gotteshäuser sich leeren und ohnehin zur Disposition stehen, als Kulturräume etc. Nie war es günstiger, die abgewirtschaftete Infrastruktur der Religion zu übernehmen, darum habe er, der ihr Potential kannte, zugegriffen. Denn andererseits sei auch der Bedarf nach Trost im Glauben, nach Ekstase im gemeinsamen Ritual nie größer gewesen, nur daß das kirchliche Personal es nicht zu nützen wußte und zu öden Vereinsversammlungen herunterkommen ließ.

Ich rede inzwischen selbst wie ein Verkäufer, als müsse ich mich dem Tribun nicht nur empfehlen, sondern nützlich machen. Sie *glauben* noch! erkläre ich ihm, wo käme sonst Ihre Glaubwürdigkeit her! Was Sie stark macht, ist nicht Ihre Politik, auch nicht Ihr Geld, sondern der Glaube, den Sie in der Hinterhand behalten, er ist es, der Berge versetzt. Sie wollen aus Ihren Wählern nicht bessere Schweizer, sondern Gottes Volk machen, ein *Reformator* sind Sie!

Er schmunzelt, wie einer, der es darauf anlegt, sich nicht in die Karten schauen zu lassen, aber meine Huldigung läßt er sich sichtlich gefallen. Zwischen uns ist ein Einverständnis wie zwischen Verkleideten, die sich erkannt haben. Und ich spiele den Täufer …

Im Traum ist Wahrheit. Der Tribun ist Sohn eines Pfarrers, der von seiner Gemeinde fortgejagt wurde, wie er selbst aus dem Bundesrat abgewählt; da sitzt eine Kränkung, die nicht vergeben werden kann. Und es genügt ihm nicht, sie durch politische Macht zu kompensieren. Der Sündenbock ist erst am Ziel, wenn der Gott in ihm erkannt wird, und dafür muß er nicht nur Furcht und Schrecken verbreiten, sondern Gnade. Der Abgewählte offenbart sich als Erwählter.

Er weiß, daß es Freude macht zu *hassen*, wenn etwas verletzt wird, was er Ehre nennt, und die seine bietet sich zum Verletzt- werden öffentlich an. Denn was (außer Millionen) hat er sonst? Er ist nicht wohlgelitten, aber er hat gelernt, daß man mit Zu- rückleiden nicht weit kommt. Andererseits gibt es nichts, was man so unwidersprochen einfordern kann wie «Respekt». Also fordert er ihn nicht jammernd, sondern drohend ein, das ist der einzige Weg, das explosive Gut zu mehren und zu schärfen. Selbstmitleid hat er sich abgeschminkt. Sonst könnte man ja nicht töten, und darauf kommt es an, unterm Strich: Wer eine Ehre hat und haßt, muß töten können, aber *einwandfrei*.

«In der Welt habt ihr Angst, aber seid getrost, ich habe die Welt überwunden.»

Das muß die Botschaft des neuen Heilands sein, der den ver- worfenen und verlassenen Spielfeldern Politik und Kultur end- lich wieder die Potenz Religion zusetzt, der politischen Klasse überhaupt *zusetzt*, mit Macht, nicht zu knapp oder gar gscha- mig, wie die konventionellen Kirchen, sondern daß es kracht. Es krachen lassen, das kann er, dafür hat er genug gelitten, ohne es zu zeigen. Dabei ist er «Der bis auf den Grund Gekränkte», *the orphan who made good*: und jetzt ist seine Güte gewaltig, wie in einem alten Kirchenlied. «Und wenn die Welt voll Teufel wär.» Er zeigt den Teufeln immer die Zähne; das ist sein Lächeln. Angst machen statt Angst haben, das ist sein Geheimnis. Dann hat er die Welt überwunden.

Die Aufklärung   hat Gott enteignet. Jetzt enteignet
Gott (im Namen Allahs) den Fortschritt und macht ihn endgül- tig zum Markt, auf dem am Ende der Tod der Meistbietende ist.

Ins Reine kommen, was mich selbst betrifft: Das
bleibt, solange ich da bin. Aber das Reine ist eine kalte Zone.
Ihre Sprache ist die juristische von Erbverzicht, gültigem Testament etc., die Beziehungen weichen zurück, veröden, verstummen. Dabei: immer wissen, daß die «Gültigkeit» letztwilliger Verfügungen mit dem erlischt, der weg ist; was bleibt, sind kleine Wunscherfüllungen, und wenn's gutgeht, dieses oder jenes Andenken.

Vom Geld, auch vom «guten Geld», muß man wissen: Es ist ganz und gar treulos, ohne zu stinken; das einzige, was stinkt, bist du, bis du, im Feuer oder unter der Erde, ausgestunken hast. Das Geld bleibt immer noch geruchlos und hinterläßt keine Spur, wenn es Menschen zur Strecke bringt.

Kann man sich auf den eigenen Tod freuen?
Nein. Aber da ist auch mehr als Gefaßtsein, ein stilles Kribbeln. Von Ernst Bloch gehört: Das einzige Abenteuer, das ihm jetzt noch bevorstehe, sei das Sterben.

Garten und Haus sind bereit, alles andere muß noch bestellt sein, A. zuliebe. Denn ihre Phantasie des gemeinsamen Todes ist so viel größer als die Wirklichkeit, daß es auch der kleinsten nicht standhalten wird.

Erhielte einer ausnahmsweise Unsterblichkeit geschenkt, sie verböte sich schon aus Anstand gegenüber den Toten.

Einkehr, die vorletzte, zwischen Brig und Münster

VS, zum Mittagessen bei einer Wirtin wundermild. Könnte in Ernen gewesen sein, dem «urigsten» Dorf im Goms, wie geschaffen für kleine, aber feine Festwochen, Musik (auch zeitgenössische) oder Schreiben (mit Donna Leon). Ob Carl August und Goethe (Blochberg nicht zu vergessen) im Rathaus (1762), im Tellenhaus (1578), im Kapuzinerhaus (1511), im Schulhaus (1538), im Mathäus-Schiner-Haus (1603), im St.-Georg-Haus (1629) oder im Sigristen-Jost-Haus (1580) eingekehrt sind, ist nicht mehr auszumachen. Sicher ist, die gastliche Bäuerin war anmutig und hatte Beziehungen zur katholischen Hochkultur, vielleicht als Nichte eines Pfarrers. Denn über ihrem Türgericht stand eine Reihe frommer Folianten beieinander, und die Gäste verkürzten sich die Wartezeit auf das Süppchen mit Lektüre.

Aber während sie löffelten, zeigte sich die Hausfrau als Erzählerin. Sie konnte lesen und «teilte» (mit *Facebook* zu reden) die ihr teuerste Kalendergeschichte mit den offenbar gelahrten Gästen. Die handelte von einem heiligen Alexis und hat Goethe zu Tränen gerührt. Was er hörte, konnte nicht – wovon er sich hinterher überzeugte – nach dem Buche erzählt worden sein, dessen Stil er «abgeschmackt» nannte. Sie war aus der Seele geschöpft und in Anmut und Würde vorgetragen.

Ich besitze diesen Folianten; er wurde im Zentralen Verzeichnis antiquarischer Bücher angeboten. Der Geschichtenkalender Pater Cochems, über tausend brüchige Seiten stark und zwischen gerippte Pergamentdeckel (mit Schlössern) gepreßt, vereinigt alle 365 Jahresheiligen in wortreich erbaulichen Viten, in denen – denn überwiegend sind es Märtyrer-Legenden – der natürliche Tod die Ausnahme bildet. Diejenige des hl. Alexis gehört gerade noch dazu, denn am Leibe abgetötet hatte er sich ein Leben lang selbst. Daß Pater Cochem seinen Propaganda-

wert hoch einschätzte, bezeugt seine Wortwahl: («ein Stücklein
zu wagen, deßgleichen die Welt seither noch wenige gesehen») –
nach Goethes Geschmack war sie gewiß nicht und der Lehrwert
dieses Heiligenlebens eine einzige Zumutung. Warum erschüt-
terte sie ihn – im Munde dieser Bäuerin – dennoch in tiefster
Seele?

Alexis 1 Es begab sich aber und hörte nicht auf, sich zu

begeben. Es begab sich nämlich, unter Kaiser Theodorus, daß
ein frommer Jungmann aus bestem römischen Haus heiraten
sollte. An Alter war er so weit, aber in der Seele noch nicht.
Diese verweilte sich lieber Tag und Nacht im Betstüblein seines
Elternhauses, um sich zu zerknirschen. Aber worüber denn, und
weswegen?

Im Zweifel zerknirschte er sich über sein Fleisch, denn das
Fleisch war der Zweifelsfall schlechthin, an dem ein junger
Mann auch verzweifeln kann, denn es ist ungemein vielfältig.
Darüber kann man, wie der Herr Vater, der Senator, eine gefäl-
telte Toga tragen, oder, wie die fromme Frau Mutter, eine ge-
plättete Stola: Das Fleisch darunter behält seine Kummerfalten,
in ihnen hockt die Sünde und ist nicht auszubügeln, denn nur
zu gerne steckt man sein eigenes Fleisch hinein. Einmal Bügeln,
und schon springt aus den Falten wieder neues Fleisch heraus,
und damit auch neue Sünde. So ist auch Alexis bei der frommen
Mutter herausgekommen. Doch als er nicht nur geboren war,
sondern auf die Welt kam, als Jungmann, hat er zwar seine Vorbilder, die lieben Eltern, nicht mehr bügeln sehen – als würdigen Leuten stand es ihnen nicht mehr an. Vielmehr ertappte er
jetzt sich selbst bei der Lust zu bügeln, wohl wissend, daß es

Sünde war. Unser aller Heiland war ohne Bügeln geboren worden, denn er mußte ganz ohne Sünde sein, um uns von der un-
sern zu erlösen.

Einmal war Alexis der Versuchung auch erlegen, ohne recht
zu wissen, wie. Denn er war erst zwölf Jahre alt, als ihm eine
nubische Magd anbot, seinen Willen zu tun und sein Fleisch in
ihre Falte zu stecken. Dabei war das noch gar nicht recht sein
Wille gewesen, und dennoch trieb ihn sein Fleisch, ihn zu tun,
und es war nicht etwa eine Lust, sondern gleich fertig. Er mußte
lernen, wie leichtfertig die Sünde ist, ausgerechnet die schwer-
ste, und probierte sie, um ganz sicher zu sein, noch einmal mit
einer gotischen Magd. Da war sie zwar besser, aber ebendarum
auch schlimmer, und danach wußte er ein für allemal: Die
Sünde, immer nahe, ist nicht weit her. Und Alexis schwor sich,
den Frauen zu entsagen und noch lieber Hand an sich zu legen.
Das war wie ein kleiner Tod, aber daß es noch die größere
Sünde war und vielleicht die größte, offenbarten ihm die Phantasien, mit denen er seine Lust büßen mußte. Sie zeigten ihm
nämlich immer heilige Frauen, ja die allerheiligste, die er mit
seiner Sünde anstecken mußte, damit sie eine rechte Lust war.
Und danach mußte er auch noch wissen, was er getan hatte: Er
hatte sich die ewige Verdammnis geholt, denn die Frauen, die er
heimsuchte, waren heilig. Dennoch konnte er nicht aufhören,
sie zu begehren und zu schänden, und danach war es endgültig
keine Frage mehr, worüber und weswegen er sich Tag und
Nacht zerknirschte, nur half es nichts. Die Sünde verlangte immer wieder nach ihm, darum konnte er auch nicht aufhören, sie
zu verlangen, und doch war die Strafe, die dafür angesagt war,
keine geringere als ewige Höllenpein. Aber die zeitliche litt er
schon, wenn er sich der Sünde enthielt.

Was konnte ihn noch retten? Eine Heirat, meinten seine guten Eltern, deren Frömmigkeit den Grund seiner Zerknirschung

wohl ahnte. Alexis betete jeden Tag, alt zu werden wie sie und vielleicht ein wenig wurmstichig oder gar nicht wenig, damit der Sünde die Lust auf ihn vergehe. Aber der kluge Vater, die praktische Mutter versicherten ihrem einzigen Sohn einhellig, daß einem frommen Jungmann durch Heiraten zu helfen sei. Da sei die Sünde nicht nur keine mehr, sondern dürfe gar zur ehelichen Pflicht werden.

Die sinnige Dora, die sie als Schwiegertochter im Auge hatten, war aus bestem Haus und paßte aufs beste zu ihren Plänen. Eigentlich paßte sie auch Alexis, denn sie war überaus nett anzusehen, hatte auch eine schöne Seele, und es war ihr zuzutrauen, daß sie die Sünde nicht weniger ernst nahm als er. Doch schien sie von ihr auch nichts zu wissen. So fromm sie war, eine Heilige war sie nicht, und nur eine solche hätte vermocht, seiner großen Sünde genugzutun. Ganz besessen, wie er von ihr war, wußte er doch immer noch, daß er eine reine Jungfrau niemals mit dem Greuel anstecken durfte. Kaum weniger streng aber gebot ihm seine Kindesliebe auch Gehorsam gegen die guten Eltern.

Und so zerknirschte er sich über die nahe, viel mehr drohende als lockende Heirat jede Nacht, und schließlich war es die heilige Gottesmutter selbst, die ihm die Lösung zuraunte: Er möge mit seiner Dora doch insgeheim einen Vertrag schließen, daß sie miteinander zum Altar schreiten und einander vor Gott auch ewige Treue geloben würden. Das Ehelager aber wollten sie unbestiegen und einander unberührt lassen, damit die Sünde keine Gewalt bekomme über ihre Verbindung. Und um sie gar keiner Versuchung auszusetzen, müsse der Bräutigam in Gottes Namen die Braut fliehen, so weit ihn die Füße trügen. Sie möge sich also, nach der Heirat, als ewige Jungfrau betrachten, nach dem Bilde der Gottesmutter, und in Rom wie eine keusche Witwe umgehen. Das inbrünstige Gebet füreinander bleibe ja unbenommen und gehe gewiß einen langen Weg, kleinere Sün-

den, deren sie immer noch schuldig werden konnten, ungesche-
hen zu machen. Und siehe, Dora, die fromme Braut, sagte Ja
und Amen dazu, wiederholte beides, mit dem Gatten zum ersten und letzten Mal vereint, auch vor dem Priester, und sie
nahmen das heilige Sakrament darauf.

Die erste hoffentlich nicht ganz tödliche Sünde war das Geheimnis, welches das Paar aus seinem Plan hatte machen müssen. Die Eltern hatten denn also, nach der vermeintlichen
Hochzeitsnacht, den schon geschehenen Abgang ihres lieben
Sohnes festzustellen und, wie ihnen Dora unter Tränen gestehen mußte, für immer, mit ihrem Einverständnis. Da erfüllte
der gemeinsame Jammer das ganze Haus und wollte nicht enden. Daß Gott eine Gnade, und zwar die größte, *in petto* hatte,
wagte sich noch niemand träumen zu lassen. Zwar sandten die
Eltern, nur zu menschlich, Suchboten in alle Ecken der bekannten Welt, doch Alexis blieb verschollen.

Die Legende aber weiß, daß er sich zu Schiff begab, gen
Osten, aber nicht bis zum Heiligen Grab, das wäre ihm zu unbe-
scheiden vorgekommen. Er landete, auf heiligmäßigen Umwe-
gen, in der Stadt Edessa oben im Zweistromland, wo er sein
Fleisch als Bettler bis aufs Allernötigste abzehrte, also daß die
Sendboten seiner Eltern ihn zu Edessa wohl fanden, aber nicht
erkannten, sowenig, daß sie dem vermeintlichen, nein: dem
wahren Bettler ein Almosen reichten, womit auch für ihre eigene Seligkeit etwas getan war, der seinen aber noch nicht genug. Das Heilige Grab nämlich, dessen er sich unwürdig ge-
deucht hatte, war zu ihm gekommen, und zwar in Gestalt eines
Ungeschaffenen Bildes, das man unserem HErrn noch zu seinen
Lebzeiten abgenommen hatte. Nun kam es nach Edessa und
machte seine Kirche zur wichtigen Pilgerstätte. Aber da die Be-
scheidenheit dem Alexis abermals verbot, sich dem Bild im Fleische zu nähern, sowenig von diesem auch übrig war, bettelte er

immer noch *vor* dem Gotteshaus weiter und wurde damit für viele zum eigentlichen Anziehungspunkt ihrer Andacht, so daß der Geruch der Heiligkeit, in den er geriet, gleichsam zum Himmel stank und zur neuen Quelle der Versuchung wurde. Da gab ihm die Muttergottes ein, abermals zu fliehen, gen Tarsos, in die Stadt des heiligen Paulus, und so schiffte er sich bei Nacht und Nebel ein. Aber der Geist, der da weht, wo er will, ergriff das Schifflein im Sturm und trieb es so weit nach Westen ab, daß es am Ende im fernen Rom vor Anker gehen mußte.

Alexis aber ergriff die Gelegenheit beim Schopf, seinem Büßerleben eine wahre Dornenkrone aufzusetzen. Bettler, der er war, und unkenntlich, suchte er sein altes Vaterhaus heim und bat, ihm dort ein seines Unwertes würdiges Plätzchen zu gönnen. Und siehe, der Geist gab ihnen ein, ihm ein solches gerade unter der Treppe anzuweisen, wo er nicht nur unerkannt, sondern fast ungesehen noch ein volles Jahrzehnt verweilen durfte. Die nie verstummenden Klagen über sein Ausbleiben, die er jeden Tag genau über seinem Haupt ausgestoßen hörte, nicht nur von seinen Eltern, auch von seiner lieben Ehefrau, bestärkten ihn in der ebenso tränenreichen Gewißheit, daß sie alle, in Gott, einander nie näher hätten sein können als in gegenseitiger Entbehrung, mit der auch für ihre Seligkeit das Beste getan sei. Die nachlässige oder gar schnöde Behandlung, die er von den Dienstboten seines Hauses erfahren mußte – manchmal wurde er gar vergessen –, trug nicht wenig zu seinem höheren Wohlbefinden bei, aber es blieb aller Welt verborgen.

Erst als der demütige Hausgenosse in Gott verschieden war, kam große Aufregung ins Haus. Denn ein Pergament in seiner starren Hand zeigte an, daß er unter seiner Treppe nicht müßig geblieben war, vielmehr sein ganzes Leben aufgezeichnet hatte, aber nun gab die Totenhand diesen Schlüssel nicht her: Erst dem Papst in Person gelang es, ihn daraus zu lösen. Inzwischen hatte der Geist aber schon in ganz Rom ruchbar gemacht, es habe gerade sein größter Heiliger das Zeitliche gesegnet, und seine Familie mußte zur Kenntnis nehmen, daß gerade ihr Haus mit diesem Wunder begnadet worden sei. Danach war des Klagens darin erst recht kein Ende mehr, und der Gewissensbisse, wie der verlorene Sohn ungehegt, wohl gar mißhandelt, so lange unerkannt unter dem elterlichen Dach hatte weilen können. Jetzt aber floß auch die Gnade überschwenglich, denn statt zu verwesen, strömte der Verewigte den Geruch des Paradieses aus und sorgte noch aus dem Grabe dafür, daß der Aufruhr, der seinetwegen entstanden war, in Frieden beigelegt wurde. Ganz zu schweigen von den Wundern, mit denen er die Stadt nach seinem Tode dauerhaft segnete und die Rom noch heiliger machten, als es schon war.

Was sollte es da noch zu weinen geben?

Entgegenkommen   Als ich die Geschichte der

Berggänger las und wiederlas und mir ihr Verschwinden vergegenwärtigte, beschloß ich, ihnen von der anderen, der Urner Seite entgegenzugehen, und gewann auch die ungläubige A. für meinen Wunsch, Zeuge einer glücklichen Ankunft zu werden. Er war einerseits leicht zu erfüllen, denn der Furka-Paß, im Winter immer noch geschlossen, läßt sich heute durch einen Tunnel in beiden Richtungen bequem unterfahren. Anderseits blieb der Vorsatz kühn, denn von jenem kleinen Zug von fünf Männern trennten uns 237 Jahre. Sogar der Rhonegletscher, bei dem sie aufstiegen, ist stark geschwunden, liegt, klimatisch betrachtet, sterbenskrank und muß durch Bedeckung vor weiterem Abschmelzen geschützt werden. Die berühmte Eishöhle, die – wenn es sie damals schon gegeben hat – die Reisenden zu besuchen versäumten, mußte man immer weiter aufwärts verlegen. Denn der weichende Gletscher hat eine Art Hochwüste zurückgelassen, und wer sie nicht als *Corpus delicti* sehen will, kann immer noch ein Spektakel genießen. Sogar das Vitriolblau ist den Eisklüften erhalten geblieben, das den Reisenden 1779 an der Schwelle zu einem unabsehbaren Aufstieg in die Augen stach. Es blieb für viele Stunden die letzte starke Farbe, die sie sahen, und hätte für immer die letzte sein können.

Auch Lebensalter und Gesundheit machten meinen Wiederholungsversuch riskant. Die Vorgänger haben die Furka als Twens in Angriff genommen, auch ihre Führer schildert Goethe als Kraftgestalten; ihre Namen sind nicht erhalten und der Erfindung anheimgestellt. Ich will den Kleineren, Gedrungenen, der die Spur bahnte, Hischier nennen, und den andern, der den Mantelsack trug, Biderbost. Denn diese Namen sind in Oberwald schon früh belegt und, wie ein Gang über den Kirchhof zeigt, immer noch lebendig. Ein Hischier hat sich 1956 in Oslo als Militär-Einzel-Weltmeister im Skilanglauf einen Namen gemacht und wird sein Erbgut nicht gestohlen haben.

Eine Differenz der ungleichen Reisen besteht auch in der Jahreszeit. November und Februar sind zweierlei; für die Wanderer begann der Schnee erst recht zu fallen, für uns würde er noch lange liegen, und auch der Tag war länger, was dem Lokaltermin zugute kam. Allerdings hätte ich – wäre ich selbst noch ein Bergwanderer – den Paß auch auf Skiern oder Schneeschuhen originalgetreu überschreiten können, und das hätte A. gerne mitgemacht. Aber dann hätte mich die zierliche Frau notfalls allein auflesen müssen, wenn ich auf der Strecke liegengeblieben wäre, und auch wenn es seither das Handy gibt: Das wollte ich uns nicht zumuten.

Croix d'Or   Münster VS: Das Hotel, etwas abseits

der Straße und hinten an den Berghang gelehnt, bildet ein weit
offenes U. Von einem mit Fahnen bewimpelten und blumen-
geschmückten Mittelteil im gehobenen Heimatstil winkelt sich
linker Hand ein weißgemauerter Bau ab, der auf den ersten
Blick – da er auch die Anschrift trägt – als historischer Gasthof
imponiert. Der Anbau zur Rechten ist ein nachgedunkeltes
Walliser Haus, groß genug, daß auch die Post darin untergekommen ist, sonst aber ganz im Stil des übrigen Dorfbildes, das
man oben bei der Kirche dicht an die Straße heranrücken sieht.

Der Winkel des «Croix d'Or et Poste» öffnet sich zu einem
Vorplatz, in dem unser Auto gerade noch unterkam. Vor der
Eingangsfront blechernes Mobiliar, für Raucher des «Goethe-
Stübli» angeschriebenen Restaurants dahinter. Tritt man linker
Hand durch die Glastür des Hoteleingangs, fällt gleich die
Treppe in den Blick, die, von alten Stichen gesäumt, in den
Oberstock führt. Für die «Reception» bleibt wenig Raum, aber
der Hotelier, ein eher untersetzter Mann von unbestimmter Ju-
gend, der Hochdeutsch spricht, trägt uns den Koffer zur Treppe;
einschreiben dürfen wir uns später. Parterre führt ein Quergang
rechts zum Restaurant, links zu einem «Salon» und einer «Salle à
manger».

Der Eindruck des biedermeierlich Gepflegten verdichtet sich
im Oberstock: Gardinen, Antikmöbel, eine Bildergalerie. Unser
Zimmer liegt um die Ecke im gemauerten Teil, das Doppelbett
verkleinert es merklich, aber alles Nötige ist zuhanden, auch die
verglaste Naßzelle und ein Fernseher. Das Fenster geht nach
hinten, die Baustelle darunter stößt gleich an den Fels, und die
Gesteinsschichten lassen sich auch bei Dämmerung erkennen.

Nachdem wir uns installiert haben, sehen wir uns, vom Hotelier geführt, in seinem Haus nach der Vergangenheit um. Er

heißt Weber, hört zum ersten Mal, daß Goethe unter ebendiesem Namen hier abgestiegen sei, und lächelt ungläubig. Übrigens: Auch er stammt aus Frankfurt und *outet* sich als Sammler von Goethe-Autographen. Ein Stammbuchblatt hängt original im Restaurant, von den Gästen meist unbemerkt, und Weber (Patrick) weist sie nicht darauf hin. Wer das Wertstück erkennt, könnte in Versuchung kommen; daß er in meinem Fall nicht schweigt, ist ein Vertrauensbeweis. Auch mich hat er gleich erkannt und geschwiegen. Er ist ein stilles Wasser, tief würde er sich nicht gleich nennen, aber er *liest*. Zur Zeit: Platons «Gastmahl».

Die Rekonstruktion von Goethes Gegenwart hat eine heikle Seite; fast überall, wo er angeschrieben ist, kann er nicht gewesen sein. Zu seiner Zeit stand erst das Walliser Haus dicht an der Straße, in dem vielleicht schon 1779 die Post logierte. Der Mittelbau ist jünger, erst recht der gemauerte Flügel. Auf den Gedanken, einen Gasthof französisch zu benennen, konnte man erst Mitte des 19. Jahrhunderts gekommen sein. «Et poste» signalisierte die Anbindung an den Komfort der Zivilisation, den die ausländischen Gäste, die man erwartete, nicht missen wollten. Natürlich kamen sie auch nur in der schönen, das heißt gang- und fahrbaren Jahreszeit. Im Winter lag der Gasthof nicht ganz still, aber sein Betrieb zog sich in den Oberstock zurück, wo es eine «Winterküche» gab.

Damit war klar, wo überall Goethe und seine Partie *nicht* eingekehrt sein konnten: auch nicht im «Stübli», das jetzt seinen Namen trug. Alle ehrlichen Spuren liefen im Altbau zusammen, der jetzt nur noch der Hauswirtschaft dient. Ein wenig verlegen schloß uns Herr Weber (Patrick) das Bügelzimmer auf, wo hinter dem langen Brett immerhin ein Klavier zu sehen und lange nicht berührt worden war, wie A. der verstimmte Klang verriet, und doch mußte ebendies vor 237 Jahren die originale Wirts-

stube gewesen sein. Im Raum dahinter, der einstigen «Winterküche», war durch die Tür eine Maschine zum Waschen und
Plätten zu sehen. Umziehen würde sie sich erst bei einem größeren Umbau lassen. Dann allerdings schwebte Weber vor, diese
Urzelle des Goethe-Besuchs zu einem Museumsraum umzurü-
sten.

Als ich ihm das Ziel meiner Recherche, den Übergang über
die verschneite Furka mit dem jungen Herzog, als *Crash*-Test
schilderte, begann sein Projekt, wie ich an seinem Augenleuch-
ten sah, eine neue Dimension anzunehmen, besonders als er ver-
nahm: Gerade an diesem Ort habe sich Goethe vorstellen können, alle liegengebliebenen Dramen in Ruhe zu vollenden: wofür
er später eine italienische Reise gebraucht hatte.

Promis   Weber hörte es mit Andacht und offenbar et-
was wie Scham, daß man ein Ereignis, das so eng mit seinem
Hotel verbunden war, bisher hatte zu kurz kommen lassen. Dafür schob er Daten nach, mit denen es sich jetzt schon zeigen
durfte. Es hatte zum Besitz Derer von Rietmatten gehört, aus
dem Obergomser Patriziat, und nicht nur dem ehemaligen Hir-
tenbub und künftigen Humanisten Thomas Platter als regelmä-
ßige Unterkunft, sondern auch Hauptpersonen der Geschichte
als Treffpunkt gedient. Etwa Kardinal Schiner, dem Anstifter
zur Schlacht von Marignano. In diesem Gasthaus habe er sich
mit Zwingli getroffen. Nach Goethe sei auch Whymper, Erstbe-
steiger des Matterhorns, hier abgestiegen und noch später Papst
Pius XI., ein passionierter Bergwanderer. Wenn man Weber reden hörte, war sein Haus sogar mit dem Namen *dreier* Päpste
verbunden: Stoff genug für ein Museum im Bügelzimmer.

Schließlich erbot er sich, mir ein Bändchen zu leihen, in dem über Goethes zweite Schweizer Reise alles Nötige stehe; er würde es mir schenken, aber leider besitze er es nur *einmal.* In der Rezeption kramte er eine farbige Broschüre hervor, an der ich selbst mitgewirkt hatte, und lächelte, als ich erschrak. Ja, das habe er schon gewußt. Ich hatte den Beitrag ganz vergessen; begann ich mich zu wiederholen, ohne es zu bemerken? Nein, ich wollte das Büchlein nicht lesen. Vielleicht hatte ich mir darin zu viel vorweggenommen – und mich auch noch besser ausgedrückt.

Der Kamin, an dem die Reisenden 1779 gesessen haben könnten, existiert noch, aber sie werden nicht verweilt haben, denn diese Nacht wurde kurz; auch so kamen sie nicht zur Ruhe. *Wir gehen fleißig ins Fenster und sehen uns nach der Witterung um, denn wir sind jetzt sehr im Fall, Winde und Wolken anzubeten.* Wo mag er schlaflos gelegen haben? Jedenfalls im Oberstock über dem prospektiven Museum, der uns nicht zugänglich war: sei's, weil dort Webers selbst logieren oder weil es nur noch Rumpelkammern sind.

Nach Realp   Um die Wanderer in Realp zu erwarten, fuhren wir in Oberwald mit dem Autozug unter die Erde; sogar die Höhendifferenz hatten wir uns geschenkt. Der Furka-Tunnel, den der dafür gefeierte Walliser Bundesrat Bonvin für seine Landsleute durchgedrückt hat, führt gewissermaßen ebenerdig schnurgerade von Oberwald VS nach Realp UR. Im Sommer zuckelt eine nostalgische Dampfbahn, die vor dem Konkurs gerettet wurde, auch über die Furka-Höhe und folgt, wenigstens

in ihren unteren Teilen, der Spur der Wanderer im 18. Jahrhundert, während sie vor der obersten Steigung in einen kurzen Tunnel flüchtet. Großeltern mit Generalabonnement fahren die Strecke gern mit ihren Enkelkindern ab, während erprobte Bergfahrer die *Trails* nützen, die ihr Netz um die Furka und ihre Randberge spinnen; für Kletterer gibt es da etwa ein «großes» und ein «kleines Kamel». Die meisten Gasthöfe sind in der kalten Jahreszeit geschlossen; auf Urner Seite ist der nächste zur Paßhöhe, der geöffnet hat, das «Tiefenbach», bei dem wir uns schon in Brig telefonisch angemeldet haben. Notfalls verspricht uns Madeleine – da oben gelten nur Vornamen – mit einem Motorschlitten zu retten.

Trotzdem steht mir der Aufstieg von Realp bevor. Um mein Schicksal herauszufordern, benötige ich keine großen Strapazen mehr. Seit meiner Verbannung in die evangelische Lehranstalt Schiers ist auch mein Verhältnis zum Hochgebirge gestört. Damals, mit dreizehn, habe ich die obligatorischen mehrstündigen «Spaziergänge» am Sonntag mühelos mitgemacht. Seither aber wurden mir die Berge um so lieber, je weiter entfernt sie waren. Rücken sie mir auf den Leib, fällt mir ein Gewicht auf die Brust wie das einer ungelebten Jugend.

Noch ein Goethe-Stübli   Das Hospiz Realp, in dem die fünf Männer nach vollbrachter Tat eingekehrt sind, bei drei Kapuziner-Mönchen, existiert nicht mehr. Eigentlich abgebrochen wurde es nicht, als der Orden abzog, es hat sich transsubstantiiert. Zwischen Gott und Welt vermittelte ein Wirtepatent, das die Patres dem neuen Besitzer abtraten. Darauf gestützt, wurde an gleicher Stelle ein Hotel aufgerichtet, «Post»

genannt und von einer Familie Simmen betrieben. Sie bezog das Holz, das sie für den Neubau benötigte, aus ihrer fünfzig Kilometer entfernten Heimat, dem Muotital; das Corpus des Hospizes aber, Holz und Stein, wurde zu einer Sennhütte am Dorfrand verarbeitet. Es war die Lochbach-Lawine im April 1975, welche die Reliquie endgültig in Trümmer legte, und endlich unterblieb der Versuch zur Reinkarnation.

Das Hotel Post aber, gediegen rosa, steht noch, nur war es, als wir in Realp ankamen, geschlossen, demnach auch das Goethe-Stübli, das wir – aufgrund von Netz-Informationen – darin vermuteten, unzugänglich. Aber wie das Glück es fügte: Im Furka-Tunnel kamen wir mit einem geistlichen Herrn ins Gespräch, der die richtige Handynummer besaß. Sie gehörte einem Georg Simmen in Andermatt. Der Nachkomme der Hotelgründer zeigte sich bereit, sofort nach Realp zu fahren, und so kam es, daß er uns schon am Bahnhof begrüßte. Im Neubau gleich neben dem Hotel Post unterhielt er ein Büro, das er mit Goethe teilte.

Es war ein gutes Stübchen, das mich ans damals moderne Altersheim meiner Mutter erinnerte, ihren vorletzten Aufenthalt. Auch hier stand ein runder Tisch aus poliertem Nußbaumholz, aber auf demjenigen des Goethe-Stüblis lag aufgeschlagen ein Prachtband alter Stiche, zudem das Gästebuch neben der leeren Blumenvase. Darüber aber, neben dem Büchergestell mit der lindgrün gebundenen Dünndruck-Ausgabe des Artemis-Goethe, blickte Er selbst im Weltformat von der Wand auf die gewiß seltenen Besucher, zugleich über sie hinweg an die Gegenwand, wo ein Crucifixus mit ausgebreiteten Armen hing.

So blieb der Dichter des «Faust» in seinem Stübli dauerhaft mit jenem Erlöser konfrontiert, dem die Bergfahrer einst im Hospiz der gastlichen Kapuziner begegnet waren, mit Dank für ihr Leben, aber auch mit dem bald wieder angezeigten Humor.

Etwa wenn der Gastgeber das Lob seiner Kirche sang, deren alleinseligmachende Wirkung nicht am biblischen Text hänge, sondern an seiner wohlverwalteten Auslegung. Goethe amüsiert sich darüber, daß der Verkündiger nicht ahnte, wer der junge Graf war, der da andächtig vor ihm saß: ein Nachkomme jenes Friedrich des Weisen, welcher dem Ketzerglauben vor dreihundert Jahren Schutz geboten hatte, freilich für seine Person weise genug geblieben war, sich von der Welt mit den Sakramenten der alten Kirche zu verabschieden. Und jetzt löffelten die Enkel der Spaltung zusammen das Abendmahl ein, das der Küchenbruder karg, doch nahrhaft zubereitet hatte, und nahmen noch einmal mit Lagerstätten vorlieb, die, ihrem deutschen Format nicht angemessen, den tiefen Schlaf, den sie jetzt wahrlich ungesucht fanden, gewiß nicht weniger boten als die Strohlager von Frankfurt und Münster.

Der verbleibende Weg auf den Gotthard, von Realp über Hospental, in der umständlichen Gesellschaft einer schellenklingelnden Maultier-Karawane, zum nächsten, quasi definitiven Hospiz war vergleichsweise ein Spaziergang, wie die letzte Etappe des *Tour de France*, und für einen der drei – denn die beiden Führer hatten sich mit gutem Lohn ins Wallis verabschiedet – von Erinnerung vorgebahnt. Er war so frei, seinem Genius zu danken, der ihm den Anblick der annähernd vertrauten Paßlandschaft diesmal *im Schnee* gönnte. Damit hatte sich das tödliche Element zum ästhetischen, aber auch: dem wissenschaftlichen Auge erforschlichen gesteigert. Und nichts konnte den Übergang, den sie miteinander geschafft hatten, *glücklicher* bezeichnen als diese Verwandlung, musterhaft für viele weitere, in allen verbleibenden Jahrzehnten des Lebens.

Sie waren *durch*. Den Gotthard brauchten sie auch diesmal nicht zu überschreiten; denn der Paß aller Pässe stand nun für keinen Übergang mehr, sondern für die *Grenze,* ein für allemal.

Sie war erreicht und erfahren und damit ein Vorbild aller Grenzen, eine Bürgschaft für ihre unerschöpfliche Mutation zur *Form*.

Hoch nach Tiefenbach   Auch wir bedankten uns bei Georg Simmen, daß er unsertwegen *out of his way* gegangen war, und winkten seinem Auto nach, in dem er zu seinen Pflichten zurückkehrte.

Gleich hinter der Kirche begann der Aufstieg der für Verkehr gesperrten Furka-Straße, und der Schnee war für sportlichen Gebrauch festgestampft. An ihrem Eingang standen Raupenfahrzeuge, die für solide Unterlage besorgt waren, auch am Hang rechter Hand, über den Kinder mit ihren Eltern herunterkurvten und sich vom Skilift wieder hochschleppen ließen, während wir aus eigener Kraft auf gerader, bald aber in breiten Windungen steigender Bahn fortstapften, froh über die Zähne, mit denen unsere Winterschuhe bewaffnet waren. Dennoch setzte ich nicht ohne Bangen Fuß vor Fuß auf die knirschende Unterlage und erwartete bei jedem Schritt, daß sich die gefühlte Leere in der Brust zum Druck verdichte.

Aber je länger wir stiegen, desto gesünder wurde die Mühe, und allmählich begann ich daran zu glauben, daß der göttliche Beistand, den meine Reisenden 1779 auf der Walliser Seite gefunden hatten, auch bei meinem unzeitigen Entgegenkommen walte und daß mir die Entlastung, die wir als Tunnelfahrer erschlichen hatten, nicht angerechnet werde. Da immer öfter Schlittenfahrer entgegenkamen, war ich dennoch nicht unglücklich über jede Gelegenheit stehenzubleiben, um sie sie ungehindert Richtung Realp vorbeifahren zu lassen, während A. leichten

Schrittes voraneilte, ohne an jeder Kurve mein Nachkommen abzuwarten.

An einem Aussichtspunkt gedachte eine Tafel James Bonds, von dem hier eine Autojagd mit scharf geschnittenen Kurven verfilmt worden war. Grüne *Robidog*-Kästen säumten den Weg, damit Gassi wandernde Hundefreunde auch im Hochgebirge ihre Pflicht nicht vergaßen. Beides nahm unserem Weg viel von seinem Ernst, bis mich dieser, plötzlich bedrohlich – und lächerlich –, einholte; hatte nicht eben mein Herz ausgesetzt?

Doch das kalte Erschrecken wich, der Trommelwirbel in der Brust legte sich, und ich ging mit geregeltem Schritt weiter. Aber für die Dauer eines ausgebliebenen Herzschlags hatte sich eine Felsgruppe, die aus tiefem Schnee ragte, unauslöschlich eingeprägt und gefror im JETZT. Sie steht mir vor Augen, ohne daß ich sie dafür schließen muß.

Ein Pulk Skiläufer, die nicht viel jünger aussahen als ich, schnürte beneidenswert flott an mir vorbei. Sie grüßten, und ich sah zu, wie sie bei der nächsten Kurve, die mir schon steil genug vorkam, energisch die Abkürzung einschlugen. Die Sonne blendete kaum, der Vormittag blieb bedeckt, aber auch seine gedämpfte Helligkeit war mir noch durchdringend genug. Doch inzwischen hatte ich den kräftesparenden Bergtritt wieder gefaßt, den uns der Turnlehrer des Internats bei der Wanderung auf die Sulzfluh eingeschärft hatte.

Mit dreizehn Jahren hatte ich meinem Vater seinen frühen Tod nicht zu verübeln gewagt. Dafür war er, obwohl immer befürchtet, zu unbegreiflich, und vielleicht war ich ja doch schuld daran. Oder ging der Todesstoß von meiner Mutter aus, die sich zuvor in eine Depression zurückgezogen hatte – vielleicht auch vor mir? Niemand brachte mir damals im Guten bei, ich überschätze mich, wenn ich mich an allem Niederschmetternden, das mir zustieß, auch noch schuldig glaube. Wohlan, dann *mußte* ich mich eben überschätzen, wollte ja Schriftsteller werden, Professor gar, und bin es dann auch geworden. Erst aber gehörte ich, solange die Mutter krank war, ins Internat und hatte nichts weiter zu sein als *dankbar*. Was war das für ein Nichts, das seither an mir hängengeblieben war?

«In meines Nichts durchdringendem Gefühle». Ist auch mein Vorsatz, Goethe entgegenzukommen, ein Stück jener bodenlosen Gefälligkeit, die ich mir in der Pubertät – oder statt ihrer – antrainiert hatte, mit Schmerzen, die nicht einmal wahr sein durften? Darum: gleich in große Dichtung zu überführen, die größte? Wird es derselbe Akt sein, an dem ich sterben muß, weil ich so lange für ihn gelebt habe? Und wenn ich seinetwegen etwas geworden bin, kann mir wenigstens der Tod verraten: was?

Wir haben inzwischen eine gewisse Höhe erreicht, genug, um das Hotel zu sehen. Als wir näher kommen, lesen wir: Es heißt nicht «Tiefenbach», sondern «Galenstock», ist geschlossen und liegt verwunschen in seinem sonnenhellen Anschein von Wohnlichkeit. Vor uns dehnt sich noch eine weite Strecke Wegs, eher flach, von baumlosen Höhen gesäumt. Wo sie zusammenlaufen, in ferner Tiefe, glaube ich einen winzigen Kubus zu erkennen, das Hotel der Paßhöhe. Der gebahnte Weg führt nur bis zu Madeleines «Tiefenau», das längst zu sehen sein müßte. Aber zwischen der vermuteten Paßhöhe und unserem Standort ist bis zum Ende des Hochtals kein Haus in Sicht, kein Mensch, auch die Bahntrasse ist spurlos verschwunden.

Sind sie hier gegangen? fragt A.

Ja, von der Furka her. Als sie sich in Sicherheit fühlten, haben sie die Führer vorausgeschickt, um sich bei den Kapuzinern anzumelden. Mitte November muß es rasch dunkel geworden sein, aber sie müssen das Hospiz schon gesehen haben und glaubten, den Rest auch allein zu schaffen.

Aber ich möchte jetzt *fahren*, sagte A.

Ich wählte auf A.s Handy die Nummer, und als abgenommen wurde, sprach die Frauenstimme Hochdeutsch.

Wo seid ihr?

Nicht allzu weit von deinem Hotel, aber wir können es nicht sehen.

In zehn Minuten kommt mein Mann.

Er kam mit knirschendem Getöse und stob vorbei, um sein Gefährt passend zu wenden, ein Einheimischer. Wir nahmen auf den Sitzen Platz. Plötzlich war die Straße wieder von Menschen belebt, denen er flott auswich. Das Hotel und eine Kirche lagen hinter einer Bodenwelle versteckt.

Auf der Terrasse herrschte mittäglicher Hochbetrieb, erst recht im Innern der Gaststube. Heimeliger Lärm, Suppendunst, Alpen-Magronen, Gespritztes, Kafi mit Güx, Zurufe; wir erkannten unsere Skiwanderer wieder und hatten Hunger. Die meisten Gäste waren Veteranen von behäbiger Herzlichkeit, auch am großen runden Tisch, wo einer den Schriftsteller erkannte und wissen wollte, wie er die «Flüchtlingswelle» beurteile. Das war die Freizeit-, nicht mehr die Aktivdienst-Generation, aber sie redete noch in ihrem Stil, der mich an meine Kindheit erinnerte. Das Thema waren Wanderziele, welche lohnten, welche eher nicht; einer hatte jetzt alle Pässe um den Gotthard gemacht, bis auf den Casanna, aber der kam im Juli dran.

Auf der Terrasse waren Kristalle feil, denen ich nie widerstehen kann, zehn Franken das Stück.

Heute liegen sie in der kleinen Laterne, einem Konfitüreglas mit einer Solaranlage im Deckel; wenn es dunkel wird, muß man einen Bügel umlegen, dann gibt sie ein erstaunlich helles bläuliches Licht her, die ganze Nacht. Die Kristallkanten werfen ein vielfaches Netz auf die Unterlage. Der Kauf dieser Gläser kommt einem Entwicklungsprojekt in Afrika zugute, wo Sonnenlicht der einzige Überfluß ist.

Schlitten fahren
Für die Schlittenfahrt nach Realp zurück wählte A. eine sportliche Metallkonstruktion, ich aber einen Davoser Schlitten, hölzern und sperrig, wie er in meiner Kindheit im Gebrauch gewesen war; damals wäre ich köpflings hinuntergefahren und im Schuß. Jetzt mußte ich froh sein, wenn ich auf flachen Stellen mit den Beinen rudernd vom Fleck kam und auf steilen Partien nicht zu bald links oder rechts im hohen Schnee festhing. Der Schlitten hätte drei Sitzenden Platz geboten, aber so fuhren damals nur Mädchen herunter, auch wenn man davon träumte, unter ihnen der einzige Bub zu sein, der natürlich zum Lenken benötigt wurde. Auf dem Bild, das A. geschossen hat, kann ich mein Grinsen wieder bübisch sehen. Damals hatte es auch im Unterland zuverlässig Schneewinter gegeben, und die Schlitten standen vor der Haustür bereit, um an der Schnur auf die Allmende gezogen zu werden, und im Schuß hinunter zum Friedhof zu sausen. Die Topographie der Kindheit nimmt im Alter etwas Definitives an, als wäre man von ihr nie wirklich weggekommen. Zugleich liegt sie in einem ganz anderen Land.

A.s Strumpfhose war naß geworden; wir trockneten sie im Lokal hinter dem Bahnhofkiosk, wo sich ihre Füße ungeniert hochlagern ließen.

Was sind «Totebeenli»? fragte sie; das war, wie sie las, eine Spezialität des geschlossenen Hotels «Post» gewesen.

«Totenbeinchen», sagte ich, ein Gebäck, das früher wirklich so geheißen hat. Jetzt heißt es «Nußstangen». Auch «Neger-küsse» gibt es nicht mehr oder «Mohrenköpfe».

Japonais gibt es immer noch, sagte sie vorwurfsvoll.

In Naters hatten wir das Beinhaus besichtigt: «Was ihr seid, das waren wir. Was wir sind, das werdet ihr.»

Was hätte dein Goethe dazu gesagt?

«Den Tod statuiere ich nicht!»

Was heißt das?

Den nehm ich nicht ins Programm. Oder: Den habe ich nicht auf den Schirm. Er war ausgesprochen todesscheu, auch als seine Frau starb, ist er nicht dabeigewesen. Aber als Schillers Grab aufgehoben wurde, hat er seinen Schädel bei sich zu Hause aufgestellt und ein großes Wesen davon gemacht. Und ein großes Gedicht.

War er wirklich sein Freund?

Wohl etwas mehr.

Schwul?

Kurz gesagt: nein. Aber Schiller hat er verehrt, und je länger er tot war, um so mehr.

Hamlet hat auch einen Monolog mit einem Schädel. Das ist keine Kunst, wenn der nicht mehr antworten kann.

Aber vielleicht war er schon die Antwort. Oder stellte die rechte Frage. Eine, auf die keine Antwort nötig ist.

Stimmt es, daß Frau von Stein nicht wollte, daß ihr Leichen-zug an seinem Haus vorbeifährt?

Um Leichenzüge hat er immer einen Bogen gemacht.

Sie hat einen Bogen um ihn gemacht und wußte, warum.

Hoffentlich.

Das täte ich für dich nicht.

Ich nehm's als Liebeserklärung.

Der Autozug fuhr in fünf Minuten. A.s Füße waren noch nicht trocken, aber im Auto gab es ja eine Heizung.

Im Tunnel können wir den Motor nicht anlassen, sagte sie, als wir auf die Ladefläche fuhren.

Die Heizung läuft auch über Batterie.

Unsere ist zu schwach, sagte sie.

Sie behielt ihre kalten Füße.

In der Röhre   Als er hineingeschoben wurde, kann er nicht behaupten, sich keines Bösen versehen zu haben; es war ja der Sinn der Bildtechnik, das Bösartige in seinem Leib dingfest zu machen – nachdem hinreichend auflösende Geräte auch in der Schweiz zur Verfügung standen.

Dem Examinanden wird eine Infusion gesetzt und die radioaktive Substanz in die Armvene geflößt, zusammen mit einem harntreibenden Medikament. Auch wenn die Blase geleert ist, macht es sich sogleich bemerkbar; und kaum in der Röhre, steigt der Druck und beschert dem Gefühl eine triviale, aber auch störende Ablenkung. Aber der Examinand konzentriert sich darauf, die Schläge zu erwarten, die, wie er schon weiß, zwar – dank Gehörschutz – dem Trommelfell nicht weh tun, aber Mark und Bein erschüttern. Er ist entschlossen, die angesagten zwanzig Minuten nicht als Tortur, sondern als fortgesetzten Befreiungsschlag zu erleben, der auf seinen Körper einhämmert, in einem Rhythmus, in dem er Takt und Methode sucht. «Bildhauer Gott, schlag zu, ich bin der Stein», hat es in einem Gedicht seiner Schulzeit geheißen. Das Orakel donnert auf ihn ein, er bemüht sich, längere Pausen nicht mit schwarzem Verdacht zu belegen. Dabei ist er sich nicht sicher, ob es seine stäh-

lerne Hülle ist, die sich bewegt, oder ob er selbst auf einer
Schiene geführt wird. Sicher ist nur, daß er kaum das Kinn zu
heben braucht, um mit der Stirn bereits an einen Deckel zu stoßen.

Man hat ihm einen Gummiball mitgegeben, den er drücken
kann, wenn ihm die Röhre zu streng wird. Er hat ihn leider
sorglos irgendwo an seine linke Seite rutschen lassen und stellt
nun fest, daß ihn seine Finger, selbst wenn sie wollten, zwar berühren, aber nicht mehr drücken könnten, zu eisern werden
seine Arme beiderseits an den Leib gepreßt. Dabei will er gar
nicht, nur seine Blase befiehlt: Er muß. Jetzt könnte Panik aufkommen, aber jeder Anfang körperlichen Aufbegehrens wird
niedergehalten. Nur die Unterschenkel könnten sich aufbäu-
men, aber das würde draußen, vom geschützten Personal, gar
nicht bemerkt.

Versucht er, den Gummiballon mit der gefesselten Hand zu
fassen, schiebt er ihn bei jedem Versuch nur weiter weg. Da
kommt die nicht weniger gefesselte rechte Hand auf die Idee,
durch Ziehen am Schlauch nachzuhelfen, und – o Wunder! –
jetzt bekommt die Linke den Ballon zu greifen und könnte ihn
drücken. Sie tut es nicht, die kleine Freiheit des Examinanden,
seine Not zu melden, beschwichtigt diese, dämpft auch die
Panik. Es wäre doch gelacht, wenn eine lebenswichtige Unter-
suchung daran scheiterte, daß er sein Wasser nicht halten kann.
Dabei kann er es wahrhaftig keine Sekunde länger. Und doch
beißt er auf die Zähne, bis die Klopf-Sequenz vorüber scheint;
dann drückt er den Ballon.

Fast sofort fragt eine Frauenstimme im Kopfhörer nach seinem Befinden. Er meldet, was ist, bekommt aber zu hören: Nur
noch zehn Minuten! Schaffen Sie das?

Die Blase oder er. Da beschließt er, sich um sie nicht mehr
zu kümmern. Mag sie platzen oder auslaufen: ohne ihn. Er stellt

sich das gar nicht mehr vor. Und siehe, jetzt fühlt er sich imstande, auszuhalten, und koste es das Leben.

Selbstverständlich hatte ich mich über meinen

Fall im Internet so kundig wie möglich gemacht. Das Fortgeschrittenste war wohl die Immuntherapie, der sich auch Oliver Sacks unterzogen hatte. Da wird der Körper mit Eigenblut geimpft, dessen Freßzellen im Labor darauf dressiert werden, in ungehemmtem Wachstum einen bösen Feind zu erkennen, der zu vernichten ist. Dem Laien bleibt die Frage, warum sie dafür der Nachhilfe bedürfen, warum sie es nicht gleich und von selbst taten. Wenn sie pflichtvergessen waren, womit haben die Krebszellen sie bestochen? Und warum soll die externe Labor-Schule sie unbestechlich machen? Was kann sie dazu bewegen, ihre Polizei-Funktion aufzugeben und der Anarchie den Lauf zu lassen? Droht diese nur, oder hat sie ihre eigene Überzeugungskraft? Man spricht von «krebserregenden» Substanzen: Was «erregt» denn da, und was *läßt* sich erregen? Wenn sogar schlichte Psychologie über organische Sachverhalte mehr zu melden hätte, und anderes, als die schulmäßige Zellbiologie – mag sie noch so avanciert sein? Muß man sich nicht sagen, vernünftigerweise, daß die Wissenschaft den Tod in *keiner Form* erträgt und *als solchen* zu erkennen bereit ist, in der er sich anmelden mag – und wenn er Tatsache wird, nur noch achselzuckend davorstehen kann, als wäre er ein Betriebsunfall, für den nun anderes, eben unwissenschaftliches Personal zuständig ist, vom Seelsorger bis zum Bestattungsunternehmer? Während die wissenschaftliche Medizin wieder zu ihrer Tagesordnung übergeht: was sie nicht hat heilen können, wenigstens statistisch zu erfassen?

Sie hat so viel reparieren gelernt, daß sie den Fall, daß es
nichts zu heilen gibt, von ihrem Repertoire ausschließt. «Nichts
mehr» zu heilen? Nein, a priori nichts. Der Tod ist der Normalfall, zum Menschen wird einer durch die Haltung, mit der er
dieser Tatsache begegnet – und zur Menschlichkeit gehört wohl
noch etwas dazu: daß das Leben lieben lernen soviel heißt wie:
den Trotz gegen sein Ende *ver*lernen; nicht in jedem Fall (das
wäre nur der statistische Tod), sondern im eigenen, persönlichen. Dafür muß man eine Person zu verlieren haben, und man
kann sich vorstellen: Je höher entwickelt sie ist, desto leichter
fällt ihr der Verlust.

Daß Krebs der medizinische Sammelbegriff für einen kultu-
rellen Befund sein könnte, verrät ein Buchtitel wie «Der König
aller Krankheiten» eines amerikanischen Forschers indischer
Herkunft. Die Metapher läßt offen, wie Könige zu behandeln
sind: mit Respekt, auch wenn sie ihren Völkern Unglück bringen, oder als Tyrannen, die noch rechtzeitig abgesetzt gehören.
Und was kommt an ihre Stelle, damit sie mit etwas wie Gemein-
sinn besetzt wird? Sind quasi geheimdienstlich geschärfte Killer
das rechte Instrument, ein Krebs genanntes Ungleichgewicht
des Organismus zu beenden, oder viel eher Ausdruck desselben
Übels, das sie bekämpfen sollen? Wäre es als Ungenügen aller
lebenden Systeme an sich selbst oder als Kleists «gebrechliche
Einrichtung der Welt» nicht angemessener beschrieben? Was
unterscheidet ein wohltätiges Wachstum von einem bösartigen?
Oder: Was fällt uns ein, das Prinzip Perfektion, wenn es um
Therapie geht, ausgerechnet auf das verderblichste der Objekte,
unsere Körper, anzuwenden, nur weil er, in jedem konkreten
Fall, unser eigener, einziger ist und wir von der Werbung darauf
getrimmt werden, ihn als ewiges Baby zu pflegen und kultisch
zu verehren?

La vie est ça qui meurt. – Der Satz hätte einen *guten* Sinn, wenn wir seine Gültigkeit für jeden Fall bestritten, wo sich für ein Leben noch etwas tun läßt. Dann soll es getan werden, der Tod ist kein Alibi für Unbarmherzigkeit oder Mangel an Phantasie. Aber ausgerechnet da, wo wir am ehesten «alles zu tun» bereit sind, stoßen wir an eine Grenze der Allgemeingültigkeit. Ob sie will oder nicht, sie muß *noch* persönlicher werden, zu einer Art Einvernehmen mit dem Unvermeidlichen führen – «Einverständnis» wäre zuviel verlangt. Aber Lebenskunst – wann, wenn nicht jetzt?

Die Phantasien, die sie erleichtern, haben ihren eigenen Humor. Als ich von «Hyperthermie» hörte, wallten sie auf: punktuelle oder Ganzkörper-Überhitzung des Krebs-Patienten, Sauna total! Hitze hat etwas Natürliches; so vieles im Leben läßt sich ausschwitzen, warum nicht ein Krebs? Ich erinnerte mich an Paracelsus: Zu jeder Krankheit gehöre das rechte Heilfieber. Das roch nach Katharsis, weckte Gefühle der Verwandtschaft mit meinem bekannten Leben.

Mit dem Sterben beginnt ein unbekanntes. Warum darf es kein Abenteuer sein? Es gehört zu den wenigen, für die man alt sein darf, und dankbar, daß man es werden durfte. Den Weg, den du jetzt gehst, gehen alle, aber du zum ersten Mal.

Lafcadio 1   Wir sind zurück, es ist Ende April. Zweimal haben wir die Frühlingsblüte verpaßt. In Japan war diejenige der Kirschbäume fast vorbei, hier diejenige unseres Gartens ganz. Die umgepflanzten Strauchpäonien haben ihre roten und weißen Blütenköpfe zu Boden blättern lassen, aber die üppigen Reste beweisen, daß sie die unzeitige Verpflanzung überlebt haben. Auch die Schwertlinien haben ausgeblüht. Dafür lassen die

Teichrosen ein paar rötliche Blätter schwimmen. Unser Garten
ist nicht zum Blühen gedacht. Um so üppiger schießt das Grün
ins Kraut. Es gibt viel zu bändigen. Sonst verschwinden die
Steingruppen aus dem Blick.

Ich bin im japanischen Matsue auf den toten Europäer gestoßen, der Japan erfunden hat wie Rousseau die Natur, briti-
sche Reisende die Alpen, Georg Forster die Südsee, Paul Gau-
guin Tahiti, Klee und Macke Kairouan, Jacques Brel die
Marquisen: als Zielgebiet und schöne Fremde für ein unvor-
denkliches Heimweh. Solche Entdecker setzen einen Prozeß
von Übertragung und Gegenübertragung in Gang. In der
Schweiz betrachten viele Einheimische das Bild, das Fremde von
ihrer Landschaft gemacht haben, inzwischen als Wahrzeichen
der Identität. Aber *Swissness* war einmal – den Tell eingeschlossen – ein Produkt von Fremdarbeit, das die Einheimischen immer williger nachgezeichnet und ausgemalt haben.

1853/54, bei der Er-Öffnung Nippons, des zweihundert Jahre verschlossenen Landes, durch die Schwarzen Schiffe Commodore
Perrys, war Lafcadio Hearn noch ein Kind. Sein Vater, irischer
Militärarzt im Dienste des Empire, hatte ihn auf der ionischen
Insel Lefkada mit einer einheimischen Mutter gezeugt und
führte den Zweijährigen mit ihr nach Irland zurück, wo sie es
nicht lange aushielt. Und nachdem auch sein Vater in Indien
gefallen war, blieb die Waise allein bei einer standesbewußten
Großtante in Dublin zurück und mußte gehörig gebildet werden. Durch einen Unfall erblindete er auf einem Auge ganz, auf
dem andern teilweise. Die katholische Schule in London, auf
die er mit sechzehn Jahren geschickt wurde, wollte ihn nicht
behalten; darauf zahlte ihm seine Großtante die Überfahrt nach
Amerika. Fünf Jahre arbeitete der junge Mann als Drucker in
Cincinnati, las Flaubert und Baudelaire, begann selbst zu schrei-

ben, übersetzte aus dem Französischen und Spanischen, meldete faszinierende Kriminalfälle für Zeitungen in New Orleans und New York, berichtete über das exotische Leben auf den West Indies. 1890 schickte ihn *Harper's Weekly* nach Japan, damit er das inzwischen als besonders fremd bekannte Land für westliche Augen darstelle.

Diesen Auftrag erfüllte er mit einer Mission in eigener Sache, die ihn bis zu seinem Tode 1904 nicht mehr losließ. Er schuf sein eigenes Japan-Bild unter subtiler Verwendung des Materials, das ihm im Lande begegnete. Das gelang ihm so gut, daß es im Westen bis heute als Original gilt. Auch seine Richtigsteller benutzen es als Referenz. Er lieferte ein Muster «teilnehmender Beobachtung», das heißt: ganz bei der Sache sein, aber selbst nicht Teil dieser Sache.

Praktisch hieß das: Er wurde Japaner, ohne japanisch zu können.

Was er auf den ersten Blick sah: Tokio – gestern das Edo der Shogune, heute ein aufstrebender Standort des Welthandels – war sowenig *sein* Japan, wie New York *sein* Amerika gewesen war. Sein Japan lag auf dem Lande. Er fand es in der Kleinstadt Matsue an der japanischen Westküste, wo er das Haus eines Samurai bezog und an der örtlichen Schule Englisch unterrichten sollte. Aber als erstes wurde er krank und für alles und jedes von einer Pflegerin abhängig, die etwas besser Englisch verstand als er Japanisch. Sie hieß Setsuko, und als er sie heiratete, nahm er ihren Namen Koizumi an und den Vornamen Yakumo, einige Jahre später – sie bekamen vier Kinder – auch die japanische Staatsbürgerschaft – und damit ein niedrigeres Salär in Kauf.

Daß seine Bücher die Lücke stopften, kann ich ihm nur wünschen. Denn nun wurde der schmächtige, immer delikate Mann zum Erklärer Japans im ersten Rang und in Europa, wo seine literarischen Vorbilder herkamen, dankbar aufgenommen.

Auch auf deutsch wurde Japan das Land, wie es bei Hearn im
Buche stand. Es wurden viele Bücher, und manche trugen Titel
wie «Kokoro» oder «Kwaidan». Sie lebten davon, daß für den
Autor «Schreiben» und «Japan kennen» eins wurden – und diese
Einheit ihm selbst ein Rätsel.

Schon bei seinem ersten Titel «Glimpses of Unfamiliar Japan» hatte der Verleger den unbestimmten Artikel (of *an* Unfamiliar Japan) gestrichen. Damit wurde anulliert, daß es zuvor
ein «bekanntes» Japan gegeben habe: Es wurde für «unbekannt»
erklärt und dem Autor damit ein Deutungs-Monopol zuge-
schoben. Und von da an bestand seine Lebensarbeit darin, diese
Beförderung ehrlicher zu machen.

Das hätte er ohne Setusko, seine lebenslängliche Dolmet-
scherin, nicht fertiggebracht, und zugleich mußte er verbergen,
daß sie auch die Quelle seiner fingierten Kompetenz war. Der
eheliche Austausch fand in *Pidgin-English* oder *Baby-Japanese*
statt, was jede Lücke zum Spielraum von Hearns Phantasie
machte. Er verklärte das Destillat aus Verständnis und Mißverständnis zur Weisheit oder verdunkelte es zum Geheimnis, immer mit dem Anspruch, seinen Lesern reinen Wein einzuschen-
ken. Mit Hilfe einheimischer Kollegen setzte er seiner Produktion
auch die unentbehrliche philologische Gediegenheit zu. Aber
der Kunstverstand blieb *sein* Werk, mit dem er das Produkt als
echten Hearn deklarieren durfte. Denn wenn auch nichts daran
«authentisch» war: Seine Bemühung war es sehr wohl. Er steckte
nicht nur Leib und Seele hinein, sondern setzte auch ein respek-
tables literarisches Talent daran, daß man am Ende «Japan» und
«Hearn» als Synonyme behandeln durfte, auch wenn man, beispielsweise, Hofmannsthal hieß.

Als ich 1962 zum ersten Mal nach Japan kam, habe ich mich,
ohne Hearn gelesen zu haben, doch in seinem Element bewegt.
Ich *durfte* ihn gar nicht kennen, um vergleichsweise unbefangen

mein eigenes Japan-Bild zu produzieren, und habe erst jetzt entdeckt, wie sehr ich ihm – bis in biographische Parallelen hinein – darin glich, ja ihn wiederholte. Auch ich werde als «Japankenner» gehandelt, ohne Japanisch zu können, und schäme mich dessen nicht mehr: Es war wohl die Grundlage, auf der man auch findet, was man nicht gesucht hat. Japanischkönner brauchen keine Japan-Kenner mehr zu sein; es fällt ihnen immer weniger ein zu reflektieren, was sie tun und lassen. Ist man selbst im Bild, nimmt seine Schärfe ab, man muß sie nicht mehr zu bieten haben. Ebendies aber hatte Hearn ein Leben lang nötig.

Es war der Ausgangspunkt seiner literarischen Existenz, mehr noch: seiner sozialen; eine andere hatte er nicht mehr, um so mehr mußte diese einzigartig sein.

Lafcadio 2   Wer eltern-, zuerst: mutterlos aufwächst,

will mit seinem melancholischen Rilke-Gesicht um so weiter her sein: «Des *alten lange adligen Geschlechts / Feststehendes im Augenbogenbau*» ... Auch im Stammbaum der *Hearn* sollte ein *de* feststehen («de Heron»), und aus der bescheidenen Herkunft der Mutter ließ sich eine klassische modeln. Von Lefkadia ist es nicht weit nach Ithaka: Auch dieser Odysseus suchte seine Heimkehr und fand sie in Japan. Wie den Aufgang einer verzauberten Welt hat er seine erste Begegnung mit dem Inselreich beschrieben: *Elfish everything seems; for everything as well as everybody is small, and queer, and mysterious* ... Er läßt die neue Welt aus ihren *Zeichen* entstehen, nicht anders als Roland Barthes ein halbes Jahrhundert später sein *Empire des signes*. Was sind dagegen unsere Buchstaben: *dull, inanimate symbols of vocal sounds.*

*To the Japanese brain an ideograph is a vivid picture: it lives; it
speaks; it gesticulates.*

So schwärmt nur einer, der nicht lesen kann, was er sieht –
davon zu schweigen, daß seine Sicht auch noch schwer behin-
dert war. Einem solchen Leser dient die Welt seiner Herkunft
nur noch zum Umstieg in eine andere, die er nicht versteht – die
ihm aber das Verständnis der herkömmlichen erspart. Auf dieser
Brücke verweilt er sich ein Leben lang, diese Brücke *ist* sein Leben und dient ihm *statt* des Lebens. Er baut sich auf ihr zum
Wegweiser auf, der nicht selbst anzukommen braucht. Er verdient sein Brot damit, in Japan eine westliche Sprache zu unterrichten, von der er nur beten kann, daß seine Schüler sie nie zu
geläufig beherrschen. Teils Hochstapler, teils Zauberlehrling,
erlangt er eine Art Meisterschaft darin, seine Geschöpfe unter
die Leute zu bringen statt seiner Person. Kein Wunder, daß Ge-
spenstergeschichten seine Stärke sind.

Vogel Rock   Die Veranstaltung, in der wir uns be-
finden, macht Sinn (um eine unsinnige Phrase zu verwenden),
wenn wir uns Gott nicht als vollendet vorstellen, sondern als
fortgesetzten Anfänger; nicht allwissend, sondern ahnungslos.
Dann wäre es keine Sünde oder gar Lästerung, mehr zu wissen
als Gott; er könnte es darauf angelegt haben.

Dieser anhaltend aufregende Gedanke ist mir heute beim Stillie-
gen unter dem Stahl-Fittich des Vogels Rock gekommen. So
nenne ich das monströse Gerät, von dem ich wünschen muß,
daß es mir noch einmal einen Anfang beschere, er möge kurz
oder lang sein, damit sich mein Leben und Tod für meinen Ver-

fasser gelohnt, das heißt: etwas wie Beweiskraft für ihn haben, und wäre es nur die eines gelungenen Streichs.

Im arabischen Märchen frißt der Vogel Rock Elefanten, aber wenn man von ihm selbst ißt, wird man wundersam verjüngt. Der Roboter-Kopf mit dem Strahlenrüssel dreht und wendet sich forschend um meinen Leib, als wittere er überall Unrat, und stößt dabei einen schrillen Dauerton aus. Das Monstrum hat etwas Kindliches, als wäre es einem Science-fiction-Manga entstiegen. Übrigens kann ich nicht bestätigen, daß man von der Bestrahlung «nichts merkt». Ich spüre sie bis in die Zähne, und wo das Fleisch getroffen wird, kräuseln sich die Nerven.

«Der Tod ist ihr Kunstgriff, viel Leben zu haben.» Hinter meinem ahnungslosen Gott steht dieser ahnungsvolle Satz aus einem Text «über die Natur», die Gott darin gewissermaßen umfassend vertritt. Es war ein ungezeichneter Beitrag zu Anna Amalias «Tiefurter Journal» 1783, der Goethe zugeschrieben wurde, auch von ihm selbst, denn er stimme *mit den Vorstellungen wohl überein, zu denen sich mein Geist damals ausgebildet hatte (…) Man sieht die Neigung zu einer Art von Pantheismus, indem den Welterscheinungen ein unerforschliches, unbedingtes, humoristisches, sich selbst widersprechendes Wesen zum Grunde gedacht ist, und mag als Spiel, dem es bitterer Ernst ist, gar wohl gelten.*

Die «bekannte Hand», die er am Werk sah, war aber nicht seine eigene, sondern die des Schweizer Theologen Georg Christoph Tobler, der Weimar 1780 besucht hatte. Dennoch darf man das geniale Gemeinschaftswerk als Summe der Reise von 1779 lesen, wofür der acht Jahre jüngere Schweizer den naiven Enthusiasmus beitrug, die Hand aber, die seine führte, den «humoristischen» Zug. Denn die vorgestellte Natur – als umfassende Platzhalterin Gottes – ist eine Kindermutter, die ihren

Anbefohlenen beim Spielen zusieht; das Spiel heißt «Werden
und Vergehen». Aber eigentlich ist sie selbst ein Kind, das nur
staunen kann, daß überhaupt etwas ist («und nicht vielmehr
nichts», wie Hegel unübertrefflich sagt) und was daraus werden
kann, wenn man etwas damit macht. Daß sich die Spielerin
selbst allzuviel daraus macht, ist dem Text nicht anzumerken,
das Spiel wirkt, bei allem Vergnügen, blind und selbstvergessen,
auch vertrauensvoll; darin gleicht es dem Ausgangspunkt der
Schweizer Reise. Ob es auch vertrauens*würdig* ist, wird nicht
gefragt, und die Spielerin will es gar nicht wissen. Daß sie, in
anderer Beleuchtung, ein Monstrum wäre, wie die indische
Göttin Kali, um deren Hüfte beim Tanz die Schädel schlenkern,
kommt ihr nicht in den Sinn, denn auch ihr Spiel hat keinen,
dafür ist es ein Spiel. Da Nichtsein darin gewissermaßen der
Normalfall ist, findet die Natur jedes Spielzeug besser als keins
und findet auch nichts dabei, es wieder zu zerstören und verschwinden zu lassen und Energie in Entropie zu überführen.
Nicht nur weiß das Kind nicht, was es tut, es muß es gar nicht
wissen, das ist die Bedingung des Spiels, sonst wäre es keins,
sondern für die Teilnehmer (oder Teilgenommenen) schauder-
hafter und blutiger Ernst.

Wohl möglich,   daß diese Ansicht einer Schöp-

fung, die den persönlichen Schöpfer verabschiedet hat, auch das
bisher letzte Wort der Naturwissenschaft ist. Der Urknall, mit
dem sie die Veranstaltung beginnen läßt, hat, nach ihren eigenen seriösen Maßstäben, etwas Zauberhaft-Kindliches: Da soll
ein Etwas, mit dem verglichen sich jedes Nichts beinahe ansehnlich ausnimmt, eine Materie von unvorstellbarer Kleinheit, da-

bei ebenso unvorstellbarem Gewicht, *explodiert* sein – zu einer ebenso unvorstellbaren Vielzahl von Universen, unter denen sich die Erde, auf der wir leben, wiederum als beinahe absolut vernachlässigbare *Quantité négligeable* ausnimmt. Und die Evolution auf dieser Erde, erst die materielle, dann die biologische, funktioniert als fortgesetzter Prozeß von Versuch und Irrtum, bis hinauf zum Homo, genannt sapiens, der, um sich diesen Namen, berechtigt oder nicht, zu verdienen, wiederum eine unabsehbare und keineswegs schlüssige, schon gar nicht abschließende Entwicklung durchläuft – an deren Ende ganz gut seine Selbstvernichtung stehen kann, zu der er inzwischen alles nötige Instrumentarium besitzt. Man versteht verdammt gut, warum die Kreationisten angesichts dieses Würfelspiels, das Zufall und Determinismus miteinander veranstalten, in das Siebentage-Modell der biblischen Schöpfungsgeschichte zurückfliehen – alles andere ist für die Fassungskraft einfach zuviel, an Willkür, sinnloser Frivolität und undurchsichtiger Gottverlassenheit.

Vor allem eins kennt das humoristische Spiel-Universum des Tobler-Goetheschen Versuchs nicht: einen Punkt, an dem der Spaß aufhört und wo sich eine verbindliche Probe auf seinen Sinn machen läßt. Diesen Punkt aber hat Goethes Aufsatz über «Winckelmann und sein Jahrhundert» exakt bezeichnet:

Wozu dient all der Aufwand von Sonnen und Planeten und Monden, von Sternen und Milchstraßen, von Kometen und Nebelflecken, von gewordenen und werdenden Welten, wenn sich nicht zuletzt ein Mensch unbewußt seines Daseins erfreut? Als ob er der *Adressat* des Universums wäre, *ein* Mensch, wohlgemerkt, nicht einmal die ganze Menschheit, sondern ein einzelnes Individuum, das den ungeheuren Aufwand durch seine Freude am Dasein nicht nur würdigt, sondern rechtfertigt – und das auch noch «unbewußt».

Daraus spricht auch eine nicht weniger ungeheure Geringschätzung der Quantität zugunsten der Qualität. Denn was ist ein Individuum? Es vergeht wie Schall und Rauch, hat nicht einmal die «Unteilbarkeit» zu bieten, die sein lateinischer Name suggeriert, im Gegenteil: Der einzelne muß geteilt sein, um sein Bestes teilen, mitteilen zu können, sein Interesse, seine Freundschaft, seine Liebe. Es ist teilbare Überzeugung, teilbare Wahrheit nötig, damit der einzelne sich etwas aus sich selbst mache, aber auch aus andern. Seine Wahrheit bleibt, auch in Zahlen oder Algorithmen verkleidet, unheilbar anthropomorph und als solche unbegrenzt überholungsbedürftig. Den Gipfel seiner Weisheit hat es erklommen, wenn es, wie Sokrates, weiß, daß es nichts weiß. Und doch ist nicht nichts, was es zu sagen hat und erfährt: Es ist einzigartig sogar ohne Bewußtsein seines Glücks. Denn es besitzt eine Eigenschaft, mit der es dem Weltall gleicht: Es ist nicht zu fassen.

Individuum est ineffabile, hat Goethe, in seinen ersten Jahren in Weimar, den Schlüssel-Satz seiner Existenz genannt, auch ein Gott kann es nicht fassen – ja, der einzelne hat ihm, nicht trotz seiner Sterblichkeit, sondern ihretwegen, etwas voraus. Sogar der Urknall (er sei Metapher oder Realität), die allgemeine Relativitätstheorie oder die Quantenphysik bedürfen für ihre Vorstellung des Gehirns einzelner Menschen, von einem Gedicht wie «Füllest wieder Busch und Tal» ganz zu schweigen. Und es ist kein Gegenbeweis, daß dieses Gehirn schon durch eine einzige verstopfte Ader «abgeschaltet» werden kann und in jedem Fall zuverlässig den Weg alles Fleisches geht.

In diesem Sinne darf man den Veranstalter, *jeden* Veranstalter eines großen Ganzen getrost «ahnungslos» nennen und das Individuum seinen gültigen Informanten, wozu die ganze, jeder Vorstellung spottende Veranstaltung denn gut sein mag. Dem Spott der Natur begegnet der Humor eines Geistes, für den sie – warum nicht? – am Anfang wie am Ende ein spielendes Kind gewesen sein darf. Der unzureichende Erwachsene der Schöpfung, der als Größe absolut lächerliche einzelne Mensch, nimmt sich heraus, sie «gut» zu nennen, weil das, was er aus sich machen lernte, in ihr *möglich* war. Damit wird sie selbst, diese nicht geheure Schöpfung, zur Möglichkeitsform des *Gelingens*. Darüber geht nichts; dahinter muß nichts mehr sein.

Das Individuum aber, das sich selbst annehmen kann, erkennt seinesgleichen in jedem Blatt am Baum wieder, denn seine Wahrnehmung ist nicht auf den Geniefall beschränkt. Sie vermag diesen in jeder Einzelheit der Natur zu erkennen, in jedem Atom, in jeder Landschaftsform, auch im «eigenen Tod». Hier endet das Würfelspiel der Reise mit der Überschreitung der Furka. Und auf ihrem Höhepunkt findet sie eine Sprache wie diese:

In manchen Tönen ist die Nachtigall noch Vogel; dann steigt sie über ihre Klasse hinüber und scheint jedem Gefiederten andeuten zu wollen, was eigentlich Singen heiße.

Oder so:

Wer lange in bedeutenden Verhältnissen lebt, dem begegnet freilich nicht alles, was dem Menschen begegnen kann, aber doch das Analoge und vielleicht einiges, was ohne Beispiel war.

Ich bin für jeden Augenblick dankbar, den ich in der Gesellschaft dieser Reisenden am 12. November 1779 zubringen durfte. Sie haben mich auf dem Strahlenbett daran erinnert, was ich soll. So liege ich getrost unter dem Vogel Rock. Durch sein hohes Schnarren klingt ein Stück von Mozart aus dem Lautsprecher. Mögen sie ihr Werk tun, beide.

Fall Alexis   Für heutige Experten wäre er ein kranker
Charakter, und seine gottseligen Taten Entgleisungen höchsten
Grades. Eine Verlobung aus unehrlichem Gehorsam gegen die
Eltern, dem die Braut und ihr Lebensglück geopfert wird. Die
Schadenfreude des Rumpelstilz, der sich von den Seinen nicht
finden lassen will, aber ihren Schmerz darüber klammheimlich
genießt – bis zum SM-verdächtigen Voyeurismus unter der
Treppe. Schließlich die Hinterlassung einer Schrift, die seine
Wichtigkeit über den Tod hinaus garantiert.

Aber warum sind Goethe, dem «dezidierten Nichtchristen»,
über diesem Fall die Tränen gekommen? Was hatte er mit dem
vormittelalterlichen Märtyrer gemein?

Ganz gewiß war es seine Erzählerin, die Wirtin wundermild, die
ihn am tiefsten bewegte, also die Erscheinung des heiligen Sün-
ders im Spiegel homerischer Unschuld. Denn auf ihren Lippen
berührte sich die frag-würdige Menschennatur mit der Gnade
der Kunst. Es war diejenige Homers, die ihn auf der Schweizer
Reise begleitete. Und in seinen Ohren muß die Alexis-Legende
wie ein Stück Heimkehr eines ganz anders schuldig-unschul-
digen Leidenden geklungen haben, des Odysseus. Auch dieser
hatte, unerkannt, nur noch weinen können – und weinen *dürfen*, als ihm seine Taten und Leiden am Phäakenhof im Mund
eines Sängers begegneten. Dessen Kunst erlaubte dem unbekannten Gast, sich zu erkennen zu geben: Er war's; Odysseus,
das heißt ein sterblicher Mensch. Ein Gott war er nicht, keine
List machte ihn dazu, auch kein Waffenkunststück, er blieb ein
Heimatloser, auf der Insel der Glücklichen erst recht. Selbst von
ihnen, die ihm eine schmerzlose Rückkehr erlaubten, trennte er
sich mit Schmerzen, denn er ließ zugleich, und für immer, die
reine Gestalt Nausikaas zurück.

Wie hätte Weber in der Figur des endlosen Abschieds, die Alexis nicht weniger verkörperte als Odysseus, die Spur des eigenen Schicksals nicht wiedererkennen sollen? Beide waren noch lange nicht heimgekehrt, als sie endlich an der heimatlichen Schwelle landeten; beide konnten diese nur als Bettler überschreiten. Danach freilich zweien sich die Wege. Der homerische Held holt sich das Seine mit Macht, der christliche Märtyrer mit der Kraft der Entsagung. Aber sie töten beide, der eine die Freier Penelopes, der andere seinen eigenen Leib.

Nausikaa: Ihr wollte Goethe in Italien eine Tragödie widmen, doch sie zerrann ihm im Licht:

> *Ein weißer Glanz ruht über Land und Meer,*
> *Und duftend schwebt der Äther ohne Wolken.*

«Rein» ist sein Leib- und Kennwort schon vor dieser Schweizer Reise. *Möge die Idee des reinen die sich bis auf den Bissen erstreckt den ich in Mund nehme, immer lichter in mir werden,* notiert er am 7. August 1779 ins Tagebuch. Diese «Reinheit» hat mit Abstinenz oder Askese nichts zu tun, viel eher mit jener Art zugleich sakraler und alltäglicher Hygiene, die man in außereuropäischen Kulturen besser kennt, etwa im japanischen Shinto, dem «Weg der Götter». Er zeigt sich nicht erst im Umgang mit einem – für westliche Begriffe: diffusen – Heiligen, sondern im Umgang miteinander, aber auch mit Gegenständen, die, von uns gemacht und gebraucht, eine Seele haben und Anspruch auf Verehrung. Die nötige Sorgfalt dafür lernt man (beispielsweise) in der «Teezeremonie».

Das Grundgefühl, daß alles mit allem zusammenhängt, verlangt
aber auch, daß wir mit einer Beziehung oder einer Lebensepoche
auf gute Art fertig werden, ohne uns – mit Goethe zu reden –
«zum Starren zu waffnen». Das Wort dafür lautet *keshime*, und
ich wüßte kein besser passendes für Goethes Abschiedsbesuche
bei seinen Lieben auf dem Hinweg in die Schweiz, sogar für die
Schweizer Reise selbst.

Goethes Lebenspraxis hat etwas «Shintoistisches». Was nicht
aufgeht, muß man lernen, auf sich beruhen zu lassen, bis es sich
von selbst löst, oder eben nicht – und vielleicht nie. Die «Per-
sönlichkeit» Goethes bleibt, was man heute «kontingent» nennt;
sie geht nicht auf, darauf beruht zugleich ihre Irritation und
ihre fortgesetzte Anziehungskraft. Unerschöpfliche Tätigkeit und
mehr oder minder souveränes Geschehenlassen sind darin nicht
zu unterscheiden; kein Wort begnügt sich mit einem einzigen
Sinn. Was man «unentschlossen» zu nennen versucht ist, wartet
nur den Augenblick ab, wo sich eine Frage von selbst beant-
wortet. Die Klarheit dazu aber kann immer noch eine Gottheit
schaffen – und am wirksamsten eine weiblich kodierte: die Natur.

«Rein» wollte ihr Goethe begegnen, als er ihr erklärtes Heilig-
tum, die Alpen, betrat. Dazu gibt es ein japanisches Gegenbei-
spiel, das hierzulande aus Brechts dialektischer Bearbeitung bekannt ist, als «Der Jasager» und «Der Neinsager». Auch die
japanische Quelle, das Nō-Spiel «Taniko», läßt sich als Lehr-
stück lesen, in dem ein Junge, der für seine kranke Mutter auf
den heiligen Berg wallfahrtet, geopfert werden muß. Denn er
wird auf der Reise selbst krank und verletzt damit das Reinheits-
gebot, das seine Führer, kriegerische Berg-Mönche, zu hüten
haben. Der Konflikt zwischen dem «Großen Brauch» und der

Kindesliebe wird am Ende zugunsten des Jungen entschieden, den ein *Deus ex machina* wundersam wiederbelebt. Brecht macht aus dem Stoff ein Dilemma zwischen dem Anspruch eines Kollektivs und eines Einzelnen: Es wird, nach Maßgabe westlicher Vernunft, einmal zugunsten der einen, einmal der andern Seite entschieden, aber mit deutlichem Vorteil für den «Neinsager». Erst wenn – in der fatalen «Maßnahme» – das Kollektiv durch *die Partei* repräsentiert wird, führt keine Teilnahme für den Einzelnen an seiner Liquidation vorbei.

Von dieser stalinistischen Konsequenz sind die Furka-Reisenden 1779 denkbar weit entfernt; dennoch bleibt auch hier einer nicht hinterfragbaren Größe – dem «Berg» – die Autorität über Tod und Leben der Reisenden anheimgestellt, die jedenfalls einer der Reisenden bewußt herausfordert. Doch die eigentliche Testperson bleibt er selbst: Naht er sich der Großen Mutter *rein* genug, daß sie sein Leben und das seiner Freunde schont – und begnadigt? Goethes stille Zuversicht hat etwas mit seinem Lebensglauben zu tun, den man als «gegenständlich» bezeichnen könnte, als Frömmigkeit vor dem, was ihm begegnet – real, aber immer auch phänomenal, daher «symbolisch». Die Muttersprache dieser Erfahrung bleibt die Poesie; bei einem andern «Dichter der Dinge», Rilke, nimmt sie dafür das Vor-Bild des Orpheus in Anspruch, wenn es in einem ihm gewidmeten Sonett heißt:

> *Töten ist eine Gestalt unseres wandernden Trauerns,*
> *Rein ist im heiteren Geist was an uns selber geschieht.*

In dieser orphischen Topographie, in deren Zentrum – überall und nirgends – der *Abschied* steht, galt es für Goethe den Punkt zu erreichen, wo er – um nochmals Rilke zu zitieren – «allem Abschied voran» war,

als wäre er
hinter dir, wie der Winter, der eben geht.
Denn unter allen Wintern ist einer so endlos Winter,
daß, überwinternd, dein Herz überhaupt übersteht.

Dieser Winter aber war am 12. November 1779 noch nicht *ge-gangen*, er stand dem *Wanderer* erst bevor. In dieser Lage überhaupt zu überstehen, also: in reiner Präsenz zu verweilen, und in voller Ruhe der Seele, war die Zumutung des immerzu sterbenden Heiligen, die ihm als Darstellung des leibhaften Todes in der Erzählung einer lebendigen Frau begegnete und die «Gabe der Tränen» schenkte – Tränen des Wiedererkennens und der *möglichen* Gnade.

Schmetterling   Juli 2016: halkyonische Tage zwischen Arztterminen, Visiten bei der Morbidität und abends Fußball-EM, das Rendezvous des populären Geschmacks mit dem SPIEL nach Schiller, in dem der Mensch nicht ganz ist, aber ganz Mensch.

Markus Werner ist gestorben. Wir waren befreundet im Schreiben.

Der Zen-Meister deutet auf die gefallenen Blätter im Moos; der Schüler beeilt sich, sie einzusammeln. Als er fertig ist, fragt er, ob es so recht sei. Etwas fehlt noch, sagt der Meister, schüttelt das Bäumchen, und im Nu ist der Boden wieder mit Blättern bedeckt.

Das gefallene Blatt. Ich sah es, im heißen Bad sitzend, durch die offene Glastür leuchtendgelb auf einem der Steine haften, die das äußere Bassin als Berglandschaft umfaßten, draußen an der noch kalten Luft. Und bevor ich mich zu wundern anfing, was das Herbstblatt im April hier zu suchen habe, löste es sich und zuckelte davon, in einer Art Suchbewegung durch den offenen, dampfenden Raum. Ein Zitronenfalter, ein prekäres Glück, gefährdet in jedem Augenblick.

Aber für diesen Augenblick bin ich noch einmal nach Japan gefahren. Das sehe ich *jetzt*.

Spiegelsturm Zwei Spiegel rahmen, wie Flügel eines Altars, links und rechts den Eingang zu unserem eisernen Gartenpavillon und blenden aus, daß er jetzt doch als Abstellraum dienen muß.

Gestern morgen hörte ich, beim Kaffeemachen in der Küche, aus jener Richtung aufgeregtes Zwitschern und Flattern, regelmäßig gefolgt von einem kleinen dumpfen Anprall. Von der Terrasse aus sah ich einen Amselhahn mit gespreizten Flügeln gegen das Spiegelblech anrennen. Und wenn es ihn abgeschmettert hatte, immer aufs neue, nutzte er das noch kahle Hibiskusgeäst nur zum Abstoß für einen nächsten Anlauf. Die Aufschläge folgten einander wie Salven, dabei entwischte eine weiße Kotspur auf den Spiegel.

Ich trat näher, aber der Vogel ließ sich nicht beirren. Was sah er vor sich? Gewiß nicht sich selbst; vielleicht einen gleichzeitig anrennenden Rivalen, der sich genausowenig verscheuchen ließ wie er.

Oder hielt er das Spiegelbild für eine reale Fortsetzung des Raums, eine bambusgrüne Weite, von der einfach nicht zu begreifen war, warum sie ihm verschlossen sein sollte? Hartnäckig weigerte er sich, die Lektion einer harten Oberfläche zu lernen.

Ich ging in die Küche zurück; schließlich setzte das Zetern aus. Aber dann waren Hacklaute in schneller Folge zu vernehmen, und ich pirschte mich wieder an. Die Amsel saß auf dem oberen Rand des Blechs und pickte dagegen, manchmal auch auf die stumpfe Hinterseite, als versuche sie dem Hindernis seine Nichtexistenz einzuhämmern. Sie war so selbstvergessen am Werk, daß ich sie berühren konnte. Da endlich flog sie auf, mit schrillem Protest, und schlug an, rechts und links, bevor sie sich auf einem Strauch niederließ, um das Ende der Störung abzuwarten.

Der kleine Sisyphus schenkte sich nichts. Vielleicht suchte er eine Nistgelegenheit, aber die Wand stand ihm im Weg, die so tat, als wäre sie offener Raum. Der gefiederte Kumpan rührte mich an, bevor mir gelang, ihn nicht mehr zu beachten.

Verläßt mich schon um fünf Uhr der Schlaf, beginnt es im Oberlicht deutlich zu dämmern, dann höre ich Amselgesang, vielstimmig und grenzenlos, das Fern- und Heimläuten aus Kindertagen. Eine Stimme tönt so nah, als säße der Sänger auf der Spitze des Gartenhauses. Ist es *meine* Amsel?

Genug, sie singt. Ihr Repertoire hat, wie man heute sagt, noch «Luft nach oben», aber sie wird, im Spiegel anderer Stimmen, dazulernen. Denn sie ist selbst von oben, «aus der flaumenleichten Zeit der dunkeln Frühe».

Was das Singen sagen will, hat Hildesheimer weniger fein ausgedrückt: «Hau ab, hau ab.»

Die Katze   Der *Jetlag* manifestiert sich immer noch als sanftes Durcheinander der Tageszeiten. In unserer Abwesenheit haben sich Marder im Dach eingenistet, ihr Getrippel weckt uns um zwei Uhr früh. Ich versuche sie mit Kieselwürfen vom Garten aufs Dach zu vergrämen. Danach will A. gesehen haben, wie sie über die Straße davonspazierten, gemächlich wie in einem Comic, eine Mutter mit zwei Jungen. Aber A. ist gar nicht aufgestanden; wahrscheinlich hat sie geträumt.

Jetzt kann ich nicht mehr schlafen, steige ab in mein Untergeschoß, um mir Notizen zu machen. Aber hat sich da hinterm Fenster nicht etwas gerührt? Ich sehe durchs Glas zwei gelbe Augen starr in meine gerichtet; im nächsten Augenblick sind sie verschwunden.

Hat nicht ein Gesicht dazugehört, schmal und mädchenhaft? Ich öffne das Fenster, löse damit den Bewegungsmelder aus, der Licht auf den Vorplatz fallen läßt. Es spiegelt sich auf Hansens Tisch und schneidet darin ein Stück Himmel aus, ein schwarzes Vieleck. Auf seiner Oberfläche zeichnen sich kleine Fußspuren ab, Tritt um Tritt exakt verzeichnet, wie Fingerabdrücke in einem Album aus Glas.

Ein gültiges Testament habe ich noch immer nicht geschrieben. Plötzlich überfällt mich die Müdigkeit, ich schließe das Fenster und mache mich auf den Aufstieg zurück zum Schlafplatz.

Zum letzten Mal   waren sie beritten, auf kleinen, struppigen Lastpferden, und hinter ihnen führte Blochberg zu Fuß das dritte nach, das mit den Mantelsäcken beladen war. Er würde sie selbst schultern müssen, wenn die Herrschaften keine

Träger fanden. Hoffentlich gab es in Münster einen Heiligen,
der die Weiterreise verbot, bevor ihnen nicht mehr zu helfen
war.

Auch der Graf wird der Sache nicht mehr ganz getraut haben,
als er Weber vorwegtraben sah, Münster entgegen, dem schwarzen Nest am Berge, ungeduldig, als habe er dort etwas zu ver-
säumen. Wenn die abgeschmackte Alexis-Geschichte ihn verrückt gemacht hatte – wie seinen Tasso? Wollte er sein Werk
nicht auf Papier vollenden, sondern mit einer Lawine? Das
Hochtal lag als flache Insel zwischen dunklen Wolkenmassen,
die jede Stunde über ihr zusammenschlagen konnten.

Stein I   Heute bleibt mir das Problem zu lösen, was man
mit einem ledig gewordenen Grabstein anfängt. Die Friedhof-
verwaltung der Heimatgemeinde ließ brieflich mitteilen, daß
die Liegefrist für meinen Bruder Hans und seine Frau abgelau-
fen sei. Ich irrte, als ich ein sogenanntes Privatgrab für ewig
hielt.

Unter dem Stein liegen auch die Reste Hedwig M.s, deren
große Liebe, der Maler Otto Freundlich, in Majdanek nur zu
einem «Grab in den Lüften» gekommen ist. Meine Halbgeschwister durften Erde werden, und wenn sie in einer Urne be-
stattet sind, höre ich vom Friedhofgärtner, genügt es, diese etwas tiefer zu versenken; danach darf das Grab wieder belegt
werden.

Bleibt der Stein. Wohin mit ihm? Er könnte noch von Hans
selbst gehauen sein.

Von ihm sind mir vier Arbeiten in Holz geblieben, außer

dem Tisch: ein Kirschbaum-Schrank, eine Weihnachtskrippe, deren Kistchen, aufgeklappt, den bunten Figuren als Obdach dient. Schließlich, in geknickten Lettern angeschrieben, eine Schachtel MARKEN; für heutige Postwertzeichen sind die Fächer zu klein geworden. Von seiner Frau behalte ich nur die Erinnerung an ihre diskrete Art und immer etwas verhuschte Redeweise. Daß die älteste Schwester, die am längsten gelebt hat, später ins Grab des Paars nachkommen durfte, hat seine Richtigkeit, denn bis zu ihrer Altersfreundschaft mit einem verwitweten Lehrerkollegen hat sie allein gelebt, in Mietwohnungen, aus denen sie regelmäßig ein böser Einfluß vertrieben hat, sei es ein roher Nachbar oder auch ein Klopfgeist in der Zentralheizung. Als Halbwüchsiger verdankte ich ihr auch ihre Verehrung für den entfernten Walter, den Bruder, der Dichter hatte werden wollen und zum Verfasser einer «Tragischen Literaturgeschichte» geworden war. Für ihre jüngere Schwester, Vaters Liebling Elsa, die Kinderbücher schrieb wie «Hansi und Ume», hatte sie weniger übrig. Zu gut sah sie hinter die Kulissen, die darin zur schönen japanischen Fremde umdekoriert waren. Inzwischen hat Walter mit seiner Frau ein Kassettengrab in einem Basler Friedhof, während Elsa, in «Freundschaft» vereint mit der Liebe ihres Lebens, einer Tänzerin, zu einem Ehrengrab der Stadt gekommen ist.

Am Grabstein, über den ich verfügen soll, bin ich vorbeigegangen, wenn ich das Grab meiner Mutter besuchte – es war auch dasjenige meines Vaters. Sein Name, den er mir vererbt hat, wurde mit dem ihren überschrieben. Inzwischen steht das einst rosenfarbene, jetzt ergraute Kreuz, dank eines Tributs an die Verwaltung, fast allein auf weiter, ausgeebneter Flur, auch leicht schief, wie (wenn es nur kein Kreuz wäre) auf einem immerwährenden jüdischen Friedhof. A. hat meine Mutter nie kennengelernt, aber sie hat eine *schöne* Frau aus ihr gemacht und

bleibt unbeirrbar dabei, daß ich ihr das Beste verdanke, jedenfalls die Augen.

Der Kalk-Stein meiner nichtschreibenden Geschwister hat
eine quasi-organisch verkantete Form und erinnert an diejenige
des Goetheanums in Dornach, das wiederum die Belchen-Fluh
dahinter nachzeichnet. Ich bin kein Anthroposoph, darum behält die Aneignung des Grabsteins etwas Übergriffiges, aber
auch Hedwig, die Nachzüglerin, war nicht Steiner-gläubig. So
darf der Grabstein auch als Familiendenkmal gelten, ein Objekt
eigenen Rechts. Man mußte nur den traurigen Mut haben, die
Namen darauf zu löschen.

Inzwischen steht er neben unserer Haustür, unter dem Na-
mensschild, das noch aus dem verschwundenen Elternhaus
stammt, und ist ein Stein fast wie ein anderer. Das schiefe Viereck, aus dem die Namen entfernt wurden, wird noch eine Weile
heller bleiben als der Rest, den bereits die Flechten überzogen
haben.

> … und leise rührt mich an ein alter Stein:
> fürwahr, ich werde immer bei euch sein –
> O Wind, der durch die Silberweide bebt.

Schön. Aber auch:

> Von ihnen wird bleiben, der durch sie hindurch ging, der Wind.

Stein 2 Der Stein, den wir für das eigene Grab be-
stimmt haben, stammt aus einer japanischen Werkstatt. Es ist
ein rechteckiger Granitblock mit leicht hängenden Rändern, der

sich nach unten verjüngt und von einer kurzen Säule getragen wird, diese wiederum von einer quadratischen Sandsteinplatte. Die ganze Form erinnert an ein romanisches Kapitell, nur braucht es nichts zu tragen. In die Oberseite sind zwei sich überschneidende kreisrunde Becken von unterschiedlicher Tiefe eingeschnitten; sie werden als Vogelbad rege benützt. Die Säule ist durchbrochen mit einem Öhr, in dem, an festlichen Abenden, eine Kerze brennt; dann wird der Stein zur Laterne. Aber Steinlaternen gibt es schon zwei, eine dritte ist eigentlich zuviel. Man wird sie an ihrem Platz, wenn sie eines Tages auszieht, nicht vermissen. Und wenn A. findet, daß in unserem Garten immer noch «viel zu viel» ist: Dann wird es endlich etwas weniger.

Und Dora
Er ging im Schritt, vor sich den breiten Rücken Biderbosts. Hischier, an der Spitze des Zugs, pflügte eine Bahn in den tiefen, noch losen Schnee, ins grenzenlose Weiß, die Einöde ohne Ufer, das gefrorene, immerfort steigende Meer, das ihnen lautlos entgegenwuchs. Ihr Schritt war so regelmäßig wie möglich, ihre Bewegung die einzige unter einem Himmel, den es nicht gab: Und doch schien sich die Höhe, der sie entgegenstapften, etwas zu lichten. Sie stiegen einer in der Spur des andern, und Weber gab bei jedem Schritt Laut, etwas zwischen Summen und Stöhnen.

Und sein Schritt wurde zum Takt, das Möhnen zum Wort, Wort um Wort; Verse bildeten sich in seinem glühenden Kopf, als flössen sie ihm aus der Höhe zu, um auf seinen geöffneten Lippen einen Augenblick zu verweilen und ihm so lange die Last des Körpers zu erleichtern, die ihn beim Steigen beugte.

Leere Zeiten der Jugend und leere Träume der Zukunft
Ihr verschwindet, es bleibt einzig die Stunde mir nur.

Er brauchte die Worte nur nachzusprechen, als hätten sie auf
seinen Atem gewartet, der stoßweise ging und immer wieder
kam.

Immer heftiger rief es am Strand; da wollten die Füße
Mich nicht tragen, ich rief –

Oft waren die Laute so leise, daß er glaubte, um sie zu hören,
müsse er stillstehen. Aber das durfte er nicht, und es war auch
nicht nötig: Sein schwerer Atem selbst, ein und aus, ein und aus,
ging auf Versfüßen und zog die Füße an seinem Leib nach, als
beflügle sie ihr eigenes Gewicht:

Mich nicht tragen, mich nicht tragen, ich rief –

Was rief denn da?
Dora, flüsterte es in sein Ohr.
Die Bäuerin, dachte er und hatte sie vor Augen, wie sie noch
kein Mensch gesehen hatte, nur noch bekleidet mit dem Glanz
ihres Leibes.

Nimm aus dem Garten noch einige Früchte mit dir!
Nimm die reifsten Orangen, die weißen Feigen; das Meer bringt
Keine Früchte –

Er sah ihre Tränen in seinen Augen.

Du brachst nun die Früchte geschäftig.
Und die goldene Last zog das geschürzte Gewand –

Konnte sie noch schöner werden? Alles an ihm strebte ihr zu,
während er ging und ging, dabei wollten sich seine Augen schließen – wo ging er hin? War dies der Tod, und er bemerkte ihn
nicht einmal?

> Öfters bat ich: es sei nun genug! Und immer noch eine
> Schönere Frucht fiel dir, leise berührt, in die Hand.

Ja, sagten seine Schritte, ja, so.

> Erst die Orange, die schwer ruht, als ein goldener Ball,
> Dann die weichliche Feige, die jeder Druck schon entstellet;
> Und mit Myrte bedeckt ward und geziert das Geschenk.

Nein, flüsterte er, ja.

> Ich stand.

Ich stand, er aber ging immer noch weiter. Wo war sie? Wer war
er?

> Wir sahen einander
> In die Augen, und mir ward vor dem Auge so trüb.
> Deinen Busen fühlt ich an meinem! Den herrlichen Nacken,
> Ihn umschlang nun mein Arm, tausendmal küßt ich den Hals,
> Mir sank über die Schulter dein Haupt; nun knüpften auch deine
> Lieblichen Arme das Band um den Beglückten herum.

Er öffnete die Augen. Vor ihm ging der Rücken des Mannes,
wiegte sich hin und her, wie ein vom Fährmann sicher geruder-
ter Kahn. Charon, ging ihm durch den Kopf, und: jetzt nicht
abreißen lassen. Solange er rudert, bleibst du am Leben, Zug für

Zug. Vor ihm stapfte ein Riese, und statt eines Kopfs trug er eine verschnürte Kugel, die Welt.

Aber noch fehlet das Wort, das die Bedeutung verwahrt.

Hischier, ganz vorn, war stehengeblieben und hatte sich umgedreht.

Geits no? fragte er keuchend, sein Gesicht glänzte von Schweiß.

Es geht, sagte Goethe und hielt gleichfalls inne.

Aber die Männer waren nicht seinetwegen stehengeblieben. Sie blickten talwärts, nach den zwei andern; einer kauerte im Schnee und bedeckte die Augen, der andere hatte ihm einen Arm auf die Schulter gelegt.

D'Hechi, sagte Biderbost. – *Er ischi nit gwannet.*

Bitte? fragte Weber.

Die Höhe, sagte Hischier beinahe in einer Art hochdeutsch, *är ischt diese äben nicht gewöhnt.*

Die Führer blickten einander an, dann sagte Hischier:

De weimerne ga reichä.

Er wollte schon an Biderbost vorbei, da sah er, seine Hilfe wurde nicht benötigt. Carl August hatte Blochberg unter die Schultern gefaßt und aufgerichtet; dann, sich umwendend, zog er ihn an den Armen auf seinen Rücken und begann, unter der Last schwankend, in der Spur hochzusteigen.

Das chunnd nid güet, sagte Biderbost und ließ den Mantelsack in den Schnee fallen. Aber als er dem Paar entgegengehen wollte, hielt ihn Weber zurück.

Sie schaffen es. Der Herr ist stark.

Doch Blochberg ertrug es nicht länger als zehn Schritte, sich tragen zu lassen, und rutschte von Carl Augusts Rücken. Fallen ließ er sich nicht mehr. Carl August verlangte seine Hände, zog sie rechts und links um seinen Leib und hielt sie am Gürtel fest. Dann begann er vorsichtig auszuschreiten. Eins – zwei!, kommandierte er, eins zwei! eins zwei! Und wie ein vierfüßiges Tier im Paßgang, gemeinsam ausladend, Schritt für Schritt, kamen sie voran und schlossen auf. Es schien ein Kinderspiel, Carl August keuchte und strahlte. *Allez-marche!* rief er den andern zu, Hischier ging wieder an die Spitze, und Biderbost schulterte den Sack. *Allez–marche,* nicht-so faul! Brüder-lein, schiebst du mich? Schieb-mich nur, lachte er, wenn-du kannst, während sie alle, im Takt seiner Stimme, noch eine ganze Weile weitergingen, und als die Kommandi verstummten, gingen sie dennoch im Takt weiter, einer hinter dem andern, knirschend in Schritt und Tritt.

Plötzlich wich die Strenge des Wegs, als beginne er unter ihren Füßen nachzugeben. Wie ging das zu?

Sie hatten die Höhe erreicht. Vor sich sahen sie ein langes, sanft geneigtes Hochtal liegen, in schwachem Sonnenlicht, und im Schnee zeichnete sich eine Gruppe schwarzer Giebel ab.

Das wäre es, sagte Hischier. *Jtz welle-wer triiche.*

Er nestelte eine Feldflasche aus seinem Rückenpack und reichte sie dem Herzog, dieser gab sie gleich an Blochberg weiter und herrschte ihn an, als er nicht als erster trinken wollte. Endlich ging die Flasche von Mund zu Mund, dann kramte Hischier einen schwarzen Brotleib hervor, und Biderbost hielt ihn in den Händen, während der andere ein Stück nach dem andern abschnitt. Sie kauten gründlich, das Brot war hart, aber wurde um so süßer, je länger man daran zu mahlen hatte. Noch einmal machte die Flasche die Runde, und noch immer hatte man kein Wort gehört. Die Stille war vollkommen, bis auf die Laute des Körpers, Schlucken, Mahlen, Atmen.

Dann aber sagte Blochberg laut und deutlich:

Die Furka ist ein Scheißer.

Und das Wort war kaum seinen Lippen entflohen: Da strich, schnell und lautlos wie ein Geist, ein großer Vogel mit ausgebreiteten Schwingen vorbei, so nahe, daß sie sein Schatten streifte und sie unwillkürlich die Köpfe duckten. Als sie wieder aufsahen, glaubte ihn der eine dahin, der andere dorthin verschwinden gesehen zu haben. Sicher war nur: Verschwunden blieb er und nur noch im Staunen gegenwärtig, das er in den immer noch suchend aufgerichteten Gesichtern hinterließ.

Aber nun, da die Hitze des Aufstiegs aus den Gliedern zu weichen begann, wurde ihnen erst bewußt, daß sie die Anstrengung bis auf die Haut durchnäßt hatte, und zum ersten Mal spürten sie die Kraft des Windes, die den Vogel entführt hatte.

Aber sie froren gar nicht! Sie dachten nicht einmal daran!

Als der Herzog sagte: Diesmal hat der Geier umsonst gewartet!, mußte ihnen doch gefröstelt haben, denn plötzlich lagen sie sich in den Armen und lachten sich warm, Herr und Knecht, Leib an Leib.

Sie waren nur Menschen und noch einmal davongekommen.

Und wie sie sich aneinander festhielten, gaben sie auch preis, daß sie sich gefürchtet hatten, daß hier niemand seiner Sache sicher gewesen war, auch nicht Hischier und Biderbost.

Goethe blickte   noch einmal zurück. Hinter ihnen dämmerte das große Tal, aus dem sie gestiegen waren, im trüben Dunst. Darüber war ein Himmel von stoffloser Leere aufgegangen, die nur am unteren Rand, wo er sich mit der Flucht der Gipfel berührte, von Abendrot angehaucht war, als entlocke die gezähnte Erde dem unendlichen Raum eine Spur von Blut.

Da waren sie hergekommen, jetzt standen sie auf der Höhe, wohlbehalten, doch hinüber waren sie noch nicht. Nach Westen war der Himmel zu licht, um die Sterne durchscheinen zu lassen. Im Osten zeigten sie sich schon, denn auf dieser Seite zog die Nacht hinter den Gipfeln herauf. Diese selbst aber traten im letzten Sonnenlicht, das sie einfingen, so körperhaft hervor, als wären sie gemalt.

Er erkannte viele von ihnen wieder, auch wenn der Gotthardberg noch verborgen war; sie verwiesen auf ihn, und wo eine Wand vom Schnee entblößt war, zeigte sie die Struktur von Granit. Er glaubte das abendlich erleuchtete Gestein schon fast mit Händen zu greifen: Wie es leuchten kann, dieses Grau! Und einen Augenblick überwältigte ihn die Phantasie, diese Felsen hätten das Licht nur seinetwegen so lange festgehalten. Noch verbreitete der Schnee auch hier im Hochtal fahle Helligkeit, aber in der Tiefe sammelte sich die Dämmerung und stieg immer höher hinauf wie ein uferloser See.

Er hatte sich von der Gesellschaft etwas entfernt und hörte sie disputieren. Der Herzog wollte keine Rast dulden, zu der die einheimischen Führer gemütlich oder fürsorglich geraten hatten; mit dem Rest des Weges habe es keine Not mehr. Das letzte Stück werde zwar nochmals *stotzig,* aber es sei *apper* – was man sich als «schneefrei» übersetzen ließ –, und von da könne man den *Briederu* schon fast in die Küche schauen. Auch auf die Frage, woher die Kapuziner-Brüder wissen sollten, daß ihre Küche auch gerüstet sein müsse, und zwar für fünf Gäste, die Hunger hätten und außerdem ein Nachtlager brauchten, wußte Biderbost Rat: er werde mit Hischier (den die deutschen Herrschaften hartnäckig französisch aussprachen) vorausrennen und sie gebührend ansagen.

So übersetzen sie sich die Oberwalliser Mundart – hinreichend sicher, daß die erprobten Männer sie jedenfalls nicht im

Stich lassen würden, bevor sie ihr Handgeld empfangen hatten. Am Gotthard, wo ein Saumweg den ganzen Winter gangbar war, benötigte man sie nicht weiter.

Nur Blochberg war bester Laune. Seit er dem «Berg» die Meinung gesagt und vor allem: seit er ihn, mit Nachhilfe des Herzogs, besiegt hatte, wirkte er wie ein umgekehrter Handschuh. Er war bei Herrnhutischen Zieheltern aufgewachsen und offenbarte jetzt seine Begabung zu «Gesichten», die ihm das Hospiz schon gezeigt hätten, und sogar die genauen Umstände ihrer Ankunft. Er hatte drei bärtige Kapuziner «gesehen», von denen der Oberste, eine Laterne in der Hand, ihnen heute noch aus seinem Gewölbe entgegentreten würde, auf den Lippen den englischen Gruß und ein Hosianna für ihre wunderbare Errettung. Dann würde er sie zur Tafel bitten, und siehe, diese war auch schon gedeckt: mit frischem Fisch, fettem Braten und süßem Honigkuchen.

Entweder hatten Hunger und Höhe, Sorge und Strapaze, aber auch die handgreifliche Gnade seines Fürsten dem armen Kerl den Verstand verrückt, oder er war, unter dem Eindruck von Beinhäusern und Votivkerzen, doch ein wenig katholisch geworden. Die beiden Walliser bestätigen jedoch, mit drei Brüdern, Laterne, Gewölbe und englischem Gruß habe es wohl seine Richtigkeit, nur bei Braten und Honigkuchen müsse noch ein Wunder geschehen. Carl August bemerkte, bisher habe er Männe nur als Unglückspropheten kennengelernt. Aber wenn man hier noch lange schwatze, statt sich zu sputen, dürfe man ja immer noch mit dem Schlimmsten rechnen.

Wir brauchen noch vier Stunden, und es ist schon halbe Nacht!

Damit war das nötige Machtwort gesprochen, Biderbost packte den Mantelsack wieder auf, und Hischier nahm die Spitze, zum Pflügen der Spur. Sein Schritt ging langsam, noch immer lag der Schnee kniehoch, dennoch folgten die andern wie beflügelt, denn jetzt war die Schwerkraft auf ihrer Seite. Endlich ging es hinab, talwärts, nicht gleichmäßig, doch zuverlässig.

Nur einer verweilte noch auf der Höhe der Furka.

Innehaltend zwischen Hüben und Drüben, Erinnerung und Zukunft, schlug ihm das Herz, als wäre es gewiß, von diesem Punkt an nicht mehr irregehen zu können.

Ist uns ein Kind geboren, wohl zu der halben Nacht. In ihm summte ein Weihnachtslied. Carl Augusts «halbe Nacht» hatte ein Wunder gezeugt.

Uns ist ein Kind geboren, wiederholte er und lächelte: Getauft ist es auch schon. *Dora.*

Und plötzlich ergriff es ihn wie mit Flügeln und flüsterte ihm Wort um Wort ein, und Vers für Vers. Wer sprach da? Genius? Terminus?

> *Nur im Augenblick, im letzten, stieg mir ein Leben*
> *Unvermutet in dir, wie von den Göttern herab.*
> *Ewig! Ewig! Ich rief: Dora! und bist du nicht mein?*
> *Ewig, sagtest du leise. Da schienen unsere Tränen*
> *Wie durch göttliche Luft, leise vom Auge gehaucht.*

Er wartete. Aber es war vorüber. Er schauderte.

Aber es war gekommen, und im Augenblick ist Ewigkeit.

Nicht notieren. Behalten. *Ewig.*

Der Hinterste des kleinen Zugs hatte sich umgedreht.

Kommst du? rief Carl August.

EWIG, antwortete Goethe lautlos, und tat den ersten Schritt.

Aus dem Verlagsprogramm

Adolf Muschg im Verlag C.H.Beck

Im Erlebensfall

Essays 2002–2013
382 Seiten. München 2014

Kulturelles Gedächtnis und digitale Revolution, das Nachleben mythischer Verstrickungen in Kunst und Zivilisation, menschliche Endlichkeit und Konsumgesellschaft, Europa und das Finanzkapital, und immer wieder: die Grenze als kritische Größe des guten Lebens – das sind Themen von Adolf Muschgs großartigen Vorträgen und Essays, die aus Anlass seines achtzigsten Geburtstages in diesem Band versammelt sind, der mit einer luziden Lektüre des Gemäldes «Die Spinnerinnen» von Velázquez einsetzt. Das Gemälde thematisiert den Anfang der Webkunst – auch der Verfertigung von Texten. Der rote Faden, der dabei entsteht, führt allerdings nicht aus dem Labyrinth heraus, sondern auf rechte Art hinein. Er lehrt erkennen, dass die Ränder menschlicher Existenz und ihr Zentrum nicht zweierlei sind. Worauf es ankommt, ist die Erfahrung des Wegs.

Diese Essays, die auch eine persönliche Geschichte erzählen, zeigen Muschg als einen Homme de lettres und Intellektuellen europäischen Formats, der Europa als unerledigtes Geschäft betrachtet. Auf der Suche nach tragfähigen Abbildungen menschlicher Realität stößt Muschg immer wieder auf die Kunst: Zu seinen Patronen gehört, nach Goethe, Jacob Burckhardt, der die Geschichte als fortgesetzten Versuch sah, die in jeder menschlichen Gesellschaft angelegten Grundwidersprüche nach dem Vorbild der Kunst zu zivilisieren. Das heißt: Mehrdeutigkeit gelten und walten zu lassen, statt sie, wie das Computermodell, zu minimieren oder, wie das politische Diktat, zu unterdrücken.

«Seine Bücher befeuern Intellekt und Vergnügen.»
Karin Großmann, Sächsische Zeitung

Adolf Muschg im Verlag C.H.Beck

Die Japanische Tasche
Roman
320 Seiten. München 2015

Beat Schneider hat etwas Unverzeihliches getan, was ihn seine Ehe mit LouAnne kostet. Sie ist eine außergewöhnliche Zeichnerin, die nicht nur auf seine Liebe, sondern auch auf seine Fürsorge angewiesen ist. Umso kostbarer ist ihm die japanische Tasche, die ihm LouAnne geschenkt hat und die er nicht aus den Augen lässt. Bis er auch sie verliert.

Das Leben Schneiders, eines eigensinnigen Historikers, der an Karriere nicht interessiert ist, steht unter dem besonderen Schutz seiner einstigen Kinderfrau, die er Alcina nennt und die ihm nach ihrem Verschwinden ein beträchtliches Erbe hinterlassen hat. Sie hat ihm Märchen erzählt und die Traumlogik der Märchen scheint auch in Schneiders Leben zu walten. Nicht nur dieses Motiv verbindet Adolf Muschgs neuen Roman «Die Japanische Tasche» mit «Sutters Glück». Denn auch dessen Hauptfigur, der ehemalige Gerichtsreporter Emil Gygax, den seine Frau Ruth Sutter nannte, taucht hier wieder auf, aus gutem Grund.

Freundschaft und Liebe, Abschied und Verluste, die rätselhaften Verbindungen im Leben der Menschen, familiäre Bande und solche jenseits der Familie, die vielleicht noch stärker sind, spielen eine zentrale Rolle in diesem schönen, schwebend-geheimnisvollen Roman, der von einer großen Liebe und ihrem tragischen Verlauf erzählt.

«Adolf Muschg hat einen brillanten Roman geschrieben
über die unstillbare Sehnsucht nach dem Ganzen.»
Roman Bucheli, Neue Zürcher Zeitung